汽车电路图识读、分析、检测、故障诊断

刘春晖　王学军　主　编

机械工业出版社

《汽车电路图识读、分析、检测、故障诊断》介绍了汽车各系统电路的组成、原理、识读、分析、检测以及故障诊断，以近年来维修量大的典型车型为例，重点介绍各大品牌车型同一系统电路的相同点与不同点，还特别介绍了新能源汽车的电路识读。同时，每一典型系统附上相应故障诊断典型案例，让读者能举一反三，学会识读汽车电路，并能运用到实际维修中，解决电路故障。书中涉及的典型车型主要有大众、通用、雪铁龙、丰田、本田、现代、宝马、奔驰、起亚等。

　　本书特别适合有志从事汽车维修工作的初学者自学、进修使用，也可作为职业院校汽车检测与维修、汽车电子技术及汽车运用等专业的教学用书。

图书在版编目（CIP）数据

汽车电路图识读、分析、检测、故障诊断/刘春晖，王学军主编．—北京：机械工业出版社，2021.9
ISBN 978-7-111-68866-2

Ⅰ．①汽⋯　Ⅱ．①刘⋯②王⋯　Ⅲ．①汽车－电气设备－电路图　Ⅳ．①U463.62

中国版本图书馆 CIP 数据核字（2021）第 157973 号

机械工业出版社（北京市百万庄大街 22 号　邮政编码 100037）
策划编辑：连景岩　　责任编辑：连景岩　徐　霆
责任校对：樊钟英　　封面设计：马精明
责任印制：常天培
北京市雅迪彩色印刷有限公司印刷
2021 年 10 月第 1 版第 1 次印刷
184mm×260mm・19.75 印张・412 千字
0 001—1 500 册
标准书号：ISBN 978-7-111-68866-2
定价：99.90 元

电话服务　　　　　　　网络服务
客服电话：010-88361066　机 工 官 网：www.cmpbook.com
　　　　　010-88379833　机 工 官 博：weibo.com/cmp1952
　　　　　010-68326294　金　书　网：www.golden-book.com
封底无防伪标均为盗版　机工教育服务网：www.cmpedu.com

前言
PREFACE

当前，汽车电子控制技术已达到相当高的水平，不仅体现在电控发动机、自动变速器、自动空调以及电子稳定系统上，更体现在汽车上几乎所有的系统都实现了电子控制。可以说，电路作为汽车上的"神经系统"已经分布到汽车的方方面面。比如汽车上的示廓灯、转向灯等用电器，再也不是传统的仅仅通过开关与继电器控制那么简单，而是一个或多个电子控制单元参与的复杂电路控制体系。并且在各个控制单元间还要进行联网，以达到信息共享的目的。在这种情况下，一旦出现电路故障，如果没有相关资料或不会借助资料，检测诊断根本无从下手。可以说，看图修车已成为广大一线汽车维修人员必须具备的基本技能，只有读懂电路图，才能快速、准确地判断故障部位，找到故障点，从而准确高效地排除故障。但是，对于广大一线的汽车维修人员，特别是初学者来说，看懂电路图，特别是电路原理图，不是一件容易的事情。

汽车电路图是汽车电路符号化的书面语言，我们通过它了解汽车电气系统的工作原理、汽车电路中各元器件之间的关系、汽车线束的布置与接口端子的连接等信息。从通用性上来说，汽车电器及各系统的电子控制原理大同小异，这使得了解和掌握汽车电路就有规律可循。而从电路图的表现形式上来看，因汽车品牌各自规范的不同（如线色的定义、接口端子的定义和电路图表现形式各成一体），又给电路图的识读带来一定的不便。

目前，汽车电路图已成为一线汽车维修人员在汽车维修中必备的基本资料。能否准确、快速地识读各类汽车电路图，弄清其内在联系，找出其中的特点和规律，是快速、准确判断汽车故障点和进行故障排除的关键。

本书介绍了汽车各系统电路的组成、原理、识读、分析、检测以及故障诊断，以近年来维修量大的典型车型为例，重点介绍各大品牌车型同一系统电路的相同点与不同点，还特别介绍了新能源汽车的电路识读。同时，每一典型系统附上相应故障诊断典型案例，让读者能举一反三，学会识读汽车电路，并能运用到实际维修中，解决电路故障。书中涉及的典型车型主要有大众、通用、雪铁龙、丰田、本田、现代、宝马、奔驰、起亚等。由于书中涉及不同品牌的车型，为便于读者识读原厂图，保留了原厂图中各元器件的画法，故本书电路图中的元器件符号不完全符合国家标准的规定，请读者注意。

本书由刘春晖、王学军主编，参加本书编写工作的还有何运丽、张洪梅、刘逸宁、张文。

在本书编写的过程中，参考了多种车型的原版维修资料，在此对原作者、编译者表示由衷的感谢。由于编者水平所限，书中难免有错误和不当之处，恳请广大读者批评指正。

目录 CONTENTS

前言

第一章　汽车电源起动系统电路识读　/ 001

第一节　电源供电系统电路识读　/ 001
一、别克英朗电源管理系统电路识读　/ 001
二、车载电网控制单元 J519 电路识读　/ 005
三、全车供电部分故障分析与排除　/ 010
四、故障诊断：雷克萨斯 RX270 无法上锁和解锁、导航显示屏花屏　/ 011

第二节　充电系统电路识读　/ 014
一、发电机工作电路识读　/ 014
二、电压调节器电路识读　/ 016
三、充电指示灯控制电路识读　/ 019
四、丰田轿车充电系统电路识读　/ 021
五、大众汽车充电系统电路识读　/ 022
六、本田轿车充电系统电路识读　/ 025
七、东风雪铁龙 C5 充电系统电路识读　/ 027
八、故障诊断：科鲁兹充电指示灯点亮　/ 029
九、故障诊断：迈腾 B7L 发电机指示灯亮　/ 031

第三节　起动系统电路识读　/ 033
一、东风雪铁龙 C5 起动系统电路识读　/ 033
二、故障诊断：雪铁龙世嘉无法起动　/ 036
三、迈腾车起动控制电路识读　/ 039

第二章　汽车发动机控制系统电路识读　/ 042

第一节　大众朗逸发动机电控系统电路识读　/ 043
一、发动机电控系统原理框图　/ 043
二、发动机电控系统供电电路的识读　/ 043
三、传感器与开关电路的识读　/ 046
四、执行器电路的识读　/ 052
五、故障诊断：2016 款奥迪 A4L 起动后熄火　/ 056
六、故障诊断：2016 款迈腾车发动机怠速抖动　/ 059

第二节　雪铁龙 C5 发动机电控系统电路识读　/ 060
一、电路组成和部分元件的作用　/ 060
二、发动机电控系统电路识读　/ 066
三、发动机冷却系统电路组成　/ 072
四、发动机冷却系统电路识读　/ 074

第三节　雪佛兰迈锐宝冷却风扇电路识读及故障诊断　/ 079
一、冷却风扇电路识读　/ 079
二、冷却风扇电路故障诊断　/ 084

第四节　巡航控制系统电路识读　/ 086
一、巡航控制系统的组成　/ 086
二、本田雅阁巡航系统电路识读　/ 086
三、别克巡航控制系统电路识读　/ 089
四、故障诊断：别克君越车辆没有巡航功能　/ 090

第三章　汽车自动变速器控制系统电路识读　/ 092

第一节　大众 0AM 自动变速器控制电路识读　/ 092
一、自动变速器控制电路组成　/ 092
二、大众汽车自动变速器电控系统电路识读　/ 093
三、故障诊断：新朗逸 1.4T 发动机不能起动　/ 100
四、故障诊断：一汽大众宝来 NF 有时挂档不能行驶　/ 103

第二节　通用自动变速器控制电路识读　/ 105
一、上海通用汽车自动变速器电控系统电路识读　/ 105
二、故障诊断：2014 年别克昂科拉换档背景灯不亮　/ 109

第三节　雪铁龙C5自动变速器控制电路识读　/ 113
　　一、自动变速器电控系统主要元件作用　/ 113
　　二、自动变速器电控系统电路识读　/ 119

第四章　汽车制动控制系统电路识读　/ 123

第一节　起亚K5电控制动系统电路识读　/ 123
　　一、ABS 控制系统的组成　/ 123
　　二、ABS 部件组成　/ 123
　　三、ABS 电路识读　/ 125
　　四、带 ESP 的 ABS　/ 131
第二节　东风雪铁龙C5 ESP电控系统电路识读　/ 137
　　一、ESP 电控系统作用和组成　/ 137
　　二、ESP 电控系统主要元件作用与原理　/ 138
　　三、ESP 电控系统电路识读　/ 144

第五章　汽车空调控制系统电路识读　/ 148

第一节　丰田汽车空调系统电路识读　/ 148
　　一、丰田凯美瑞空调电路识读　/ 148
　　二、丰田凯美瑞空调电路检修　/ 151
　　三、故障诊断：雷克萨斯 ES240 伺服电动机无法正常工作　/ 152
第二节　雪铁龙C5汽车空调系统电路识读　/ 155
　　一、系统组成和元件作用　/ 155
　　二、自动空调系统电路原理图的识读　/ 158
　　三、故障诊断：东风雪铁龙 C4L 空调不制冷　/ 163

第六章　中控与防盗系统电路识读　/ 165

第一节　雪铁龙C5电子防起动系统电路识读　/ 165
　　一、电子防起动系统的工作过程　/ 165
　　二、发动机防起动系统电路识读　/ 169
　　三、探测防盗点火钥匙的过程　/ 170
　　四、车身防盗系统典型故障分析　/ 171
第二节　世嘉车中控门锁系统电路识读　/ 172
　　一、中控门锁的组成　/ 172
　　二、世嘉车中控门锁系统电路识读　/ 172
第三节　丰田卡罗拉中控门锁系统电路识读　/ 179
　　一、丰田卡罗拉中控门锁系统电路识读　/ 179
　　二、中控门锁电路故障检修　/ 181
　　三、故障诊断：丰田凯美瑞车显示屏显示"未检测到钥匙"　/ 181

第七章　安全气囊系统电路识读　/ 184

第一节　安全带电路识读　/ 184
第二节　安全气囊系统电路识读　/ 186
　　一、安全气囊电路识读　/ 186
　　二、故障诊断：别克昂科雷仪表气囊灯报警　/ 193
第三节　现代轿车安全气囊系统电路识读　/ 195
　　一、现代轿车安全气囊（SRS）电路识读　/ 195
　　二、故障诊断：伊兰特安全气囊警告灯点亮　/ 199

第八章　照明、仪表及报警电路识读　/ 201

第一节　照明系统控制电路识读　/ 201
　　一、前照灯电路识读　/ 201
　　二、雾灯电路识读　/ 204
　　三、车外灯电路识读　/ 205
　　四、故障诊断：别克英朗前照灯故障　/ 207
第二节　组合仪表电路识读　/ 209
　　一、宝马组合仪表电路识读　/ 209
　　二、故障诊断：宝马 740Li 中央信息显示屏黑屏　/ 213
第三节　仪表与报警系统电路识读　/ 215
　　一、汽车仪表与报警电路识读　/ 216
　　二、起亚 K2 仪表与报警系统电路识读　/ 216

第九章　汽车常规电器系统电路识读　/ 221

第一节　电动车窗控制电路识读　/ 221
　　一、科鲁兹轿车电动车窗电路分析　/ 221
　　二、故障诊断：别克 GL8 电动车窗、天窗不工作　/ 228
第二节　电动天窗控制电路识读　/ 230
　　一、奔驰电动天窗控制电路识读　/ 230
　　二、故障诊断：奔驰 E260 车天窗不工作　/ 233
　　三、故障诊断：雪铁龙 C5 天窗打开后无法关闭　/ 235
第三节　电动座椅控制电路识读　/ 237
　　一、电动座椅电路图识读　/ 237
　　二、故障诊断：奔驰 S350 轿车驾驶人侧座椅不能加热　/ 239
　　三、故障诊断：丰田汉兰达车左前电动

		座椅无法调节	/ 240

第四节　电动后视镜控制电路识读　　　/ 241

　　一、宝马电动后视镜电路识读　　/ 241

　　二、故障诊断：2016 年宝马 730Li 车行车时内后视镜防眩光功能失效　　/ 248

第五节　刮水清洗系统电路识读　　　/ 249

　　一、别克凯越风窗刮水及洗涤系统电路识读　　/ 249

　　二、东风雪铁龙 C5 前风窗刮水器清洗系统电路识读　　/ 254

　　三、故障诊断：别克凯越车刮水器自动工作　　/ 262

　　四、故障诊断：东风雪铁龙 C5 刮水器不工作　　/ 265

第十章　新能源汽车电路识读　　/ 268

第一节　魏派 P8 新能源电路识读　　/ 268

　　一、BSG 电机控制器电路识读　　/ 268

　　二、驱动电机控制器电路识读　　/ 270

　　三、充电系统电路识读　　/ 273

　　四、整车控制系统电路识读　　/ 275

　　五、故障诊断：比亚迪 E6 车无法充电　　/ 284

第二节　广汽传祺 GE3 新能源电路识读　　/ 287

　　一、驱动电机控制系统电路识读　　/ 287

　　二、高压互锁回路（HVIL）电路识读　　/ 289

　　三、充电系统电路识读　　/ 289

　　四、动力电池管理系统电路识读　　/ 295

　　五、电池温控系统电路识读　　/ 298

　　六、故障诊断：风行景逸 S50EV 纯电动汽车高压互锁故障　　/ 298

参考文献　　/ 306

第一章
汽车电源起动系统电路识读

第一节 电源供电系统电路识读

一、别克英朗电源管理系统电路识读

别克英朗的电源管理系统用于监测和控制充电系统并发出诊断信息，提醒驾驶人蓄电池和发电机的可能故障。图1-1所示的电源管理系统主要利用已有的车载电脑功能使发电机效率最大化并管理负载，改善蓄电池充电状态和寿命，使系统对燃油经济性的影响降到最小。电源管理系统主要执行3个功能：①监测蓄电池电压并估计蓄电池状态；②通过提高怠速转速和调节稳定电压采取校正动作；③进行诊断并提醒驾驶人。

电源管理系统在点火开关置于ON或OFF位置时，估计蓄电池状态；在点火开关置于OFF位置时，测量开路电路的电压以确定蓄电池的充电状态。充电状态是蓄电池的酸浓度和内阻的函数。蓄电池停止工作数小时后，通过读取蓄电池开路电路的电压估计充电状态。

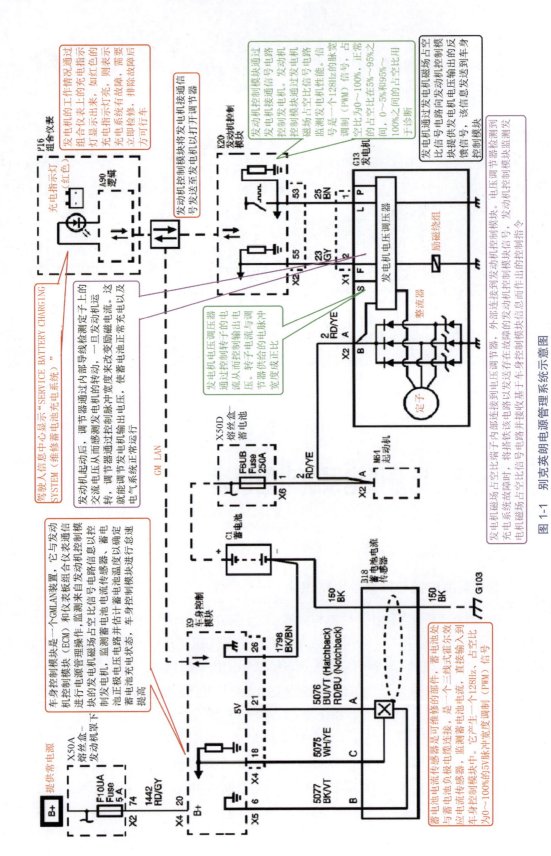

图1-1 别克英朗电源管理系统示意图

充电状态可作为诊断工具告知顾客或经销商蓄电池的状态。点火开关置于 ON 位置时，基于调整的净安培小时数、蓄电池容量、初始充电状态和温度，利用算法持续估算充电状态；在运行时，蓄电池放电程度主要由与蓄电池一体化的蓄电池电流传感器通过获取净安培小时数而确定。

此外，电源管理功能用于执行稳定电压控制，改善蓄电池充电状态、蓄电池寿命和燃油经济性。具体途径是运用关于蓄电池充电状态和温度的知识，将充电电压设置为不损害蓄电池寿命的最佳充电电压。

1. 充电系统部件

车身控制模块是一个 GM LAN 装置，它与发动机控制模块（ECM）和仪表板组合仪表通信进行电源管理操作。车身控制模块确定发电机输出并发送信息到发动机控制模块，以控制发电机接通信号电路。它监测来自发动机控制模块的发电机磁场占空比信号电路信息以控制发电机，监测蓄电池电流传感器、蓄电池正极电压电路并估计蓄电池温度以确定蓄电池充电状态，车身控制模块进行怠速提高。

蓄电池电流传感器是一个可维修的部件，它在蓄电池处与蓄电池负极电缆连接。蓄电池电流传感器是一个三线式霍尔效应电流传感器。蓄电池电流传感器监测蓄电池电流，直接输入到车身控制模块中。它产生一个 128Hz、占空比为 0～100% 的 5V 脉冲宽度调制（PWM）信号，正常的占空比在 5%～95% 之间，0～5% 和 95%～100% 之间的占空比用于诊断。

发动机控制模块将发电机接通信号发送至发电机以打开调节器。发电机电压调压器通过控制转子的电流从而控制输出电压。转子电流与调节器供给的电脉冲宽度成正比。发动机起动后，调节器通过内部导线检测定子上的交流电压从而感测发电机的转动，一旦发动机运转，调节器通过控制脉冲宽度来改变励磁电流。这就能调节发电机输出电压，使蓄电池正常充电以及电气系统正常运行。发电机磁场占空比端子内部连接到电压调节器，外部连接到发动机控制模块。电压调节器检测到充电系统故障时，将搭铁该电路以发送存在故障的发动机控制模块信号，发动机控制模块监测发电机磁场占空比信号电路并接收基于车身控制模块信息而作出的控制指令。

充电系统出现故障时，仪表板组合仪表会提醒用户。有两种提醒方式，通过充电指示灯或在驾驶人信息中心显示"SERVICE BATTERY CHARGING SYSTEM（维修蓄电池充电系统）"。

2. 充电系统的运行

充电系统的目的在于保持蓄电池充电和车辆负载。它有 6 种操作模式，分别是蓄电池硫化模式、充电模式、燃油经济性模式、前照灯模式、起动模式和电压下降模式。

发动机控制模块通过发电机接通信号电路控制发电机。发动机控制模块通过发电机磁场占空比信号电路监测发电机性能。信号是一个128Hz的脉宽调制（PWM）信号，占空比为0～100%，正常的占空比在5%～95%之间，0～5%和95%～100%之间的占空比用于诊断。发电机的受控占空比和输出电压见表1-1。

表1-1 发电机的受控占空比和输出电压

受控占空比	发电机输出电压	受控占空比	发电机输出电压
10%	11.00V	60%	13.81V
20%	11.56V	70%	14.37V
30%	12.12V	80%	14.94V
40%	12.68V	90%	15.50V
50%	13.25V		

发电机通过发电机磁场占空比信号电路向发动机控制模块提供发电机电压输出的反馈信号，该信息发送到车身控制模块。信号是一个128Hz、占空比为0～100%的脉宽调制信号，正常的占空比在5%～99%之间，0～5%之间和100%用于诊断。

3. 充电系统的操作模式

当转换的发电机输出电压连续45min低于13.2V时，车身控制模块将进入蓄电池硫化模式，出现此情况时车身控制模块将进入充电模式2～3min。然后根据电压要求，车身控制模块将确定进入以下的某一个模式：

1）充电模式。满足以下状况之一时，车身控制模块进入充电模式（Charge Mode）：

① 刮水器接通并持续3s。

② 暖风、通风和空调系统控制单元感测到GM LAN（气候控制电压提高模式请求）属实，高速冷却风扇、后除雾器和暖风、通风和空调系统高速鼓风机操作会导致车身控制模块至进入充电模式。

③ 估计的蓄电池温度低于0℃。

④ 蓄电池充电状态低于80%。

⑤ 车速大于145km/h。

⑥ 电流传感器出现故障。

⑦ 确定系统电压低于12.56V。

符合上述任一条件，系统将发电机目标输出电压设置在13.9～15.5V之间，视蓄电池充电状态和估计的蓄电池温度而定。

2）燃油经济性模式。当估计的蓄电池温度至少为0℃，但是低于或等于80℃，计算的蓄电池电流小于15A并大于-8A且蓄电池充电状态大于或等于80%时，车身控制模块将进入燃油经济性模式（Fuel Economy Mode）。发电机的目标输出电压是蓄电池开路电压并可在12.5～

13.1V 之间。当出现上述任一条件时，车身控制模块将退出此模式并进入"充电模式"。

3）前照灯模式。当前照灯（远光或近光）打开时，车身控制模块将进入前照灯模式（Head lamp Mode），电压在 13.9～14.5V 之间调节。

4）起动模式。当发动机起动时，车身控制模块设置发电机的目标输出电压为 14.5V 并持续 30s。

5）电压下降模式。当计算的环境温度高于 0℃（32℉）时，车身控制模块将进入电压下降模式（Voltage Reduction Mode）。计算的蓄电池电流小于 1A 和大于 -7A，且发电机磁场占空比小于 99%，它的发电机目标输出电压是 12.9V。一旦满足"充电模式"标准，车身控制模块将退出该模式。

4. 警告信息显示

仪表板组合仪表与充电指示灯的操作以下一种或多种情况发生时，仪表板组合仪表点亮充电指示灯，并在驾驶人信息中心（如装备）显示警告信息：

1）发动机控制模块检测到发电机输出电压低于 11V 或高于 16V，仪表板组合仪表从发动机控制模块接收到一条请求点亮的 GM LAN 信息。

2）仪表板组合仪表确定系统电压连续 30s 以上低于 11V 或高于 16V，仪表板组合仪表接收到来自车身控制模块的 GM LAN 信息，表明系统电压范围出现问题。

3）仪表板组合仪表在每个点火循环开始时执行显示测试，指示灯点亮约 3s，显示信息"BATTERY NOT CHARGING SERVICE CHARGING SYSTEM（蓄电池不充电，维修充电系统）"或"SERVICE BATTERY CHARGING SYSTEM（维修蓄电池充电系统）"。

4）车身控制模块和发动机控制模块将一条串行数据信息发送到驾驶人信息中心，显示信息"BATTERY NOT CHARGING SERVICE CHARGING SYSTEM（蓄电池不充电，请维修充电系统）"或"SERVICE BATTERY CHARGING SYSTEM（维修蓄电池充电系统）"。当充电系统故障码为当前故障码时该信息受令显示，当该故障码的清除条件被满足时该信息显示消失。

二、车载电网控制单元 J519 电路识读

1. J519 车载电网控制模块功能

随着汽车上的用电设备越来越多，供电管理也就变得越来越重要。各品牌汽车都在优化供电管理。大众新型车系使用 J519 车载电网控制模块来统一管理整车的供电。

大众车系车载电网控制单元 J519 一般安装在仪表板左下方，并与继电器支架构成一个单元。J519 用电负荷管理见表 1-2。电能管理的任务是确保蓄电池至少有足够的能力来开启起动机。

表 1-2　J519 用电负荷管理

管理模式 1	管理模式 2	管理模式 3
15 号线接通并且发电机处于工作状态	15 号线接通并且发电机处于停机状态	15 号线断开并且发电机处于停机状态
如果蓄电池电压低于 12.7V，则控制单元要求发动机的怠速提升；如果蓄电池的电压低于 12.2V，以下的用电器将被关闭： ① 座椅加热 ② 后风窗加热 ③ 后视镜加热 ④ 转向盘加热 ⑤ 脚坑照明 ⑥ 门内把手照明 ⑦ 全自动空调耗能降低或空调关闭 ⑧ 信息娱乐系统关闭	如果蓄电池的电压低于 12.2V，以下的用电器将被关闭： ① 空调耗能降低或空调闭 ② 脚坑照明 ③ 门内把手照明 ④ 上 / 下车灯 ⑤ 离家功能 ⑥ 信息娱乐系统关闭	如果蓄电池的电压低于 11.8V，以下的用电器将被关闭： ① 车内灯 ② 脚坑照明 ③ 门内把手照明 ④ 上 / 下车灯 ⑤ 离家功能 ⑥ 信息娱乐系统关闭

注：1. 这三种管理模式的不同之处在于，用电器被关闭的次序不同。
　　2. 如果关闭的条件取消，用电器将会被重新激活。
　　3. 如果用电器因为电能管理的原因被关闭，则 J519 中有故障存储。

J519 还具有以下控制功能：

1）带灯泡监控的外部灯控制灯泡故障。该功能通过相应的指示灯或在组合仪表中以文本的方式显示出来。

2）舒适照明具备以下功能：

① Coming Home —"回家"模式。汽车车门关闭以后，通过汽车上的照明装置照亮汽车周围的环境。

② Leaving Home —"离家"模式。如果用无线遥控器开锁，则在选定时间通过汽车上的照明装置照亮汽车周围环境。

③ 可调节亮度的仪表板照明。

④ 变速杆照明灯。

3）车内灯控制。向车内灯供电的端子 30G 是通过车载电网控制接通。

4）燃油泵供电。在打开驾驶人车门时，车载电网控制单元向电子燃油泵供电，在发动机起动之后，由发动机控制单元进行供电。

5）风窗玻璃刮水器。将 CAN 数据总线信号从车载电网控制单元传输到刮水器电机控制单元。

6）后窗玻璃刮水器：

① 在挂入倒车档时，后窗刮水器被激活。

② 风窗玻璃和后窗玻璃清洗泵。

③ 转向信号灯控制。

④ 电器负荷管理。

7)电压低于 11.8V 时关闭：

① 车外灯控制。

② 可加热后窗玻璃。

③ 可加热风窗玻璃。

④ 端子控制。

车载电网控制单元通过 X 触点卸荷继电器来控制端子 75x。在电控箱中，通过端子 15 供电继电器控制端子 15。在电控箱中，通过端子 50 供电继电器控制端子 50。

2. X 触点卸荷继电器 J59 电路识读

X 触点卸荷继电器电路如图 1-2 所示。当点火开关打开到 key-ON 时，J519 车载控制单元控制 J59 X 触点卸荷继电器中继电器线圈通电。此时，继电器内触点导通。

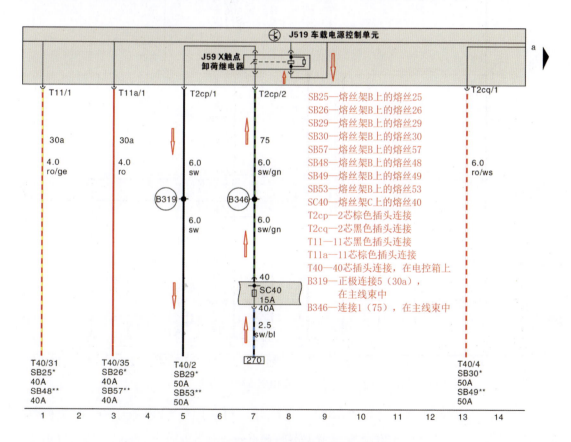

图 1-2　X 触点卸荷继电器电路图（迈腾）

电流流向：熔丝架 B 上的熔丝 SB29 → 电控箱上 40 芯插头 T40/2 → 2 芯棕色插头 T2cp/1 → J59 X 触电卸荷继电器 → 2 芯棕色插头 T2cp/2 → 熔丝架 C 上的熔丝 SC40 与 SC42。

3. J329 15 供电继电器电路识读

15 供电继电器工作电路如图 1-3 所示。当 J519 车载电源控制单元接收到点火开关传来的已打开到 ON 档位信号时，J519 控制 J329 接线端 15 供电继电器线圈通电。此时，继电器内触点导通。

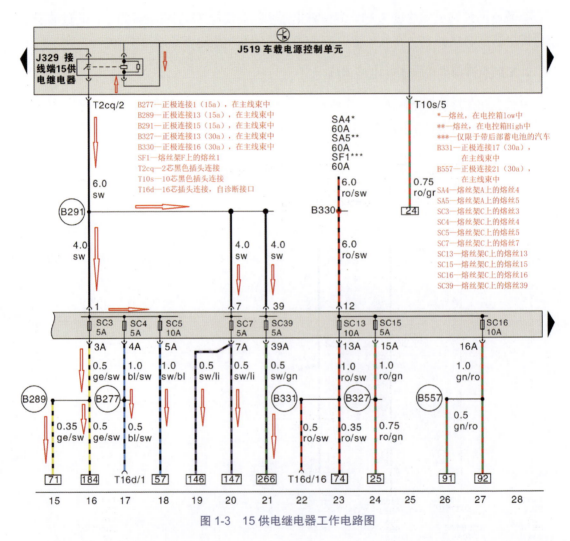

图 1-3　15 供电继电器工作电路图

电流流向：熔丝架 B 上的熔丝 SB30→电控箱上 40 芯插头 T40/4 端子→2 芯黑色插头 T2cq/1→线路 a→J329 接线端 15 供电继电器内触点→2 芯黑色插头 T2cq/2，然后分别通向熔丝架 C 上的各熔丝（SC3、SC4、SC5、SC7、SC39 等）。

4. J4 双音喇叭继电器控制电路图识读

J4 双音喇叭继电器电路如图 1-4 所示，当 J519 车载电源控制单元接收到喇叭开关被按下的信号后，控制 J4 双音喇叭继电器中的线圈通电。此时，继电器内触点导通。

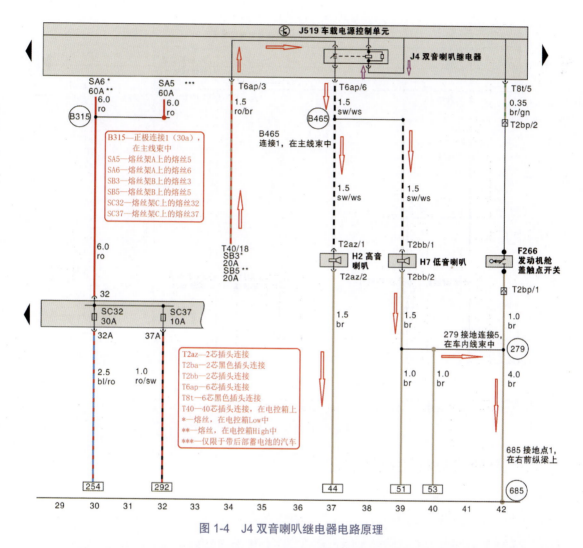

图1-4 J4双音喇叭继电器电路原理

电流流向：T6ap/3 → J4双音喇叭继电器触点 → T6ap/6 → T2az/1 → 高音喇叭H2 → T2az/2 → 左前纵梁上接地点3搭铁；T6ap/3 → J4双音喇叭继电器触点 → T6ap/6 → T2bb/1 → 低音喇叭H7 → T2bb/2 → 右前纵梁上接地点1搭铁。

5. J9加热式后窗玻璃继电器控制电路识读

J9加热式后窗玻璃继电器电路如图1-5所示。当J519接收到后窗玻璃加热开关传送来的接通信号后，控制J9加热式后窗玻璃继电器线圈中有电流通过，此时继电器触点吸合，电流流过后窗加热器，使其工作。

电流流向：熔丝SC32 → T10s/6 → J9加热式后窗玻璃继电器→ T10s/1 → T1y → Z1加热式后窗玻璃→搭铁。

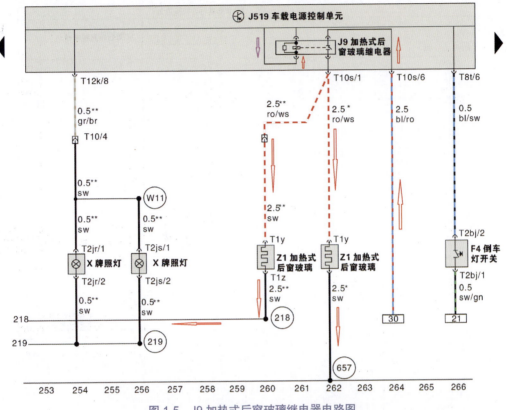

图 1-5　J9 加热式后窗玻璃继电器电路图

三、全车供电部分故障分析与排除

要对电路故障进行排除与分析，首先要明白电路的组成与走向及各部分的检测方法。一般电路主要由电源、中间环节（开关、熔丝等控制和保护装置）和用电器等组成，其中任何一个环节有问题，此电路都不能正常工作。其中电源是整条通路的始终，供电部分主要由熔丝、继电器、开关和线路等组成。

（1）熔丝的检查方法

目测或用万用表测量其是否导通，如果电阻为无穷大，则烧毁，应找出烧毁原因，并对电路进行测量。测量熔丝电源端是否有电，电器端是否直接搭铁，如图 1-6 所示。如果电源端无电压则应继续向电源方向查找，直到查到电源为止。若电器端搭铁（测得的电阻为 0），则必须查出线路在何处搭铁，并排除故障，否则换上新熔丝也会烧毁。

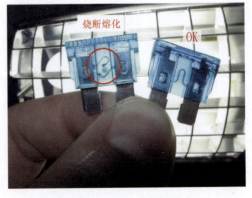

图 1-6　拔掉汽车熔丝检查

(2)继电器的检测

1)检测电阻。可用万用表电阻档检查继电器的好坏,如图 1-7 所示。以桑塔纳轿车上所使用的一款常开继电器为例,用万用表 R×100Ω 档检查接线端子 85 脚与 86 脚,应导通(有一定的电阻),而接线端子 30 脚与 87 脚间电阻应为无穷大。如检测结果与上述情况不符,说明继电器有故障。

图 1-7 继电器的外部接脚

2)通电检测。如果上述检查无问题,可在接线端子 85 与 86 脚间加 12V 电压,用万用表检查 30 脚与 87 脚,应导通。如检测结果与上述情况不符,或通电后继电器发热,均说明继电器已损坏。

3)开关的检查方法。根据开关的功能和开关各档位的导通情况用万用表进行检查。开关与线束连接时采用插接器,插接器上的导线都有编号。检查时,使开关处于不同的档位,按照开关接通情况测量插接器或插头与相应编号导线之间的导通情况。检查结果不符合开关的功能要求,说明开关已损坏。

4)线路的检查方法。线路检查一般使用以下两种方法:一是电压测量法,即用万用表或试灯等工具沿着电路的走向分段检查电压的通断情况;另一种方法是电阻测量法,即用万用表测量相应导线的通断、接触电阻及搭铁情况。

四、故障诊断:雷克萨斯 RX270 无法上锁和解锁、导航显示屏花屏

故障现象 一辆雷克萨斯 RX270 轿车,配置 1AR-FE 发动机和原厂导航系统,行驶里程 22 万 km。驾驶人反映车辆无法上锁,导航中央的显示屏呈现花屏状态,且显示屏无法正常关闭。

故障诊断 首先起动车辆,发现导航屏幕可以正常显示,无任何异常,另外仪表显示正常,无任何故障显示。使用诊断仪进入车身系统,查看 4 个车门开关和行李舱开关的状态,将电源模式切换至 OFF 状态下,查看数据流发现了异常,明明已经将电源模式切换至 OFF 状态,但是主车身 ECU 显示电源开关还处于 ACC 的状态下。这说明在电源模式处于 OFF 状态下,主车身 ECU 还有异常的电源输入。于是查看主车身 ECU 的供电,如图 1-8 所示。

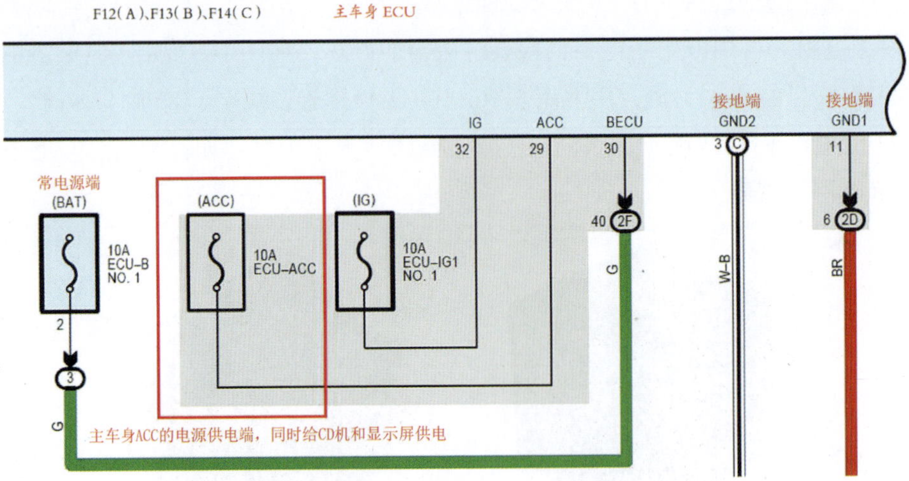

图 1-8 主车身 ECU 的供电电路

主车身 ACC 的电源是由熔丝 10A ECU-ACC 供给的，使用万用表测量其电压，发现在电源模式处于 OFF 状态下，存在异常的 12V 的电压，尝试将熔丝拔下后，发现故障现象消失，门锁也可以正常使用钥匙上锁和解锁，且导航显示也恢复正常，那为什么会有异常的电压输入呢？怀疑是这个熔丝的供电输出线路存在与电源短路的情况。根据故障现象，查看导航显示屏的供电线路图，果然发现这个熔丝也是给 CD 机和显示屏供电的，如图 1-9 所示。

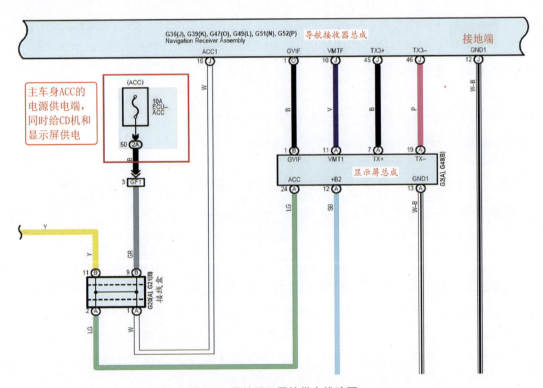

图 1-9 导航显示屏的供电线路图

为了判断是不是线路存在与电源短路的情况，断开连接器的 2A 的 5D 端子，在电源模式处于 OFF 状态下，测量其端子与搭铁的电压为 0，说明其熔丝的供电线路并没有与搭铁短路的情况。

难道是电源支路上的其他熔丝有异常的电源供给，导致该熔丝 ECU-ACC 存在异常电压？查看电源分配图，如图 1-10 所示。

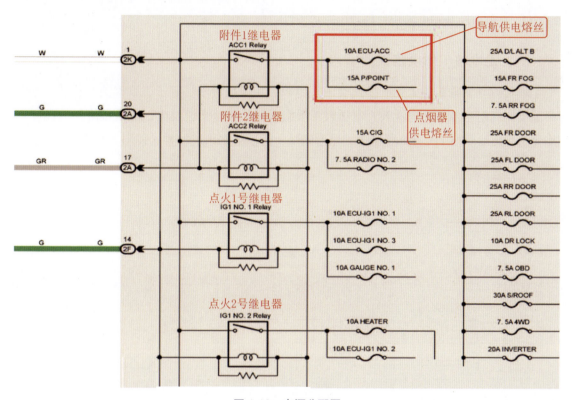

图 1-10　电源分配图

故障排除　发现在电源支路上，还有一个熔丝也同时供电，是 15A P/POINT，难道是该熔丝有异常电源供给？直接找到该熔丝，将该熔丝拔下后，发现故障消失，而将该熔丝再次插上，故障就会再次出现。查询电路图，发现该熔丝只供电给点烟器插座，检查点烟器插头，发现里面插着电源转接器并连接在充电宝上，尝试将电源转接器拔下，发现故障消失了。此时一头雾水，充电宝怎么会导致故障的出现呢？一般电源转接器是将车载电压 12V 转换成 5V，难道是车载转换器损坏了？于是做了个试验，将充电宝连接到车载转换器上，然后使用万用表测量其车载转换器的输出电压，发现输出了 12V 电压，这才导致了故障的发生。

第二节 充电系统电路识读

充电系统电路包括交流发电机工作电路（即发电机励磁电路、整流电路及调节器工作电路）、充电电路及充电指示灯控制电路等。

一、发电机工作电路识读

现代汽车发电机均采用硅整流交流发电机，主要由转子、定子、整流器及附件（电压调节器、充电指示灯、电流表、电压表）等组成。硅整流交流发电机按定子绕组的连接方式分为三角形联结（简称△联结）和星形联结（简称丫联结）两种，如图1-11所示。

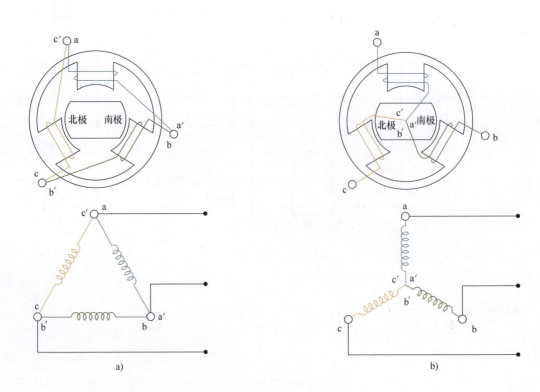

图1-11 发电机定子绕组的联结
a）三角形联结 b）星形联结

硅整流交流发电机要输出稳定的电压，需电压调节器进行调节，电压调节器调节发动机输出电压的实质是通过调节交流发电机的励磁电流来间接的调节交流发电机的输出电压的，因此电压调节器的作用是作为一个自动控制的开关（或晶体管等电子开关）串联在励磁绕组的回路中,自动调节励磁绕组中电流的大小,按电压调节器在励磁回路中安装位置的不同,将交流发电机和电压调节器分为内搭铁和外搭铁两种类型。励磁绕组的一端经集电环和电刷在发电机端盖上直接搭铁的发电机称为内搭铁型发电机,如图1-12a所示,与之配用的电压调节器称为内搭铁型调节器;励磁绕组的两端均与发电机外壳绝缘,其中一端由集电环和电刷输出经电压调节器后搭铁的发电机称为外搭铁型发电机,如图1-12b所示,与之配用的电压调节器称为外搭铁型调节器;在汽车交流发电机中,按使用的整流二极管的数量不同,分为6管、8管、9管、11管及双整流系统的12管等。

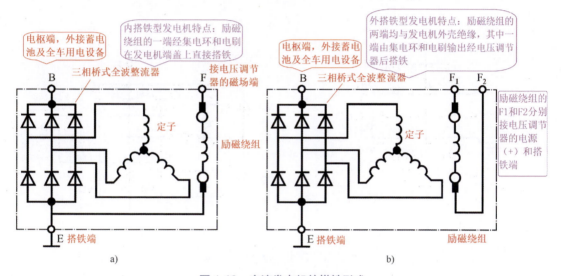

图1-12 交流发电机的搭铁形式

a)内搭铁型交流发电机 b)外搭铁型交流发电机

6管整流发电机采用6个二极管组成三相桥式全波整流,将三相交流发电机输出的三相交流电变成直流电输出,如图1-13a所示。

8管整流发电机除采用其中6个二极管组成三相桥式全波整流输出外,另外增加2个中性点二极管,其中1个正极二极管VD_7接在交流发电机三相绕组的中性点和正极间,另一个负极二极管VD_8接在交流发电机三相绕组的中性点和负极间,对中性点的交流成分进行整流并输出,在中高速时,提高交流发电机的输出功率,如图1-13b中的VD_7、VD_8。

9管整流发电机除采用其中6个整流二极管组成三相桥式全波整流输出外,另外增加3个小功率磁场二极管与3个大功率负二极管也组成三相桥式全波整流电路,用来专门提供励磁电流和控制充电指示灯,因此称三个小功率二极管为磁场二极管,如图1-13c中的VD_7、VD_8、VD_9。

11管整流发电机综合了上述中性点二极管和专门的磁场二极管的优点,使交流发电机的性能更好,如图1-13d所示。

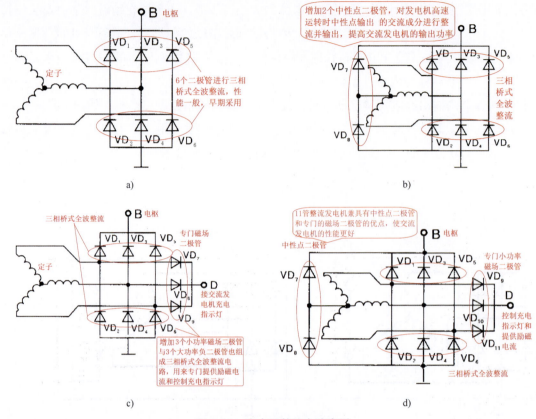

图 1-13 发电机整流电路类型

二、电压调节器电路识读

发电机电压调节器的作用是在交流发电机转速变化时，通过调节发电机励磁绕组的励磁电流的大小，使发电机的输出电压保持稳定，从而防止发电机输出电压过高而烧坏用电设备和导致蓄电池过量充电，同时也防止发电机输出电压过低而导致用电设备工作失常和蓄电池充电不足。

电压调节器按构成元件性质不同可分为触点式（电磁振动式）和电子式两种，现在常用的主要是电子式。电子式电压调节器又分为晶体管调节器和集成电路调节器。电子式电压调节器按交流发电机搭铁形式的不同又可分为内搭铁式和外搭铁式两种，内搭铁式发电机配用内搭铁式电压调节器，外搭铁式发电机配用外搭铁式调节器。

> **注意**
>
> 电压调节器的搭铁形式一定要和发电机的搭铁形式相配套，当遇到两者的搭铁形式不一致时，要把交流发电机的搭铁形式改为与电压调节器的搭铁形式相一致，调节器的搭铁形式是无法改变的。

1. 晶体管电压调节器

晶体管电压调节器是将晶体管作为一个开关串联在发电机的磁场电路中，根据发电机输出电压的高低，以控制晶体管的导通和截止，调节发电机的励磁电流的大小，从而保持发电机输出电压稳定在规定的范围之内。图 1-14a、b 分别为外搭铁式和内搭铁式晶体管调节器的工作原理图。

在图 1-14a 所示的外搭铁型电子调节器的基本电路中，大功率晶体管 VT_2 作为一个电子开关串联在交流发电机的励磁绕组端及搭铁端，因此调节器属于外搭铁型，所用的大功率晶体管 VT_2 通常为 NPN 型，通常也称外搭铁型调节器为 NPN 调节器；在图 1-14b 所示的内搭铁型电子调节器的基本电路中，大功率晶体管 VT_2 作为一个电子开关串联在交流发电机的励磁绕组端及电源端，因此调节器属于内搭铁型，所用的大功率晶体管 VT_2 通常为 PNP 型，通常也称内搭铁型调节器为 PNP 调节器。

2. 集成电路电压调节器

集成电路电压调节器也称 IC 调节器，其工作原理与晶体管电压调节器相同。集成电路调节器装在发电机上，根据电压检测点的不同，可分为发电机电压检测法和蓄电池电压检测法两种，如图 1-15 所示。

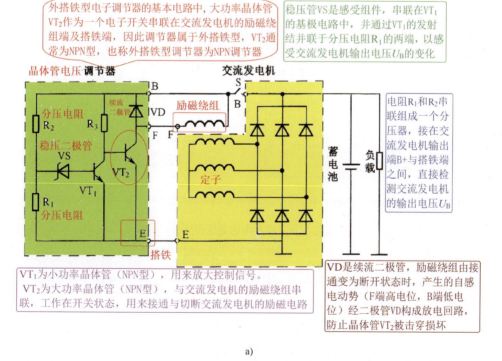

a)

图 1-14 晶体管式电压调节器的基本电路

a）外搭铁型电子调节器的基本电路

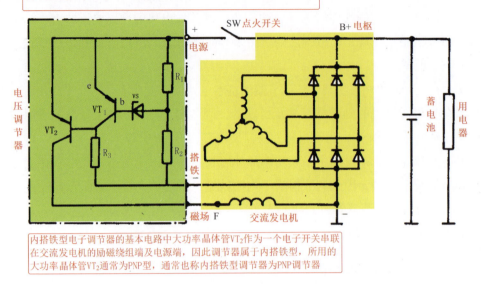

b)

图 1-14　晶体管式电压调节器的基本电路（续）

b）内搭铁型电子调节器的基本电路

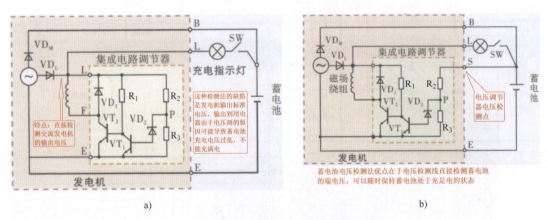

a)　　　　　　　　　　　　　　b)

图 1-15　集成电路电压调节器

a）发电机电压检测法　b）蓄电池电压检测法

发电机电压检测法：电压调节器的电压检测线在交流发电机上直接获得电压调节信号，图 1-15a 中加在分压器 R_2、R_3 上的电压是磁场二极管输出端 L 的电压 U_L，U_L 和发电机输出 B 端的电压 U_B 相等，检测点 P 的电压为 U_P，由于检测点 P 加在稳压管 VD 两端的反向电压与发电机的端电压成正比，所以称为发电机电压检测法。

蓄电池电压检测法：通过连接导线检测蓄电池端电压的变化来调节发电机的输出，图 1-15b 中加到分压器 R_2 和 R_3 上的电压为蓄电池端电压（通过直接连接到蓄电池上的检测线 S），由于检测点 P 加在稳压管 VD 上的反向电压与蓄电池端电压成正比，所以称为蓄电池电压检测法。蓄电池电压检测法的优点在于电压检测线由于直接检测蓄电池的端电压，可以随时保持蓄电池处于充足电的状态，这对于目前日益增多的汽车电气设备来说，是非常必要的。

三、充电指示灯控制电路识读

1. 利用中性点电压控制充电指示灯

如图 1-16 所示，交流发电机定子绕组采用丫形接法时都有一中性点 N，该点的直流平均电压与发电机的直流输出电压同步变化且为发电机输出电压的一半，所以，几乎所有采用星形接法的 6 管（或带中性点二极管的 8 管）交流发电机都是利用该点的电压，通过继电器或有关电路去控制充电指示灯的。充电指示继电器磁化线圈的一端接交流发电机的中性点，另一端搭铁，其常闭触点与充电指示灯串联。

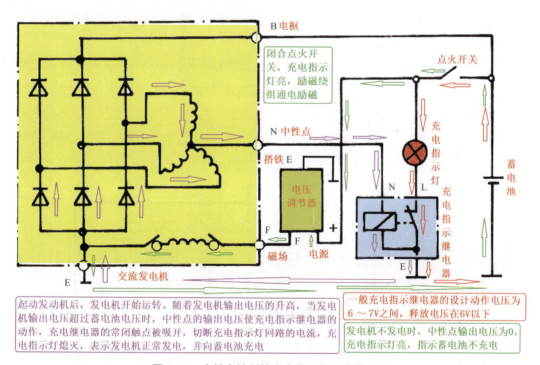

图 1-16　中性点控制的充电指示灯继电器电路

接通点火开关，若不起动发动机，发电机不运转，中性点电压为 0，充电指示灯继电器不动作，其常闭触点保持闭合状态，电流分两路：①蓄电池正极→点火开关→充电指示灯→充电指示继电器的常闭触点→搭铁→蓄电池负极，形成回路，充电指示灯亮，表示发电机没有运转发电，指示灯线路正常；②蓄电池正极→点火开关→调节器（+→F）→电刷→励磁绕组→电刷→搭铁→蓄电池负极，给励磁绕组提供励磁电流，为发电机的发电做好准备。

起动发动机后,发电机开始运转。随着发电机输出电压的升高,当发电机输出电压超过蓄电池电压时,中性点的输出电压使充电指示继电器的动作,充电继电器的常闭触点被吸开,切断充电指示灯回路的电流,充电指示灯熄灭,表示发电机正常发电,并向蓄电池充电。若发电机不发电或其输出电压低于蓄电池电压时,发电机中性点输出电压为0或低于充电指示继电器的动作电压,其常闭触点仍然闭合,充电指示灯亮,指示蓄电池不充电。

> **注意**
>
> 一般充电指示继电器的设计动作电压为 6 ~ 7V 之间,释放电压在 6V 以下,该继电器不能用 12V 或 24V 普通车用继电器代替。

2. 利用 3 个磁场二极管控制充电指示灯

9 管交流发电机增加了 3 个功率较小的二极管,作用是专用来提供磁场电流及控制充电指示灯,所以又称为磁场二极管。采用磁场二极管后,可以省去继电器,而仅用简单的充电指示灯即可指示发电机工作情况的好坏。

如图 1-17 为 9 管交流发电机充电系统电路图。发电机中 VD_7、VD_8、VD_9 为磁场二极管。发电机工作时,在发电机定子的三相绕组中产生的三相交流电动势,经 VD_1 ~ VD_6 这 6 个二极管所组成的三相全波桥式整流电路整流后,输出直流电压 U_{B+} 向蓄电池充电和向用电设备供电。发电机的磁场电流则由 3 个磁场二极管 VD_7、VD_8、VD_9 和 3 个负极二极管 VD_2、VD_4、VD_6 组成的三相全波桥式整流电路整流后的直流电压 U_{B+} 供给。调节器可为电磁式或晶体管式。

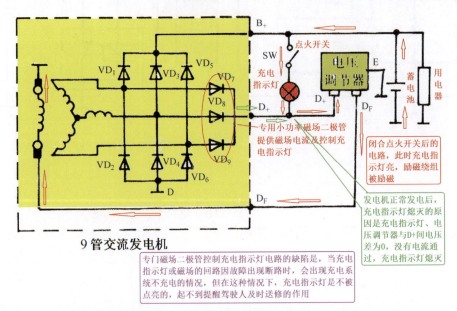

图 1-17　9 管交流发电机充电系统电路

充电指示灯的工作原理如下：接通点火开关 SW，蓄电池电流经充电指示灯→调节器接线柱 D_+ →电磁振动式中的触点（或晶体管调节器中的大功率管）→调节器接线柱 D_F →发电机磁场绕组→搭铁，构成回路。此时充电指示灯发亮，指示发电机被励磁。

发电机工作时，充电指示灯是由蓄电池电压与磁场二极管的输出端"D_+"电压的差值所控制。随着发电机转速的升高，由于"D_+"电压增高，故充电指示灯的亮度减弱。当发电机电压达到蓄电池充电电压时，发电机开始自励，此时充电指示灯因两端的电位相等而熄灭，则表示发电机已经正常工作。

当发电机转速降低或发电机有故障时，接线柱"D_+"端电压降低，由于指示灯两端的电位差增大，指示灯又发亮。这样利用该充电指示灯不仅可在停车后发亮警告驾驶人及时关掉电源开关，又可指示发电机的工作情况，同时还省去了结构复杂的继电器。

四、丰田轿车充电系统电路识读

丰田轿车充电系统电路原理如图 1-18 所示。调节器装于发电机内部，构成整体式交流发电机。发电机对外有 4 个接线柱，分别为 B、S、IG、L。当点火开关闭合时，蓄电池通过连接在开关和端子"IG"之间的导线为调节器提供电压。当交流发电机充电时，端子"B"和蓄电池之间的导线有电流流过。同时，集成电路调节器通过端子"S"监测蓄电池电压。这样，调节器根据需要增大或减少转子磁场能量，指示灯电路通过端子"L"连接起来，其工作过程如下。

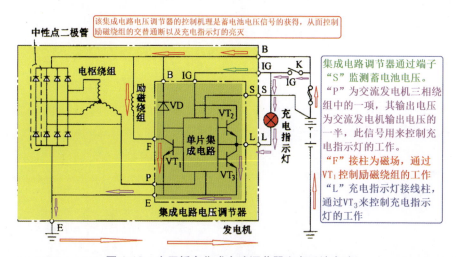

图 1-18　丰田轿车集成电路调节器充电系统电路

1）当点火开关接通，发动机停机时，蓄电池电压加在接线柱 IG 上，集成电路电压调节器检测到这一电压，使 VT_1 处于交替截止 - 导通状态，蓄电池经端子 B 为励磁绕组提供励磁电流，使励磁电流为 0.2A，励磁绕组电路为：蓄电池正极→发电机接线柱 B→励磁绕组→电压调节器 F 端→$VT_{1(c-e)}$→电压调节器 E 端→搭铁→蓄电池负极。与此同时，由于发电机尚未发电，P 点电压为 0，集成电路检测到这一情况，使 VT_3 导通，VT_2 截止，充电指示灯亮。充电指示灯电路为：蓄电池正极→点火开关 K →充电指示灯→电压调节器 L 端→$VT_{3(c-e)}$→电压调节器 E 端→搭铁→蓄电池负极。此时充电指示灯点亮，指示蓄电池放电。

2）交流发电机发电，但电压低于调节电压时，P 端电压上升，集成电路使 VT_1 由交替截止导通状态转变为持续导通，为励磁线圈提供充足的励磁电流。集成电路使 VT_3 截止，VT_2 导通，充电指示灯熄灭。

3）交流发电机发电，电压达到调节电压，集成电路检测到调节器 S 端电压达到标准电压时，使 VT_1 截止，励磁线圈电路被切断，发电机电压下降，调节器 S 端电压降低至低于标准电压时，集成电路又检测到这一变化，使 VT_1 导通，如此交替，控制调节器 S 端电压处于标准电压值。这时由于 P 点电压高，集成电路仍使 VT_3 截止，VT_2 导通，充电指示灯熄灭。

4）S 端子断路而发电机转动时，如 IC 检测到 S 端断路（没有输入），则使 VT_1 交替处于导通 - 截止状态，以保持输出端 B 的电压在 13.3 ~ 16.3V。IC 检测到 S 端子电压过低时，使 VT_3 导通，VT_2 截止，充电指示灯亮。

5）当调节器 B 端子断路一段时间，S 端子电压尚未降到最低点（13V）时，集成电路又检测到调节器 P 端电压，使 VT_1 交替处于导通 - 截止状态，将 B 端子电压保持在 20V，防止输出电压不正常升高，保护交流发电机和调节器。当 S 端子电压降到最低点（13V）时，集成电路检测到这一情况，使 VT_3 导通，VT_2 截止，充电指示灯亮。

6）励磁线圈断路时，发电机会停止发电，P 点电压变为 0。当停止发电，且 P 点电压为 0 时，集成电路检测到这一状态，使 VT_3 导通，VT_2 截止，充电指示灯亮。

五、大众汽车充电系统电路识读

（1）大众汽车充电系统电路特点

大众常见车型发电机电路如图 1-19 所示，可以看出发电机有三个接线端子，分别是 B+ 端、L 端和 DFM 端，其中 L 端和 DFM 端通过一个 2 针插件与控制系统连接。发电机及端子如图 1-20 所示。

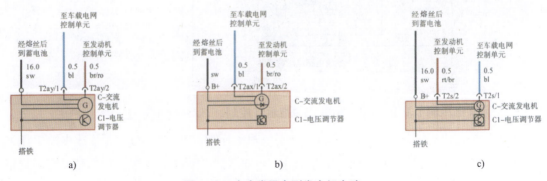

图 1-19 大众常见车型发电机电路

a）捷达 NF 发电机电路 b）朗逸 / 新朗逸 / 朗行 / 全新帕萨特 / 上海大众斯柯达新明锐发电机电路
c）全新桑塔纳发电机电路

图 1-20　大众车系发电机端子的分布

1) B+ 接线端（B1+ 接线端、B2+ 接线端）：是发电机正电源输出，通过一个熔丝与蓄电池正极相连，发电机的外壳为负极通过搭铁的方式与蓄电池负极连接。

2) DFM 接线端：为发电机负载报告接口，以脉宽调制的方式，向发动机控制单元（ECU）报告自己当前转速下的负荷。ECU 会通过负荷数据来调整发动机转矩和转速。如发电机报告负荷接近 100%，则 ECU 会提高发动机转速，以提升发电量，降低发电机相对负荷值。

3) L 接线端：早期的发电机，L 接线端（即 D+/61 端）提供发电预励磁电流，同时也提供仪表报警功能，发电机内部电路如图 1-21 所示。当点火开关位于 ACC 后，仪表内充电指示灯点亮，蓄电池电流通过 L 线进入发电机励磁线圈进行预励磁，发动机起动后，在曲轴传动带轮的带动下，发电机转子旋转，发电机开始发电，发出的电流通过二极管进入励磁线圈，开始自励，当发电机 L 线侧电位不低于蓄电池电压，蓄电池灯熄灭，如果发电机工作异常，输出电压低于蓄电池电压，则充电指示灯点亮进行报警；新一代的发电机采用了带电脑控制的调节器（图 1-22），稳压模块使用了 MCU 控制，励磁电流通过 MCU 直接进行调节，L 线主要作用是用于控制组合仪表内的充电指示灯的亮、灭。

（2）大众汽车充电系统电路识读示例

以新速腾充电系统电路为例进行讲解（图 1-23），其中交流发电机的 B+ 为电压输出端；T2h/1 端为充电指示灯控制端；T2h/2 端为交流发电机反馈信号输出端。

1) 发电机工作电路。发电机的 T2h/2 端为 DFM 接线端，经插接器 T4t/1 后与电路代号 62 的导线相连，查阅与充电系统相关的电路可知，该导线接发动机控制单元 J623 的 T94/46 端。发电机的 DFM 接线端以脉宽调制的方式，向发动机控制单元反馈自己当前转速下的负荷。发动机控制单元通过负荷数据来调整发动机转矩和转速，从而调节发电机的输出电压。

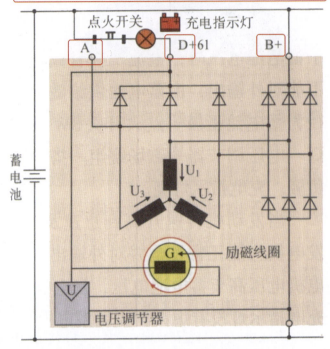

图 1-21 大众老款发电机内部电路

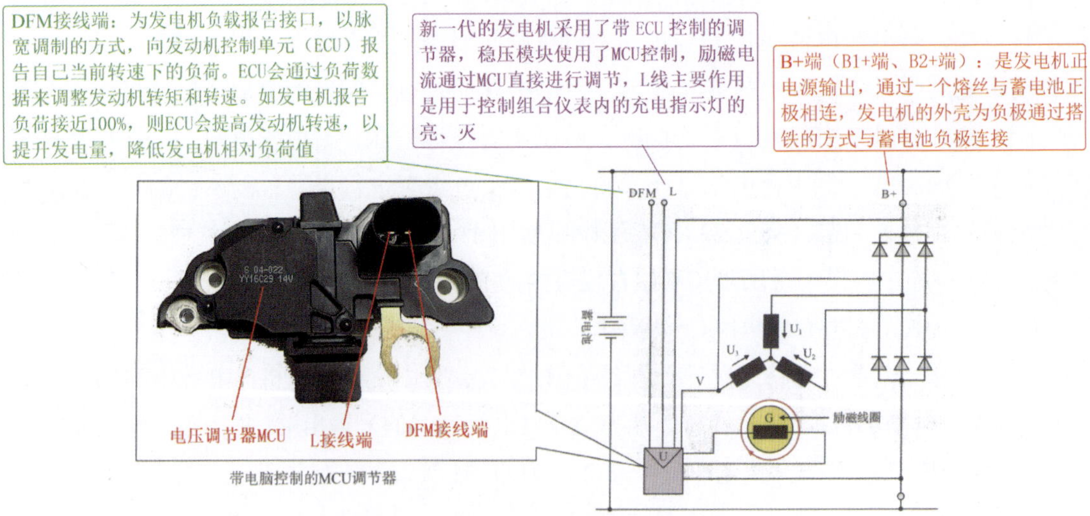

图 1-22 大众新款发电机内部电路

发电机的 T2h/1 端为 L 接线端,经插接器 T4t/2 后接车载网络控制单元 J519 的 T52c/32 端。L 接线端为发电机充电指示灯控制端,该信号输入到车载网络控制单元,然后以总线的

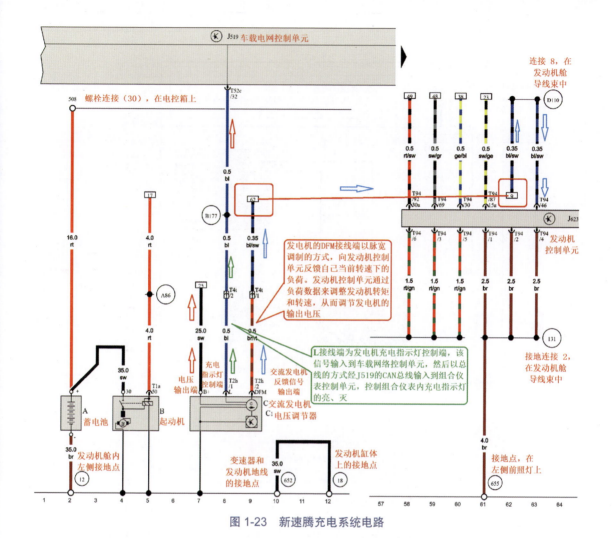

图 1-23 新速腾充电系统电路

方式经 J519 的 CAN 总线输入到组合仪表控制单元，控制组合仪表内充电指示灯的亮、灭。

2）发电机充电电路。该发电机为整体式外搭铁型，当起动发动机或发动机正常运转时，充电系统工作。其充电回路为交流发电机 B+ 端子→熔丝 SA1→蓄电池正极→蓄电池→蓄电池负极。

六、本田轿车充电系统电路识读

（1）电压调节器结构原理

图 1-24 所示为广州本田雅阁轿车充电系统电路图，充电系统装有测量充电系统负载大小的电负载检测器（ELD）。电负载检测器（ELD）测量系统总负荷后，向控制电压调节器的 ECM/PCM 发送信号，然后由 ECM/PCM 控制发电机电压调节器，适时地接通和断开磁场电路，即能可靠地保证电气系统正常工作，使蓄电池充电充足，又能减轻发动机负荷，提高燃料经济性。

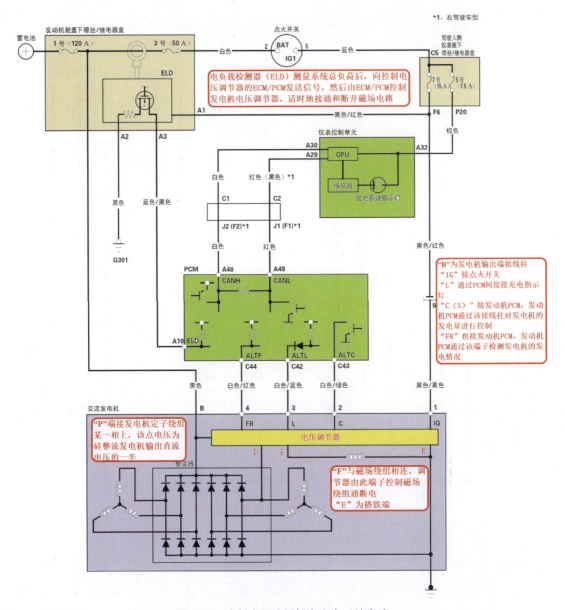

图 1-24　广州本田雅阁轿车充电系统电路

在发电机内部有"P""F"和"E"3个接线柱,在调节器的外部有"B""C(S)"、"IG""L"和"FR"5个接线柱,其中,"P"端接发电机定子绕组某一相上,该点电压为硅整流发电机输出直流电压的一半;"F"与磁场绕组相连,调节器由此端子控制磁场绕组通断电;"E"为搭铁端;"B"为发电机输出端接线柱;"IG"接点火开关;"L"通过PCM间接接充电指示灯;"C(S)"接发动机PCM,发动机PCM通过该接线柱对发电机的发电量进行控制;"FR"也接发动机PCM,发动机PCM通过该端子检测发电机的发电情况。

(2) 充电系统工作过程

汽车电路中负载检测仪检测到电路中负载总电流的大小后,把负载电流信号送给

PCM；调节器"FR"接线端子把发电机电压信号送到PCM，PCM根据这两个信号判断磁场电路电流的大小，输出控制信号到"C（S）"端子，驱动调节器的控制电路，适时地改变电压调节器中大功率管占空比的大小来控制磁场绕组电路中电流的大小，以此控制发电机的输出电压。

当发电机电压低于蓄电池电压很多或电负载信号电压较小时，"C（S）"端子获得的电压接近于0，调节器接通"F"与"E"端的搭铁电路，发电机磁场绕组电流增大；随着发电机输出电压升高到蓄电池标准电压或以上，或负载信号电压接近蓄电池标准电压时，该端子电压等于蓄电池的端电压，当此电压达到规定的调节电压时，使调节器断开"F"与"E"端的搭铁电路，切断磁场绕组电流。由此获得PCM对发电机发电量的精确控制，减小发动机的机械负载，并提高汽车的燃油经济性。

七、东风雪铁龙C5充电系统电路识读

（1）C5轿车充电系统的特点

C5轿车充电系统的特点如下：

1）发电机的内部结构原理如图1-25所示，定子三相绕组为三角形联结，发电机的整流器有9个二极管。其中D1、D2、D3、D4、D5、D6为整流二极管，D7、D8、D9为励磁二极管，在发电机向外发电时（此时发电机B+的电位高于蓄电池正极的电位），发电机B+与D+两点的电位同步变化，即B+点的电位为14V时，D+点的电位也一定为14V。

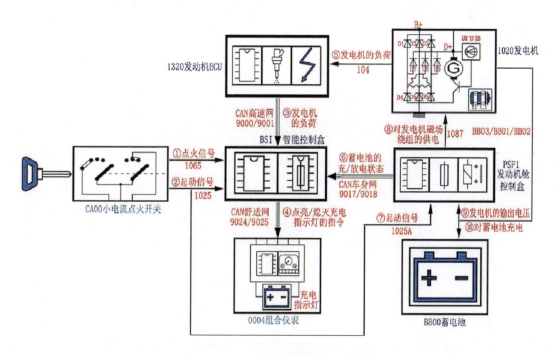

图1-25　C5轿车充电系统原理框图

2）发电机工作时，当 B+ 的电位低于蓄电池正极电位时，由蓄电池提供励磁电流（可称之为先他励），此时仪表板上的充电指示灯点亮，当发电机 B+ 的电位高于蓄电池正极电位时，由发电机自身提供励磁电流（可称之为后自励），此时仪表板上的充电指示灯熄灭。

3）发动机怠速运转后，发电机 B+ 输出电压应为 13～15V，当发电机 B+ 输出电压为 13V 以下时，说明发电机发电量不足（此时应考虑检查或更换发电机整流器），易导致蓄电池亏电；当发电机 B+ 输出电压为 15V 以上时，说明发电机发电量过大（此时应考虑检查或更换发电机调节器），容易烧损汽车上的电子设备。

（2）C5 轿车充电系统电路识读

对于 C5 轿车充电系统工作原理框图（图 1-25）的说明见表 1-3。

表 1-3　C5 轿车充电系统原理框图说明

连接序号	信号	信号性质	发生器/接受器	电路图中对应的导线编号	故障说明
①	点火信号	开关信号	CA00/BSI	1065	导线 1065 断路，组合仪表黑屏，充电指示灯不能点亮
②	起动信号	开关信号	CA00/BSI	1025	导线 1025 断路，发动机不能起动，充电指示灯常亮
③	发电机负荷信号	CAN 高速网信号	1320/BSI	9000/9001	网线 9000/9001 中有一根断路，不能传递发电机负荷信号，BSI 失去电源能量管理的功能
④	充电指示的控制信号	CAN 舒适网信号	BSI/0004	9024/9025	9024/9025 两根网线都断路，组合仪表不能显示蓄电池的充/放电状态
⑤	发电机负荷信号	模拟信号	1020/1320	104	导线 104 断路，发电机不能将负荷信号传递给发动机 ECU，发动机 ECU 和 BSI 都失去电源能量管理的功能
⑥	蓄电池的充/放电状态信号	CAN 车身网信号	PSF1/BSI	9017/9018	9017/9018 两根网线都断路，不能将蓄电池的充/放电状态信号传递给 BSI
⑦	起动信号	模拟信号	CA00/PSF1	1025A	导线 1025A 断路，发动机不能起动，充电指示灯常亮
⑧	对发电机磁场绕组的供电	模拟信号	PSF1/1020	1087	导线 1087 断路，发动机起动时，蓄电池不能提供他励励磁电流，但发动机转速达到一定值，发电机仍可利用剩磁发电
⑨	发电机的输出电压信号	模拟信号	1020/PSF1	BB03-BB01-BB02	导线 BB03-BB01-BB02 断路，发动机不能起动，蓄电池得不到充电，PSF1 得不到发电机的输出电压信号
⑩	对蓄电池的充电信号	模拟信号	1020/BB00	BB03-BB01	导线 BB03-BB01 断路，发动机不能起动，蓄电池得不到充电，PSF1 得不到发电机的输出电压信号

将点火开关旋到点火档时，点火开关通过导线 1065 将点火信号传送到智能控制盒 BSI 的 10V BA 插接器 4 脚。BSI 获得点火信号后，将全车的 CAN 高速网、CAN 车身网、CAN

舒适网等唤醒工作。全车网络唤醒后，蓄电池正极 12V 的电位信号通过导线 BB02 传输到发动机舱控制盒 PSF1，PSF1 一方面通过导线 1087 向发电机的磁场绕组提供励磁电流，另一方面通过 CAN 车身网 9017/9018 将 12V 的电位信号传递给智能控制盒 BSI。BSI 收到该信号后，通过 CAN 舒适网 9024/9025 向组合仪表 0004 发出点亮充电指示灯的指令，于是组合仪表点亮充电指示灯以警示驾驶人蓄电池在放电。

发动机起动怠速运转后，发电机就开始发电（即发电机 B+ 的电位高于蓄电池正极的电位），发电机通过导线 BB03-BB01 对蓄电池进行充电，同时通过导线 BB03-BB01-BB02 向全车用电设备供电，通过导线 BB02 将发电机 14V 左右（发电机发电时，其输出电压一般为 14V 左右）的电位信号传递给 PSF1。PSF1 通过 CAN 车身网 9017/9018 将 14V 的电位信号传递给 BSI，BSI 收到该信号后，通过 CAN 舒适网 9024/9025 向组合仪表 0004 发出熄灭充电指示灯的指令，组合仪表则通过熄灭充电指示灯的方式告知驾驶人发电机已开始发电。

发电机开始发电后，发电机 B+ 与 D+ 两点的电位同步变化，且迅速升高到 14V 左右，这时导线 1087 不再向发动机的磁场绕组提供励磁电流，发电机内部的磁场二极管 D7、D8、D9 向自身的磁场绕组提供励磁电流，可称之为发电机进入自身提供励磁电流的"自励"状态。

安装在发电机内部的调节器的作用是，当发电机转速大幅度变化（从每分钟几百转到一万多转）时，使发电机 B+ 端子的输出电压保持基本不变（一般为 14V 左右）。调节器实质上是通过控制大功率晶体管 T 的导通与截止，来控制发电机励磁绕组电流的大小，从而使发电机 B+ 端子的输出电压不随发电机转速变化而变化，基本保持在 14V 左右。所以调节器损坏后，发电机的输出电压有可能上升到几十伏，甚至上百伏。蓄电池在汽车电源系统中的主要作用如下：

1）发动机起动时，为起动机提供强大的起动电流（100A 以上）。

2）发动机运转后，将发电机的电能转化成蓄电池的化学能储存起来，为起动机的下一次起动做准备。

3）当发电机过载时，协助发电机向用电设备供电。

4）蓄电池相当于一个大的电容器，可吸收发动机运转汽车电器设备工作时产生的过电压（汽车电路中高于 15V 的电压，统称为过电压，点火线圈、空调压缩机电磁离合器、风窗玻璃刮水器、电动车窗电动机甚至喷油器等汽车电器在工作时都可能产生过电压），保护汽车电子元件和设备不受过电压的破坏。所以发动机运转时，不可断开蓄电池的连接线。

八、故障诊断：科鲁兹充电指示灯点亮

故障现象　一辆科鲁兹，起动发动机 5～6min 后蓄电池指示灯点亮。

故障诊断　用 GDS2+MDI 查看发动机控制模块，设置了两个故障码：P2501——发

电机 L 端子高电压；P0625——发电机 F 端子电压过低。查看科鲁兹充电系统电路图（图 1-26），发电机 X2 插头为 2 孔插头，L 端子为棕色（1 号），是充电指示灯控制；F 端子为灰色（2 号），是发电机磁场占空比信号。

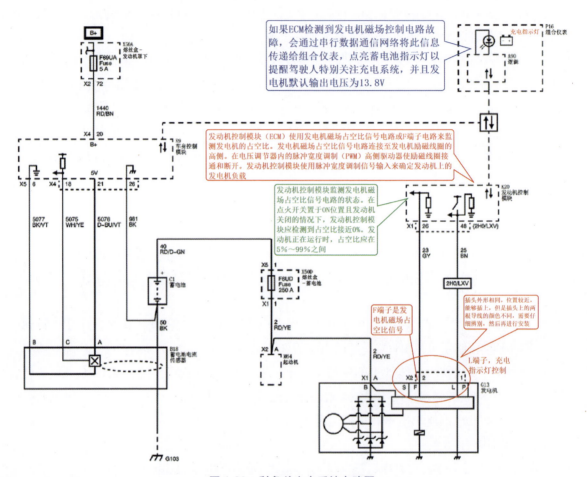

图 1-26　科鲁兹充电系统电路图

发动机控制模块（ECM）使用发电机磁场占空比信号电路或 F 端子电路来监测发电机的占空比。发电机磁场占空比信号电路连接至发电机励磁线圈的高侧。在电压调节器内的脉冲宽度调制（PWM）高侧驱动器使励磁线圈接通和断开。发动机控制模块使用脉冲宽度调制信号输入来确定发动机上的发电机负载。这样，发动机控制模块就可以调节急速转速以补偿高电气负载。发动机控制模块监测发电机磁场占空比信号电路的状态。在点火开关置于 ON 位置且发动机关闭的情况下，发动机控制模块应检测到占空比接近 0%。发动机正在运行时，占空比应在 5%～99% 之间。

发动机控制模块（ECM）使用发电机接通控制电路或 L 端子来控制发动机上的发电机负载。发动机控制模块的高电平侧驱动器向电压调节器提供电压，以此来控制电压调节器接通和断开磁场电路。发动机控制模块监测发电机接通控制电路的状态。当点火开关置于 ON 位置且发动机关闭，或充电系统发生故障时，发动机控制模块应在发电机接通控制电路上检测到电压过低。发动机运行时，发动机控制模块应在发电机接通控制电路上检测到电压过高。发动机控制模块执行测试，以确定发电机接通控制电路的状态。

如果 ECM 检测到发电机磁场控制电路故障，会通过串行数据通信网络将此信息传递给组合仪表，点亮蓄电池指示灯以提醒驾驶人特别关注充电系统，并且发电机默认输出电压为 13.8V。

检查发电机插头发现 X2 插头上的两根线颜色与电路图不一致，和同型号的车辆对比发现，原来是发电机的 X2 插头与旁边的爆燃传感器插头插反了！爆燃传感器的插头也是 2 孔插头，插头颜色和大小与发电机 X2 插头完全相同，并且位置相邻，所以很容易插错，如图 1-27 所示。而两个插头的导线颜色不同，爆燃传感器的导线是紫/灰和白/灰色，原来是车辆在别处进行事故维修时插头被插错了。

故障排除 将发电机的 X2 插头与旁边的爆燃传感器插头对换，故障排除。

图 1-27 爆燃传感器和发电机插头位置

九、故障诊断：迈腾 B7L 发电机指示灯亮

故障现象 一辆大众迈腾 B7L，驾驶人抱怨该车发电机指示灯由偶尔闪亮变成一直常亮。

故障诊断 首先利用诊断仪检测整个网关列表，整个网关列表中的所有电控系统正常。利用万用表实际测量蓄电池电压，结果是 12.7V，起动着车以后蓄电池电压没有增加，并且仪表发电机指示灯常亮，发电机不发电。替换发电机、J519，查看编码，故障依旧。反复重新起动路试（驾驶人反映有时行驶时发动机指示灯闪亮），当熄火重新再次起动着车以后，发电机指示灯又熄灭了，再次测量蓄电池电压以及发电机输出端，又可以正常发电。反复模拟故障状态使其指示灯常亮。

查看发电机 L 和 DFM 线路正常，测量 J519 的 T52c/32 至发电机 T2gc/1 之间连接，正常。当指示灯常亮以及读取发电机不发电时 01-08-053 组数据流 4 区只有 12%，而对比正常车辆的发电机负荷为 46.3%（图 1-28）。查阅相关维修得知，新款迈腾发电机控制方式与以往车辆不同（图 1-29）。

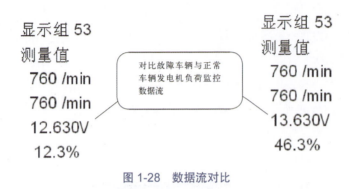

图 1-28 数据流对比

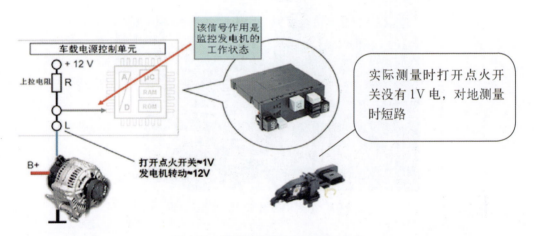

图 1-29 新款迈腾发电机的控制方式

怀疑车身线束中有对地短路的地方，由于整车线束过于庞大，查看电路图，将 J519 连接到发电机的 T2/1 线束断开，跨接一根连接线到发电机的 T2/1 脚，结果仪表上发电机的指示灯熄灭。测量发电量正常。接下来查看电路图，查找对地短路的位置。

图 1-30 所示为迈腾 B7L 的相关电路，对比老款迈腾 B6，不同之处是连接发电机的 L 线同时也连接后部的逆变器 U13。该处连接用于监控发电机是否发电，以判定逆变器 U13 工作。断开 U13 逆变器故障依旧，当拉动连接 U13 的线束时，发电机的 L 线不再对地短路。进一步查找发现，在中央扶手箱处 U13 的 B344 连接线与车身部位磨破搭铁。

故障排除 修复此处搭铁点，故障排除。

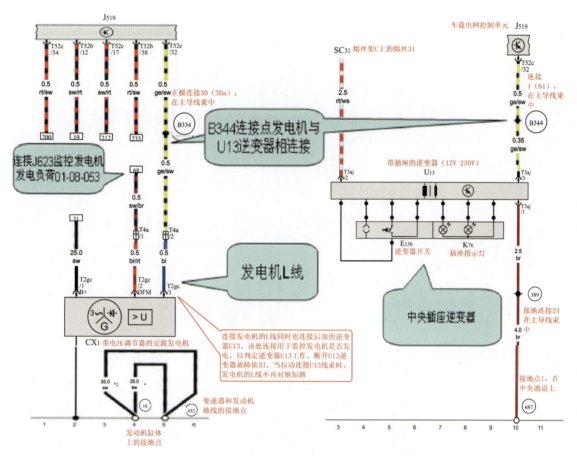

图 1-30 U13 相关电路

第三节 起动系统电路识读

一、东风雪铁龙 C5 起动系统电路识读

东风雪铁龙 C5 轿车的发动机型号为 ES9A，发动机排量 3.0L，发动机 ECU 型号为 ME7.4.7，六速自动变速器型号为 AM6。图 1-31 是 C5 轿车发动机起动和充电系统的原理电路图。

1. C5 轿车起动部分的特点

C5 轿车起动部分的特点如下：

1)起动机为永磁行星齿轮机构减速式起动机,即起动机的定子为永久磁体,磁极对数为3,起动机通过行星齿轮机构减速来增大起动转矩。

2)点火开关为小电流点火开关,该点火开关只传递点火和起动信号,不直接控制任何电器设备,点火开关的 M 位置为点火档,D 位置为起动档。

3)在发动机起动过程中,必须先核对电子防盗密码和函数,如防盗密码核对成功,发动机才可以起动成功,如防盗密码核对不成功,起动时可以听到起动机的起动响声,但发动机不能起动(因为点火线圈、喷油器等不工作),且组合仪表0004上有"电子防盗系统故障"的报警提示。

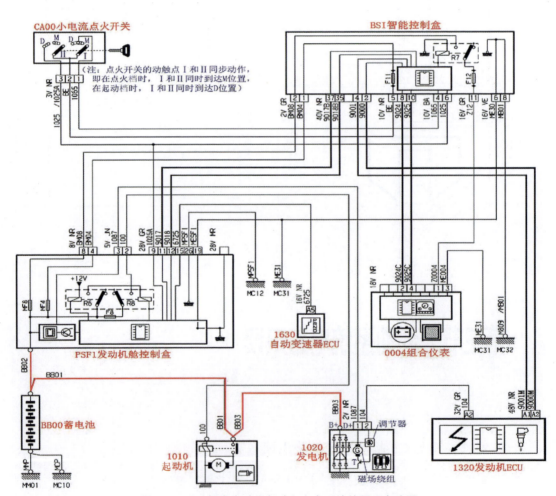

图 1-31 C5 轿车发动机起动和充电系统的原理电路图

2. C5 轿车起动过程的工作原理

C5 轿车发动机起动过程的工作原理如图 1-32 所示,对该框图的说明见表 1-4。下面根据图 1-31 和图 1-32 对 C5 轿车发动机起动原理电路进行识读。

将点火开关旋到起动档时,点火开关通过导线 1065 将点火信号传送到智能控制盒 BSI,通过导线 1025 和 1025A 将起动信号分别传送到 BSI 和发动机舱控制盒 PSF1。BSI 获得点火信号后,将全车的 CAN 高速网、CAN 车身网、CAN 舒适网等唤醒。全车网络被唤醒后,在 BSI 的指挥下,点火开关 CA00 内的防盗芯片、BSI、发动机 ECU1320 之间就通过 CAN 高速网、CAN 车身网、CAN 舒适网进行防盗密码与函数的核对交流,防盗密码与函数的核对交流过程如图 1-33 所示。

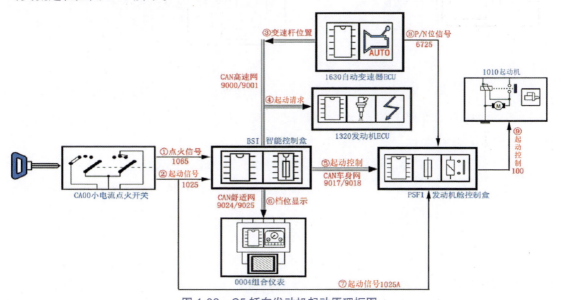

图 1-32 C5 轿车发动机起动原理框图

表 1-4 C5 轿车发动机起动原理框图说明

连接序号	信号	信号性质	发生器/接受器	电路图中对应的导线编号	故障说明
①	点火信号	开关信号	CA00/BSI	1065	导线 1065 断路,发动机不能起动,组合仪表黑屏
②	起动信号	开关信号	CA00/BSI	1025	导线 1025 断路,发动机不能起动
③	变速杆位置	CAN 高速网信号	1630/BSI	9000/9001	网线 9000/9001 中有一根断路,组合仪表上无档位显示
④	起动请求	CAN 高速网信号	BSI/1320	9000/9001	网线 9000/9001 中有一根断路,不能传递起动请求信号,发动机不能起动
⑤	起动控制	CAN 车身网信号	BSI/PSF1	9017/9018	9017/9018 两根网线都断路,不能传递起动控制信号,发动机不能起动
⑥	档位显示	CAN 舒适网信号	BSI/0004	9024/9025	9024/9025 两根网线都断路,组合仪表不能显示档位、冷却液温度、燃油等信息,但发动机可以起动
⑦	起动信号	开关信号	CA00/PSF1	1025A	导线 1025A 断路,发动机不能起动
⑧	P/N 位信号	模拟信号	1630/PSF1	6725	导线 6725 断路,发动机不能起动
⑨	起动控制	模拟信号	PSF1/1010	100	导线 100 断路,起动机不通电,发动机不能起动

注:CAN 高速网断一根网线,网络就瘫痪,不能传输信息;CAN 车身网和 CAN 舒适网断两根网线,网络才瘫痪。

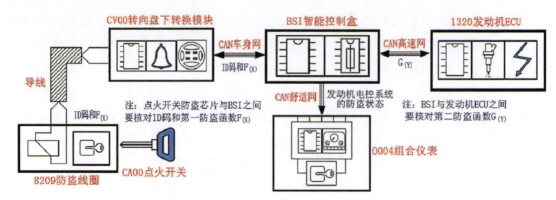

图 1-33 防盗密码与函数的核对交流过程

点火开关、BSI、发动机 ECU 之间的密码核对成功后，BSI 一方面通过 CAN 高速网线 9000 和 9001 向发动机 ECU 发出起动控制请求。发动机 ECU 收到了 BSI 的起动控制请求后，就做好控制燃油泵供油、喷油器喷油、点火线圈点火等起动准备工作。BSI 另一方面通过 CAN 车身网线 9017 和 9018 向发动机舱控制盒 PSF1 发出起动控制指令。

自动变速器 ECU1630 一方面通过 CAN 高速网线 9000 和 9001 将 P 或 N 位信号传送到 BSI，BSI 将 P、N 位信号通过 CAN 舒适网线 9024 和 9025 传送到组合仪表 0004 上显示出来告知驾驶人；另一方面通过导线 6725A 将 P、N 位信号传送给 PSF1。

当 PSF1 获得点火开关的起动信号、BSI 的起动控制信号、自动变速器 ECU 送来的 P 或 N 位信号后，才控制内部继电器 R8（为起动继电器）工作，于是 R8 继电器通过导线 100 控制起动机 1010 通电工作，同时发动机 ECU 控制燃油泵、喷油器、点火线圈等元件工作。在起动机和发动机 ECU 的共同配合下，发动机起动运转。

二、故障诊断：雪铁龙世嘉无法起动

故障现象 一辆东风雪铁龙世嘉轿车，行驶里程 36270km，发动机型号为 EW10A，发动机 ECU 型号为 MM6LPB，搭载 AL4 自动变速器。驾驶人把车开到东风雪铁龙维修网点做保养维修时，维修人员更换了发动机舱主线束，之后该车就无法起动了。

故障诊断 考虑到该车是开到维修站以后才发生的故障，蓄电池和起动机应没有故障，于是首先全面检查了在更换发动机舱主线束时拆装过的每一个插接器是否安装到位，检查中没有发现问题。接着用东风雪铁龙轿车专用诊断仪对该车的电控单元进行检测，检测结果显示与发动机起动有关联的智能控制盒 BSI、发动机 ECU1320、发动机舱控制盒 PSF1、自动变速器 ECU1630、ESP 电控单元都没有故障。接着根据发动机起动电路原理图（图 1-34）和框图（图 1-35）对故障原因进行了逐一排查。

接通点火开关 CA00 的点火档，组合仪表 0004 上显示燃油、冷却液温度等信息，说明点火开关将点火信号传送到了智能控制盒 BSI，否则组合仪表会黑屏。

第一章 汽车电源起动系统电路识读

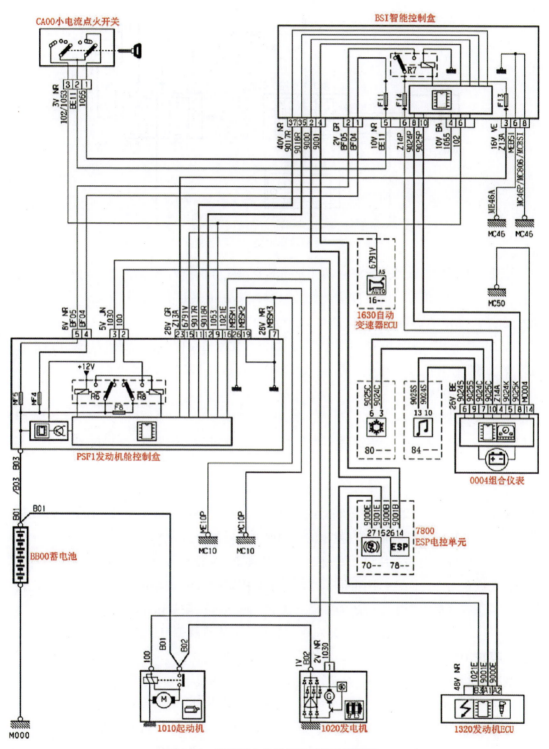

图 1-34 世嘉轿车发动机起动电路原理图

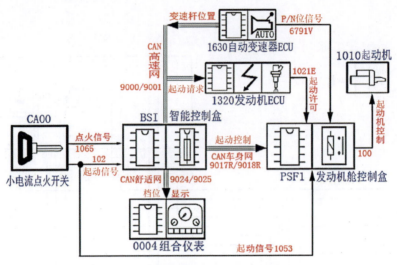

图 1-35　世嘉轿车发动机起动电路框图

接通点火开关点火档后，将自动变速器的变速杆分别挂入 P、N、R、D 位时，组合仪表能正确显示档位信息，说明自动变速器 ECU、发动机 ECU 和智能控制盒所在的 CAN 高速网无故障，BSI 与组合仪表之间的 CAN 舒适网也无故障。

按下喇叭按钮，喇叭鸣叫，说明智能控制盒与发动机舱控制盒之间的 CAN 车身网没有故障（因喇叭控制信号要由 BSI 通过 CAN 车身网传送到 PSF1，再由 PSF1 控制喇叭继电器工作，喇叭才能鸣叫）。

接通点火开关的起动档，用万用表在 BSI 的 10V BA（10 通道白色）插接器的 6 脚和 PSF1 的 28V GR（28 通道灰色）插接器的 9 脚可检测到 12V 的电压，说明点火开关的起动信号分别传送到了 BSI 和 PSF1。

关闭点火开关，拆下蓄电池负极电缆后再分别拆下发动机 ECU 的 48V NR（48 通道黑色）插接器和 PSF1 的 28V GR（28 通道灰色）插接器，用万用表检测导线 1021E 电阻为 0，说明导线 1021E 能将发动机 ECU 发出的起动许可信号传送到 PSF1。

考虑到用万用表检测从自动变速器 ECU 传递 P、N 位信号给 PSF1 的导线 6791V 时要拆卸较多汽车附件，而且检测也很不方便，于是用诊断仪对该车的智能控制盒 BSI 进行重新配置，即将该车的变速器更改为手动变速器。将该车自动变速器的配置取消后，组合仪表上无自动变速器的档位显示，发动机可以起动。最终将故障锁定在自动变速器与 PSF1 之间的导线 6791V 上。

故障排除　最后经仔细检查发现导线 6791V 在发动机主线束中存在断路，将断路点修复后又用诊断仪将变速器恢复设置为自动变速器，该车起动正常，故障彻底排除。

维修总结　由于导线 6791V 断路，自动变速器 ECU 不能将 P 或 N 位信号传递给 PSF1，于是 PSF1 不控制继电器 R8 工作，起动机因得不到导线 100 的供电，不能带动发动机起动运转。雪铁龙世嘉轿车起动过程如下：

1）将点火开关旋到起动档时，点火开关通过导线 1065 将点火信号传送到智能控制盒 BSI，通过导线 102 和导线 1053 分别将起动信号传送到 BSI 和发动机舱控制盒 PSF1。

2）BSI 获得点火信号后，将全车网络唤醒，自动变速器 ECU 通过 CAN 高速网将 P 或 N 位信号传送到 BSI，BSI 将 P、N 位信号通过 CAN 舒适网传送到组合仪表上显示出来。

3）BSI 得到起动信号和变速器的 P、N 位信号后，通过 CAN 高速网一方面将起动请求信号传送到发动机 ECU，一方面将起动控制信号传送到 PSF1。

4）当 PSF1 获得点火开关的起动信号、BSI 的起动控制信号、自动变速器通过导线 6791V 送来的 P 或 N 位信号、发动机 ECU 通过导线 1021E 送来的起动许可信号后，PSF1 才控制内部继电器 R8 工作，于是 R8 继电器通过导线 100 控制起动机 1010 工作，起动机带动发动机起动运转。

三、迈腾车起动控制电路识读

（1）起动控制电路组成

如图 1-36、图 1-37 所示，迈腾轿车起动控制电路由起动开关（E415，内置防盗锁止系统读取单元 D1 及电子点火开关 D9）、转向柱电子装置控制单元（J527）、舒适系统控制单元（J393，内部集成防盗控制单元）、电子转向柱锁止装置控制单元（J764）、自动变速器控制单元（J743）、车载电网控制单元（J519）、发动机控制单元（J623）、制动开关（F）、端子 15 供电继电器（J329）、主继电器（J271）、起动继电器（J682）、起动继电器 2（J710）、蓄电池、起动机等组成。

（2）起动控制电路原理

1）点火开关 15 电、50 电的形成过程如下：

① 如图 1-36 所示，蓄电池正电经熔丝 SA4、SC16 作用到 E415 的端子 T16f/3，当钥匙推入第 1 档时，P 触点断开，S 触点闭合，正电由 E415 的端子 T16f/16 作用到 J527 的端子 T16o/7。

② J527 接收到 S 触点闭合信号后，通过 CAN 数据传输总线发出唤醒信号给 J393，激活舒适系统控制单元 J393。

③ J393 被激活后，通过端子 T6an/5 将数据信息传送到 J764 的端子 T10k/2，唤醒 J764。

④ J764 被激活后，通过防盗锁止系统读取单元（D1）读取钥匙芯片信息。

⑤ 钥匙芯片信息通过数据传输 LIN 线再回传到 J393，经内部防盗控制单元验证，确认钥匙的合法性。

⑥ 钥匙如果合法，系统防盗解除。J393 经端子 T6an/3 向 J764 的端子 T10k/10 提供 5V 电压信号，解除 J764 内的转向盘电机锁，此时转向盘可自由旋转。

⑦ 转向盘解锁后，J764 通过端子 T10k/6 向 E415 的端子 T16f/8 提供蓄电池电压，钥匙推入第 2 档时，端子 T16f/5 及端子 T16f/13 就会输出 15 电信号至 J519、J527，钥匙推入第 3 档时，端子 T16f/6 将输出 50 电信号至 J623。

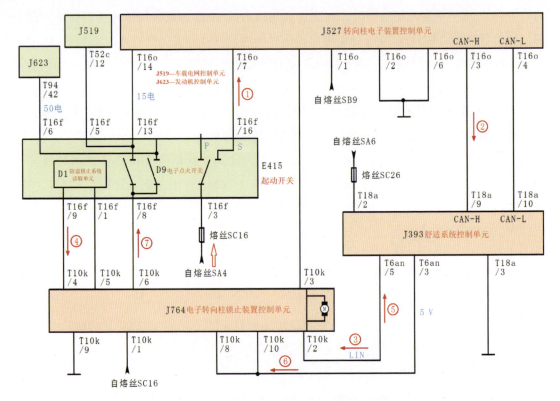

图 1-36 点火开关 15 电、50 电的形成过程

2)起动机 50 电信号的形成过程如下:

① 如图 1-37 所示,钥匙推入第 2 档时,J519 接收到 15 电信号,通过端子 T52b/12 给继电器 J329 线圈供电,J329 线圈通电产生的电磁力将常开触点吸合,蓄电池正电经熔丝 SB30、继电器触点、熔丝 SC10 作用到 J623 的端子 T94/87,给 J623 供电。

② 同时,J623 内部控制 J271 线圈负极的三极管导通,端子 T94/69 搭铁。蓄电池正电通过熔丝 SB13 给 J271 线圈供电,J271 常开触点吸合,蓄电池正电经 J271 触点、熔丝 SB14 作用到 J623 的端子 T94/5、端子 T94/6,给 J623 供电。至此,J623 的供电端子 T94/5、T94/6、T94/87、T94/92 全部作用有 12V 蓄电池电压,J623 进入工作状态。

③ 踩下制动踏板,制动开关(F)的端子 T4f/3 给 J623 的端子 T94/19 提供电压信号;档位挂在停车档时,自动变速器控制单元(J743)的端子 T25/16 也给 J623 的端子 T94/20 提供电压信号;将钥匙推入第 3 档,J623 的端子 T94/42 接收到 D9 传输过来的 50 电信号,J623 接收到这 3 个电信号后,将控制 J682 线圈负极及 J710 线圈负极的 2 个晶体管同时导通,J623 的端子 T94/9 和端子 T94/31 同时搭铁,J682 线圈及 J710 线圈通电,将各自常开触点吸合。

④ 此时,蓄电池正电经 SB30、J329 触点、J682 触点、J710 触点作用到起动机电磁开关 50 接线柱上。起动机电磁开关接收到 50 电信号后,通过吸拉及保持线圈产生的电磁力推出拨叉,同时将起动机的端子 30、端子 C 导通,蓄电池正电作用到起动机电枢绕组,起动机即可运转。

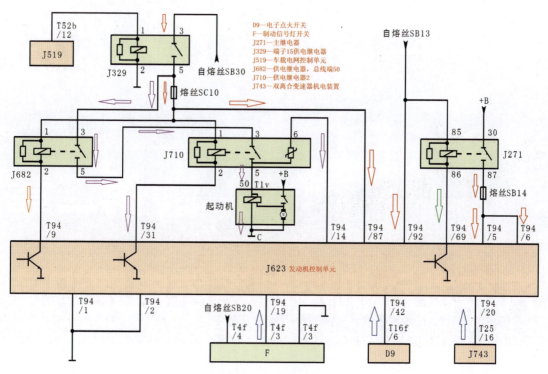

图 1-37 起动机 50 电信号的形成过程

第二章

汽车发动机控制系统电路识读

发动机电控系统电路错综复杂,但是也有规律可循。识读电路图前首先要了解各品牌车型电路的特点,了解电路结构和组成。通常发动机电控系统按功能来分,可分为燃油喷射系统、点火系统、起动系统、进气控制系统、燃油蒸发排放系统等几个子系统。各子系统又都受发动机电控单元的控制。各子系统里的电路又可根据元件的功能不同,分为电源电路、信号输入电路和执行器电路等三部分。

对于电源电路,看电源的来龙去脉非常关键。查看电源就是要看清楚蓄电池的电源都供给了哪些元件,汽车电控系统的电源是常电源还是条件电源;对于信号输入(主要是传感器)电路,经常共用电源线、接地线,但决不会共用信号线;对于执行器电路,存在共用电源线、接地线和控制线的情况,但控制信号一般都从电控单元输出。

第一节 大众朗逸发动机电控系统电路识读

一、发动机电控系统原理框图

以上海大众新朗逸 1.6L CPJA 发动机控制系统为例进行讲解,该发动机电控系统采用的是博世 Motronic ME7.5.20。其发动机控制系统原理框图如图 2-1 所示。

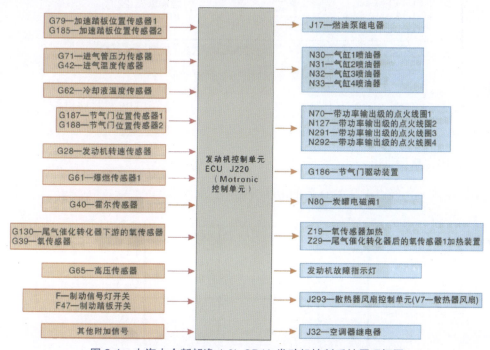

图 2-1 上海大众新朗逸 1.6L CPJA 发动机控制系统原理框图

二、发动机电控系统供电电路的识读

1. 电源分配

如图 2-2 所示,经过蓄电池的常电源→内部连接线 A1 之后分三路。

第一路经 40A 熔丝 SA6 →电路编号为 228 的电路,此电路为散热器风扇控制单元 J293 供电。

第二路经 30A 熔丝 SB1 后分别供电给主继电器 J271 的 2/30、6/85 端。当发动机控制单元 J220 的 T80/9 端输出搭铁控制信号时,J271 的 2/30 与 8/87 端导通,常电源经电路编号为 66 的电路分别供电给各个相关电路。

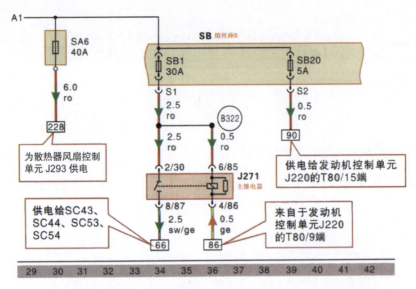

图 2-2　发动机电控系统供电电路 1

第三路经 5A 熔丝 SB20→电路编号为 90 的电路，此电路供电给发动机控制单元 J220 的 T80/15 端。

2. 点火开关 D 后供电

如图 2-3 所示，经点火开关 D 后的电压分四路供电。

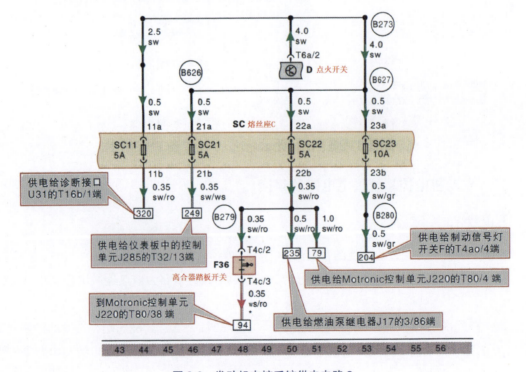

图 2-3　发动机电控系统供电电路 2

第一路经 5A 熔丝 SC11 → 电路编号为 320 的电路，此电路供电给诊断接口 U31 的 T16b/1 端。

第二路经 5A 熔丝 SC21 → 电路编号为 249 的电路，此电路供电给仪表板中的控制单元 J285 的 T32/13 端。

第三路经 5A 熔丝 SC22 后又分三路：一路到离合器踏板开关 F36 的 T4c/2 端；另一路到电路编号为 235 的电路，此电路供电给燃油泵继电器 J17 的 3/86 端；最后一路到电路编号为 79 的电路，此电路供电给发动机控制单元 J220 的 T80/4 端。

第四路经 10A 熔丝 SC23 → 电路编号为 204 的电路，此电路供电给制动信号灯开关 F 的 T4ao/4 端。

3. 来自主继电器 J271 的电源

如图 2-4 所示，来自主继电器 J271 的 8/87 端电源分五路走。编号为 34 的电路与图 2-2 中编号为 66 的电路是同一条导线。

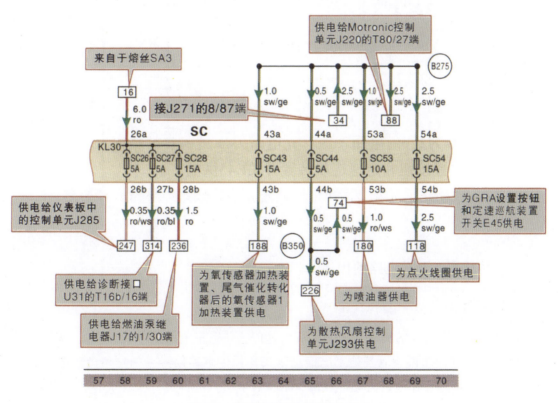

图 2-4　发动机电控系统供电电路 3

第一路经 15A 熔丝 SC43 → 电路编号为 188 的电路，此电路为氧传感器加热装置、尾气催化转化器后的氧传感器 1 加热装置供电。

第二路经 5A 熔丝 SC44 → 电路编号为 226 的电路，此电路为散热风扇控制单元 J293 供电；编号为 74 的电路，此电路为 GRA 设置按钮和定速巡航装置开关 E45 供电。

第三路经 10A 熔丝 SC53→电路编号为 180 的电路，此电路为喷油器供电。

第四路到电路编号为 88 的电路，此电路供电给发动机控制单元 J220 的 T80/27 端。

第五路经 15A 熔丝 SC54→电路编号为 118 的电路，此电路为点火线圈供电。

发动机控制单元 J220 的 T80/4 端是 15 号电源供电，接 SC22 熔丝。T80/2 端和 T80/28 端为发动机控制单元接地，如图 2-5 所示。发动机控制单元 J220 的 T80/24 端是定速巡航装置开关信号输入端。

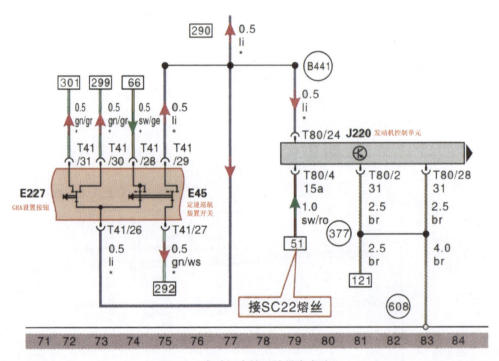

图 2-5　发动机电控系统供电电路 4

三、传感器与开关电路的识读

1. 节气门位置传感器电路的识读

在驾驶人操纵加速踏板时，加速踏板位置传感器采集电压信号输入到发动机控制单元。发动机控制单元再获取其他工况信息以及各种传感器信号，如发动机转速、档位、节气门位置、空调能耗等，由此计算出整车所需求的全部转矩，通过对节气门转角期望值进行补偿，得到节气门的最佳开度，并把相应的电压信号发送到驱动电路模块，节气门驱动装置 G186（即节气门驱动电动机）使节气门达到最佳的开度位置。节气门位置传感器 G187、G188 则把节气门的开度信号反馈给发动机控制单元，形成闭环的位置控制，如图 2-6 所示。

第二章 汽车发动机控制系统电路识读

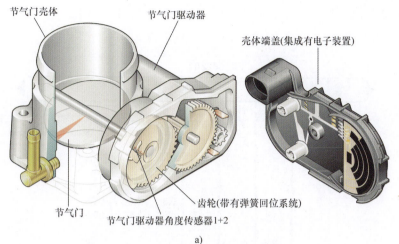

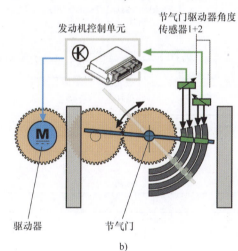

图 2-6 节气门控制单元及其工作原理

a）节气门控制单元结构　b）节气门控制单元工作原理

节气门位置传感器电路如图 2-7 所示。发动机控制单元 J220 的 T80/55 端输出 5V 电压信号供电给节气门控制单元 J338 的 T6ad/2 端；J338 的 T6ad/6 端为公共接地端，接 J220 的 T80/61 端；J338 的 T6ad/1 端为节气门位置传感器 1 的信号输出端，接 J220 的 T80/68 端；J338 的 T6ad/4 端为节气门位置传感器 2 的信号输出端，接 J220 的 T80/75 端；J338 的 T6ad/3 端、T6ad/5 端为节气门驱动装置，由 J220 的 T80/80 端和 T80/66 端输出控制信号，控制节气门驱动电动机的动作。

2. 发动机转速传感器 / 进气温度传感器 / 进气管压力传感器

发动机转速传感器 / 进气温度传感器 / 进气管压力传感器电路如图 2-8 所示，转速传感器 G28 又称为曲轴位置传感器，其功用是采集曲轴转动角度和发动机转速信号，并输入电子控制单元 J220，以便确定点火时刻和喷油时刻。其中 G28 的 T3L/1 端为供电端，由 J220

的 T80/62 端提供 5V 电压；T3L/2 端、T3L/3 端为转速信号输出端，分别接 J220 的 T80/53 端和 T80/67。

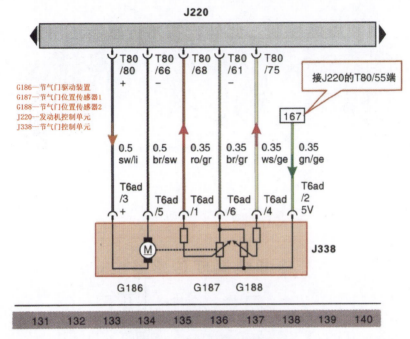

图 2-7　节气门位置传感器

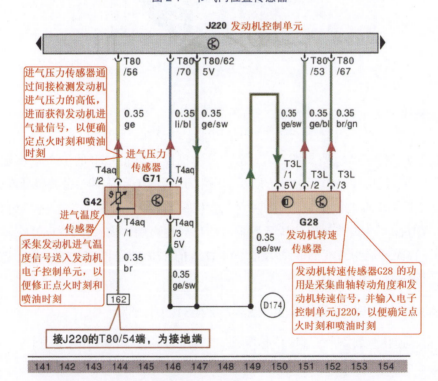

图 2-8　发动机转速传感器/进气温度传感器/进气管压力传感器电路

进气压力和进气温度传感器为一体，传感器为4线，T4aq/3端接电源，由J220的T80/62端提供5V电压；T4aq/1端为接地端，通过J220的T80/54端内部接地；T4aq/2端为进气温度信号；T4aq/4端为进气压力信号。

3. 霍尔传感器 / 爆燃传感器 / 冷却液温度传感器

霍尔传感器 / 爆燃传感器 / 冷却液温度传感器电路如图2-9所示。G40霍尔传感器其实就是凸轮轴位置传感器，霍尔传感器的功用是采集配气凸轮轴的位置信号，并输入ECU，以便ECU识别气缸1压缩上止点，从而进行点火时刻控制和爆燃控制。此外，霍尔传感器还用于发动机起动时识别出第一次点火时刻。因为凸轮轴位置传感器能够识别哪一个气缸活塞即将到达上止点，所以称为气缸识别传感器。霍尔传感器有三根线，为有源传感器，其中传感器G40上的T3m/1端为来自发动机控制单元J220的T80/55脚5V参考电压，T3m/3端为接地，T3m/2端为信号输出端，接J220的T80/60脚。

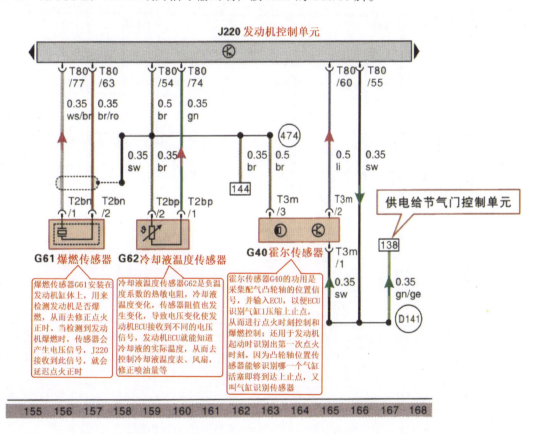

图2-9 霍尔传感器 / 爆燃传感器 / 冷却液温度传感器电路

爆燃传感器G61安装在发动机缸体上，用来检测发动机是否爆燃，从而去修正点火正时。当检测到发动机爆燃时，传感器会产生电压信号，J220接收到此信号，就会延迟点火正时。G61的T2bn/1端和T2bn/2端分别接J220的T80/77端和T80/63端。

冷却液温度传感器 G62 是一个负温度系数的热敏电阻，冷却液温度传感器 T2bp/2 端接地，T2bp/1 端为信号输出端，接发动机控制单元 J220 的 T80/74 端。由于冷却液温度变化，传感器阻值也发生变化，导致电压变化使发动机 ECU 接收到不同的电压信号，发动机 ECU 就能知道冷却液的实际温度，从而去控制冷却液温度表、风扇，修正喷油量等。

4. 氧传感器

上海大众新朗逸有前、后两个氧传感器，分别是 G39 和 G130。其中 G39 为前氧传感器，检测废气中的氧含量，发动机控制单元根据此信号对燃油喷射时间进行修正；而 G130 为尾气催化转化器下游的氧传感器，在三元催化器后面，它能够检测三元催化的转化效率。氧传感器电路如图 2-10 所示。

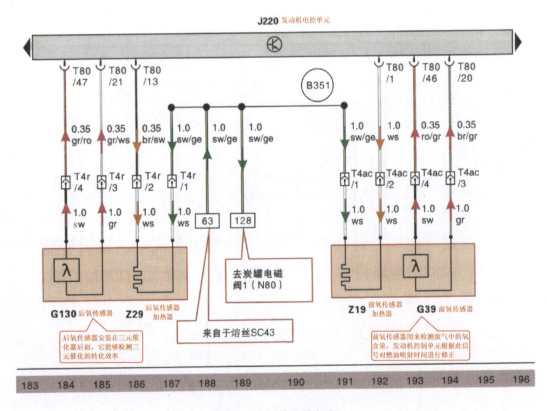

图 2-10　氧传感器电路

前氧传感器的 T4ac/1 端为传感器加热装置供电端，经熔丝 SC43 的电压从编号为 63 的电路输入到前氧传感器的 T4ac/1 端；T4ac/2 端为传感器加热装置控制端，接 J220 的 T80/1 端；T4ac/3、T4ac/4 端为前氧传感器信号输出端，分别接 J220 的 T80/20、T80/46 端。

G130 的 T4r/1 端为传感器加热装置供电端；T4r/2 端为传感器加热装置控制端，接 J220 的 T80/13 端；T4r/3、T4r/4 端为尾气催化转化器后的氧传感器信号输出端，分别接 J220 的 T80/21、T80/47 端。

5. 加速踏板位置传感器

驾驶人操纵加速踏板时,加速踏板位置传感器 G79、G185 产生相应的电压信号输入发动机控制单元,控制单元根据当前的工作模式、踏板移动量和变化率解析驾驶人意图,计算出对发动机转矩的基本需求,得到相应的节气门转角的基本期望值。一个传感器信号失真或中断,如果另一个传感器处于怠速位置,则发动机进入怠速工况;如果是负荷工况,则发动机转速上升缓慢。若两个传感器同时出现故障,则发动机高怠速(1500r/min 左右)运转。

新朗逸加速踏板位置传感器电路如图 2-11 所示,其中传感器的 T6L/1 端和 T6L/2 端均为 5V 供电端;T6L/3 端和 T6L/5 端均为接地端;T6L/4 端为加速踏板位置传感器的信号输出端;T6L/6 端为加速踏板位置传感器 2 的信号输出端。

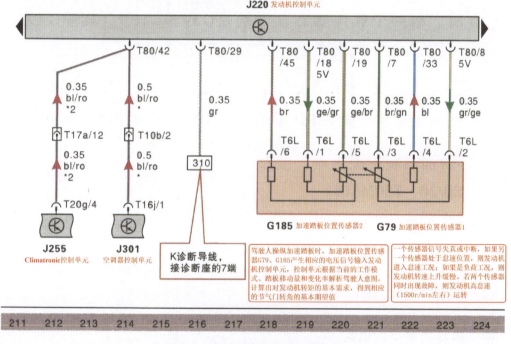

图 2-11　加速踏板位置传感器电路

6. 制动踏板开关与制动信号灯开关

制动信号灯开关 F 和制动踏板开关 F47 是一个组合开关,电路如图 2-12 所示。F47 是制动踏板信号开关,这是一个常闭开关,即未踩制动时,只要点火开关打开,12V 的电压就经编号为 53 的电路送入组合开关的 T4ao/4 端,经 F47 后通过 T80/51 端输入发动机控制单元 J220;当踩下制动时,开关断开,电压信号消失,J220 以此判断车辆在进行制动,进而对发动机转矩等进行调节,以利于制动控制。制动踏板信号开关同时也会通过编号为 288 的电路将信号送入车载网络控制单元的 T73b/42 端。

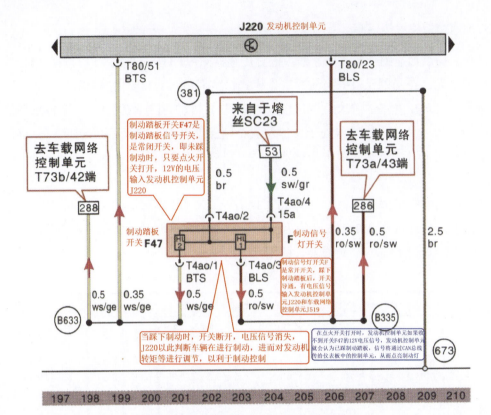

图 2-12 制动踏板开关与制动信号灯开关

制动信号灯开关 F 是一个常开开关，踩下制动踏板后，开关导通，此时有电压信号通过 T80/23 端输入发动机控制单元 J220。制动信号灯开关同时也会通过编号为 286 的电路将信号送入车载网络控制单元的 T73a/43 端。

在点火开关打开时，发动机控制单元如果收不到开关 F47 的 12V 电压信号，发动机控制单元就会认为已踩制动踏板，信号将通过 CAN 总线传给仪表板中的控制单元，点亮制动灯。

四、执行器电路的识读

1. 点火线圈电路的识读

点火线圈电路如图 2-13 所示。每个气缸都有一个点火线圈，发动机工作时，ECU 向点火器输出点火控制信号，点火器按点火顺序依次控制功率晶体管导通或截止，使初级电路周期性地通断，点火线圈周期性地产生高压，高电压依次对每缸火花塞跳火。

编号为 69 的电路为点火线圈提供电源，从主继电器 J271 输出的 12V 电压经 15A 的熔丝 SC54 后供电经各点火线圈的 3 端；点火线圈的 4 端为点火控制信号端，分别接发动机 ECU 的 T80/57、T80/72、T80/71、T80/76 端。

第二章 汽车发动机控制系统电路识读

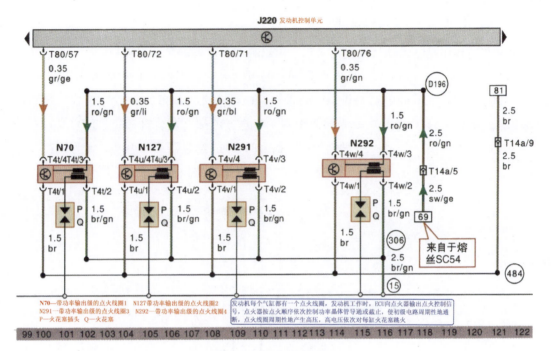

图 2-13 点火线圈电路

2. 喷油器电路的识读

喷油器控制电路如图 2-14 所示。每个喷油器都有两个针脚，编号为 67 的电路为来自主继电器 J271 的电源，从主继电器输出的 12V 电压经 10A 的熔丝 SC53 后分别供电给四个喷油器的 1 端；发动机 ECU 的 T80/79、T80/59、T80/73、T80/65 端分别接四个喷油器的 2 端。发动机 ECU 根据发动机运转状况控制每个喷油器的 2 端接地顺序和时间，从而控制每缸的喷油量。

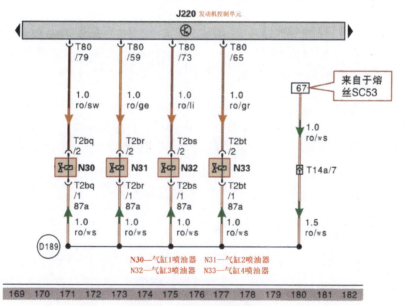

图 2-14 喷油器控制电路

053

3. 燃油泵继电器及燃油泵电路的识读

燃油泵的作用是将燃油从油箱内吸出，供给喷油器。燃油泵继电器控制燃油泵的工作，燃油泵继电器如图 2-15 所示。只要点火开关打开，经点火开关后的 12V 电压→5A 熔丝 SC22→电路编号为 50 的电路→供电给燃油泵继电器 J17 的 3/86 端。经 15A 熔丝 SC28→电路编号为 60 的电路→供电给燃油泵继电器 J17 的 3/30 端。发动机 ECU 的 T80/26 端控制燃油泵继电器的工作，当 T80/26 端输出搭铁信号时，J17 继电器线圈得电，到达 J17 的 3/30 端的电压→J17 的 2/87 端→电路编号为 256 的电路，此电路供电给预供给燃油泵。

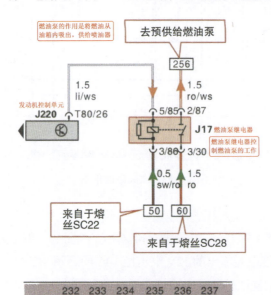

图 2-15　燃油泵继电器控制电路

燃油泵电路如图 2-16 所示。到达燃油泵继电器 J17 的 2/87 端的电压、电路编号为 236 的电路供电给预供给燃油泵 G6 的 T5k/1 端→经 G6 → G6 的 T5k/5 端→线束内绞接点 369 →右侧 A 柱下部接地点搭铁（即接地点 43）。

燃油存量传感器与预供给燃油泵装在一起，用于检测油箱燃油存量，它将油量变化转变成电压信号的变化送给仪表板中的控制单元 J285，J285 再去控制 G1 显示油量。其中燃油存量传感器 G 的 T5k/4 端输出燃油存量传感器"空"信号到 J285 的 T32/15 端；G 的 T5k/3 端输出燃油存量传感器"满"信号到 J285 的 T32/14 端。当 J285 检测到燃油存量低于一定值时（少于 7L 时），仪表板上的指示灯点亮，提醒驾驶人加油。

4. 散热器风扇控制单元与散热器风扇电路的识读

发动机 ECU 接收冷却液温度信号、空调压力传感器信号，并根据冷却液温度、空调压力等，从其 T80/22 端输出控制信号到散热器风扇控制单元 J293，J293 接收到此信号，从而控制散热器风扇 V7 工作，如图 2-17 所示。

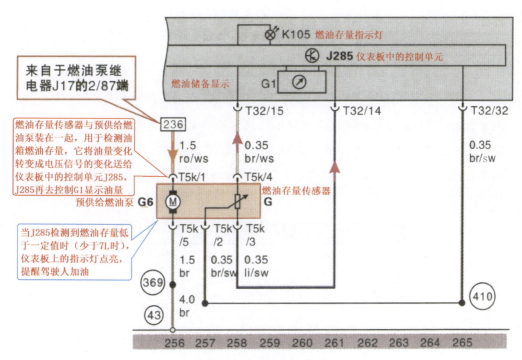

图 2-16 燃油泵控制电路

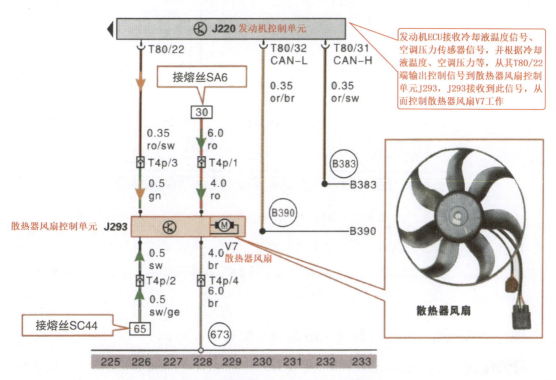

图 2-17 散热器风扇控制单元与散热器风扇电路

蓄电池的常电源→40A 熔丝 SA6→电路编号为 30 的电路→插接器 T4p/1→供电给散热器风扇控制单元 J293；从主继电器 J271 的 8/87 脚电源→5A 熔丝 SC44→电路编号为 65 的电路→插接器 T4p/2→供电给散热器风扇控制单元 J293；J293 经插接器 T4p/4 通过左前纵梁上接地点 3（即接地点 673）搭铁。

5. 空调器继电器与炭罐电磁阀电路的识读

空调器继电器与炭罐电磁阀电路如图 2-18 所示。空调器继电器 J32 的 6 端为继电器线圈接地端，由发动机 ECU 控制接地，当发动机 ECU 接收到传感器和开关的信号后，控制 T80/58 端接地，空调器继电器 J32 线圈得电，从而接通空调器电磁离合器电路。

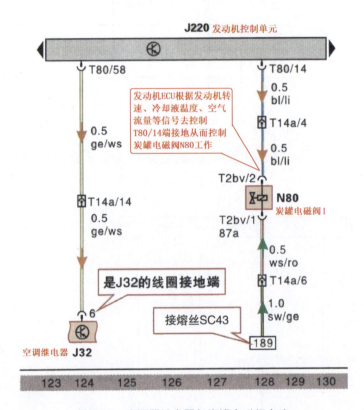

图 2-18　空调器继电器与炭罐电磁阀电路

来自主继电器 J271 8/87 端的电源经 15A 熔丝 SC43→电路编号为 189 的电路→炭罐电磁阀 1（N80）→发动机 ECU 的 T80/14 端。发动机 ECU 根据发动机转速、冷却液温度、空气流量等信号去控制 T80/14 端接地从而控制电磁阀工作。

五、故障诊断：2016 款奥迪 A4L 起动后熄火

故障现象　一辆 2016 款奥迪 A4L，装备 CUJ 型发动机，行驶里程 59600km。发动机起动后故障灯点亮，随后发动机熄火。重新起动，发动机正常运行较短时间后，出现明显抖

动并再次熄火。

故障诊断 接车后试车，起动发动机，当冷却液温度升到99℃时，车辆开始出现明显抖动，随后熄火。期间，冷却液温度上升得非常快，几乎达到了每秒上升1℃的速度。

首先连接诊断仪ODIS查询故障码，"01发动机电控系统"中存储的故障码有：①传感器参考电压"A"过低，静态；②节气门电位计不可信信号，静态；③由于接收到错误数值功能受限，静态；④发动机冷却装置不足够，静态。

结合故障现象和故障码分析，导致发动机抖动最可能的原因是节气门故障。拆检节气门和插头线路，未发现有异常，拔下插头后也未发现有异常，怀疑是节气门故障。于是调换节气门，但故障未发生改变，说明节气门是正常的，故障可能与参考电压过低有关。

查询资料得知，发动机ECU的某个端子给几个特定的传感器提供电压，这个电压被称为参考电压。参考电压是发动机ECU程序设计好的模拟电压，一般为5V。参考电压分为参考电压A和参考电压B。此车的传感器电压A分配给A35（T105/35）、A54（T105/54）、B32（T91/32）和B33（T91/33）等端子。查询相关电路图，如图2-19和图2-20所示。

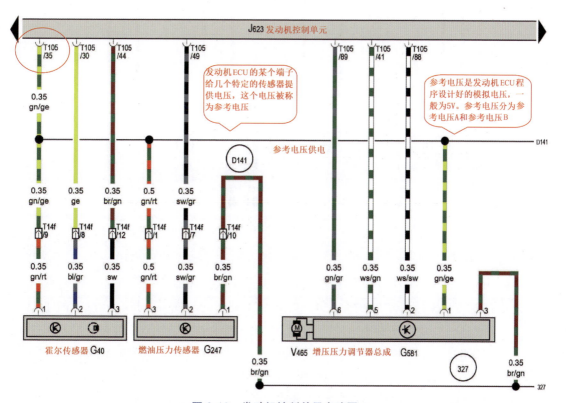

图2-19 发动机控制单元电路图1

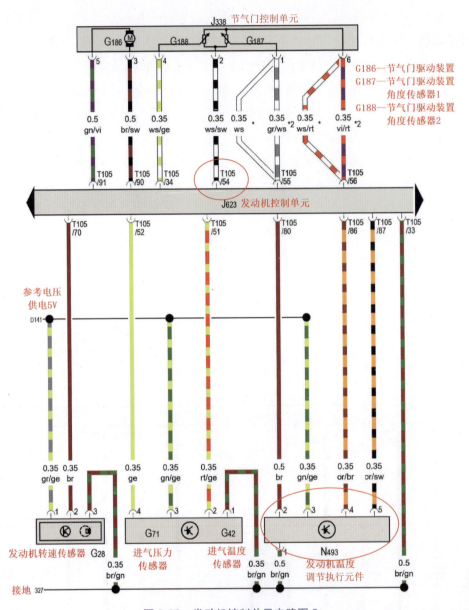

图 2-20 发动机控制单元电路图 2

由图 2-19、图 2-20 所示发动机控制单元电路图得知，其中 A35（T105/35）端子为以下传感器提供参考电压：发动机转速传感器 G28、进气温度传感器 G42、进气压力传感器 G71 和发动机温度调节执行元件 N493。A54（T105/54）端子为节气门控制单元 J338 的 T6/2 端子提供参考电压，T6/2 端子即为电位计传感器 1 和 2 的供电端子。A35 和 A54 是 ECU 程序设计好的参考电压 A。因此，怀疑是以上部件中某一个内部出现了短路现象，致使参考电压降低，从而导致节气门的供电电压不足，无法正常工作。

测量节气门插头 T6/2 的供电电压为 1.8V，正常应为 5V 左右，说明供电电压过低，依次拔下电路图中涉及的传感器插头，并再次测量节气门处供电电压，当拔下发动机温度调节执行元件 N493 时，节气门端子 T6/2 的电压变为了 5.01V，参考电压恢复正常！此时起动发动机，运行平稳，因此说明是温度调节执行元件 N493 出现了问题。分解执行元件 N493（图 2-21），发现其内部渗入了冷却液，元件已被腐蚀。

断开 N493 插头并读取故障码，"01 发动机电控系统"记录的故障码变成了：①冷却液旁通阀起动，断路，静态；②冷却液不足显示传感器，电气故障，静态。

故障排除 由于温度调节执行元件 N493 和水泵为一整体，只好整体进行更换。重新订购一个 N493 和水泵总成，测量 1、2 端子电阻为 48Ω，装车试车，一切正常。

图 2-21 被拆解的温度调节执行元件 N493

维修总结 该车由于 N493 内部短路，拉低了参考电压 A 的供电电压，导致众多执行器和传感器无法正常工作，其中包括发动机转速传感器，因此发动机出现熄火故障。遇到电路方面的故障一定要站在全局的高度来考虑问题，如果局限在故障本身或只按照故障码提示，则容易被引入歧途。

六、故障诊断：2016 款迈腾车发动机怠速抖动

故障现象 一辆 2016 款迈腾车，行驶里程 5.7 万 km，采用 CEAA 发动机。该车出现发动机怠速抖动、噪声大、排气管有"突、突"声、仪表上 EPC 警告灯和发动机故障警告灯常亮的故障现象。

故障诊断 接车后首先试车，确认故障现象属实。连接故障检测仪读取发动机控制单元故障码，读取到 4 个故障码，分别为：① P0352——气缸 2 点火促动 功能失效；② P0300——检测到不发火；③ P0302——气缸 2 检测不到发火；④ P130A——气缸压缩比。故障码无法清除。然后读取相关数据流，发现气缸 2 累计失火 472 次，其他气缸为 0 次，由此可以确定气缸 2 存在失火故障。

查阅相关资料，该车点火系统相关电路如图 2-22 所示。根据故障现象、故障码、数据流及相关电路分析，导致该故障发生的可能原因有点火模块 N127 故障、发动机控制单元故障、火花塞故障、相关线路故障等。

首先检查点火模块 N127 的相关线束，无松脱现象，安装良好；然后将点火模块 N127 与点火模块 N291 互换，发现故障码没有转移，说明点火模块 N127 完好；再拆检气缸 2 火花塞并进行跳火试验，经检查，气缸 2 火花塞也完好。因此，初步判断点火模块 N127 相关线路存在故障。

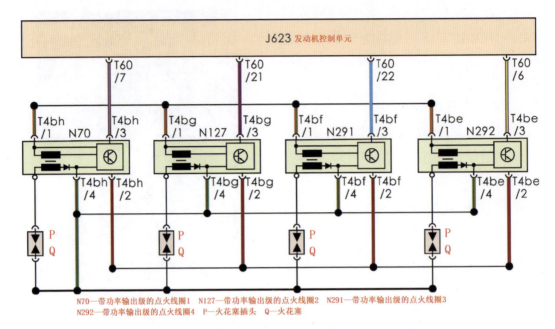

N70—带功率输出级的点火线圈1　N127—带功率输出级的点火线圈2　N291—带功率输出级的点火线圈3
N292—带功率输出级的点火线圈4　P—火花塞插头　Q—火花塞

图 2-22　点火系统相关电路

分析点火系统相关电路可知，点火模块 N127 的线束插接器共有 4 根导线，其中端子 T4bg/1 连接的是供电线，端子 T4bg/2 和端子 T4bg/4 连接的是搭铁线，端子 T4bg/3 连接的是信号线。经测量，N127 的供电及搭铁均正常，然后利用示波器测量信号线端子 T60/21 的波形，测量结果正常，说明发动机控制单元完好；再测量端子 T4bg/3 的波形，测量结果异常，说明端子 T60/21 到端子 T4bg/3 间的线路存在断路故障。

故障排除　按照维修手册要求，修复端子 T60/21 到端子 T4bg/3 间线束后试车，故障现象消失，故障排除。

第二节　雪铁龙 C5 发动机电控系统电路识读

一、电路组成和部分元件的作用

东风雪铁龙 C5 轿车 2.3L 发动机电控系统的组成和工作原理简图如图 2-23 所示。现对发动机电控系统部分元件的作用进行说明。

第二章 汽车发动机控制系统电路识读

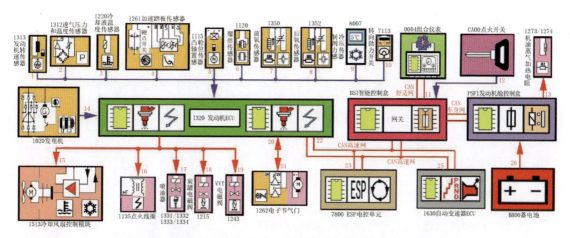

图 2-23　C5 轿车 2.3L 发动机电控系统的组成及工作原理简图

1. 发动机转速传感器 1313

发动机转速传感器装在发动机飞轮壳体上，传感器的结构和产生的信号如图 2-24 所示，该传感器为磁感应式传感器，它为发动机 ECU 提供发动机转速和曲轴位置（1~4 缸上止点）信号。该传感器有故障将造成发动机不能起动或熄火。

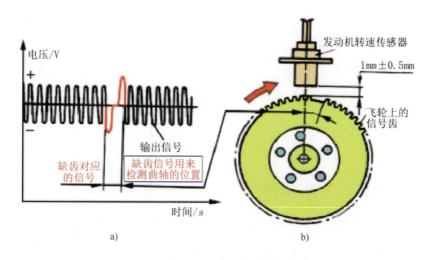

图 2-24　发动机转速传感器的结构和信号
a）传感器产生的信号　b）传感器的结构

2. 加速踏板传感器 1261

如图 2-25 所示，加速踏板传感器装在加速踏板上。它是霍尔式传感器，它将驾驶人操纵加速踏板的信号传递给发动机 ECU。该传感器插头的 1、3 脚分别为两个信号脚，提供两个电位信号 S_1 和 S_2，且 $S_1 = 2S_2$。发动机 ECU 对这两个信号不断进行比较，以判断传感器可能存在的故障（电子节气门中的节气门位置传感器也有这样的特点），传感器插头 4、2 脚之间为发动机 ECU 提供的 5V 电压。发动机 ECU 根据该传感器的信号控制电子节气门的开度、修正喷射时间和点火提前角等。加速踏板传感器有故障将造成发动机不能加速。

加速踏板上的硬点开关用于发动机的巡航控制，当驾驶人踩下加速踏板使硬点开关触点与车底板硬块撞击时，硬点开关动作，发动机可加速超过巡航设定的车速。

3. 凸轮轴位置传感器 1115

凸轮轴位置传感器与发动机转速传感器配合为发动机 ECU 提供判缸信号。值得注意的是：①凡顺序喷射的发动机必须判缸；②发动机转速传感器判断 1~4 缸上止点位置；③凸轮轴位置传感器判

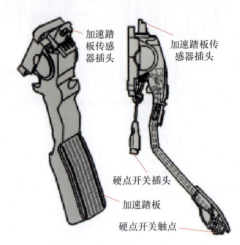

图 2-25 加速踏板和硬点开关

断 1 缸压缩上止点位置。凸轮轴位置传感器装在进气凸轮轴信号齿轮的上方，用来检测凸轮轴的位置，它是霍尔式传感器，传感器的安装位置和产生的波形如图 2-26 所示。该传感器损坏将造成发动机 ECU 无法判缸，电控系统由顺序喷射降级为同时喷射。

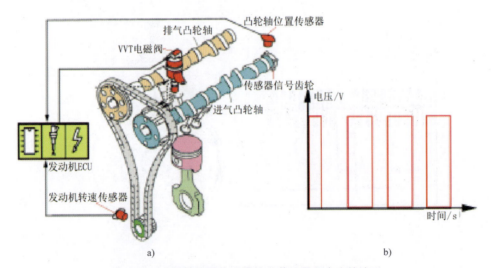

图 2-26 凸轮轴位置传感器的安装位置和产生的波形

a）传感器的安装位置 b）传感器产生的信号

4. 前氧传感器 1350 和后氧传感器 1352

前氧传感器和后氧传感器分别装在排气管三元催化器的前端和后端，它们的外形如图 2-27 所示。前氧传感器的信号主要用于发动机 ECU 修正喷油量，将空燃比控制在理论空燃比附近，因为把空燃比控制在理论空燃比附近时，不但可以降低发动机燃油的消耗，而且可使三元催化器的转换效率最高，如图 2-28a 所示。后氧传感器的作用是监测三元催化器

的转化效率,当后氧传感器二电极检测的电压值为 0.6V 左右,波形近似为一条直线时,说明三元催化器工作正常,如图 2-28b 所示;当后氧传感器与前氧传感器的波形相同时,说明三元催化器失效,如图 2-28c 所示,此时应更换三元催化器。为了防止电磁干扰,前氧和后氧传感器导线的外部加装了屏蔽层。氧传感器的工作温度在 300℃以上,为使其尽快达到工作温度,在前氧传感器和后氧传感器插头的 1、2 脚之间都装备了加热电阻。前氧传感器电路有故障将造成发动机转速不稳定,后氧传感器电路有故障将造成抗污染故障。

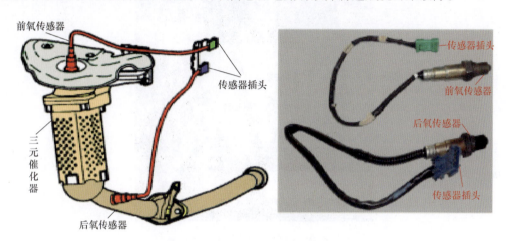

图 2-27 前氧传感器和后氧传感器的外形

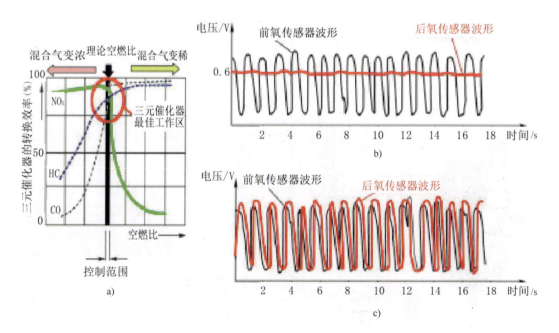

图 2-28 三元催化器的工作特性和前 / 后氧传感器的波形
a)三元催化转换器的工作特性　b)三元催化转换器正常工作时前 / 后氧传感器的波形
c)三元催化转换器失效时前 / 后氧传感器的波形

5. 转向助力开关 7113

转向助力开关装在机械转向助力泵附近的高压管路上,如图 2-29 所示。当车速小于 4km/h 时,该开关闭合,发动机 ECU 根据该信号提高发动机怠速,以提高机械助力泵的转速,增加低车速时的转向助力。

图 2-29 转向助力开关的安装位置

6. 炭罐电磁阀 1215

活性炭罐的作用是吸附燃油箱中蒸发的燃油分子,炭罐电磁阀的作用是控制活性炭罐中的燃油分子进入发动机进气歧管参与燃烧。由活性炭罐、炭罐电磁阀等组成的燃油蒸发控制系统的工作原理简图如图 2-30 所示。

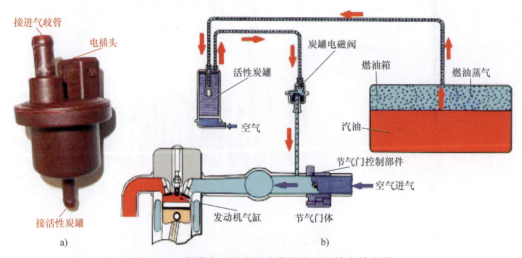

图 2-30 炭罐电磁阀在燃油蒸发控制系统中的作用
a)炭罐电磁阀外形 b)燃油蒸发控制系统简图

发动机运转时,如果进气温度达到 5℃ 以上,冷却液温度达到 60℃ 以上,发动机 ECU 就可控制炭罐电磁阀开启,在进气管真空吸力的作用下,外界空气从活性炭罐的底部进入,经过活性炭至上出气口,再经真空软管进入发动机进气歧管。流动的空气使吸附在活性炭表面的汽油分子重新蒸发,随新鲜空气一起被吸入发动机气缸燃烧,一方面使汽油得到充分利用,另一方面也恢复了活性炭的吸附能力。

7. VVT 电磁阀 1243

VVT 电磁阀的安装位置如图 2-26 所示,它的外形和工作原理如图 2-31 所示。机油泵泵出的油经发动机主油道输送到 VVT 电磁阀,发动机 ECU 根据发动机转速传感器、凸轮轴位置传感器等信号发出指令,控制 VVT 电磁阀将高压机油输送到配气相位调整装置,配气相位调整装置则控制进气凸轮轴顺时针或逆时针转动 0°~20°,使进气门开启时刻提前或滞后 0°~20°,以提高发动机在不同工况时的动力性。

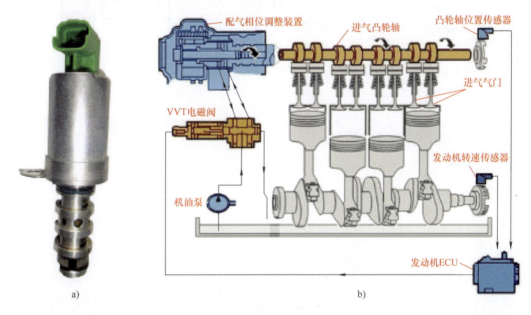

图 2-31　VVT 电磁阀外形和工作原理

a）VVT 电磁阀外形　b）VVT 电磁阀的工作原理简图

8. 电子节气门 1262

电子节气门由节气门电动机和节气门位置传感器组成,如图 2-32 所示,节气门电动机的作用是通过控制节气门的开度来实现控制进入发动机气缸的空气量,同时控制发动机怠速的高低。节气门位置传感器的作用是检测节气门的开度,因为节气门的开度反映发动机的负荷,一般节气门开度大,则表示发动机负荷大,发动机 ECU 根据节气门位置传感器的信号来修正喷油量和点火提前角。节气门位置传感器为霍尔式传感器,发动机 ECU 将 5V

电压加在传感器1、5脚,传感器的2、6脚分别为信号 $\Delta1$ 和 $\Delta2$,且踩加速踏板时,$\Delta1$ 的信号增大,$\Delta2$ 信号减小,即 $\Delta1$ 与 $\Delta2$ 反相变化,发动机 ECU 可根据这一性质检测传感器的故障。电子节气门有故障将造成发动机不能加速。

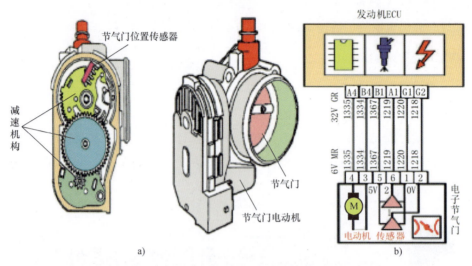

图 2-32 电子节气门的结构和电路连接

a)电子节气门的结构　b)电子节气门的电路连接

二、发动机电控系统电路识读

C5 轿车 2.3L 发动机电控系统的电路原理图如图 2-33 所示,经过对发动机电控系统电路原理图的分析,可将该系统的工作原理简化成图 2-23 所示的简图。现根据图 2-33 和图 2-23 将发动机电控系统的电路原理识读如下。

1. 电源电路

蓄电池通过导线 BB02 为发动机舱控制盒 PSF1 供电;PSF1 通过导线 BM04、BM08 为智能控制盒 BSI 供电;PSF1 通过导线 BM02 为自动变速器 ECU 供电;PSF1 通过导线 B725A、B725C 为 ESP 电控单元供电。接通点火开关 M 位(点火档),点火开关将点火信号通过导线 1065 传送到智能控制盒 BSI;BSI 收到点火信号后,唤醒 CAN 高速网、CAN 车身网、CAN 舒适网等车载网络进入工作状态。

2. 车载网络工作

车载网络工作后,点火钥匙中的钥匙应答器、智能控制盒 BSI、发动机 ECU1320 三者之间通过车载网络进行防盗对话:核对钥匙密码、计算第一密码函数 $f(x)$ 和第二密码函数 $g(y)$。如防盗对话成功就控制发动机 ECU 解锁,于是发动机 ECU 通过导线 1229D 控制 PSF1 中的 R1 继电器为发动机 ECU 提供工作供电,发动机 ECU 通过导线 1226D 控制 PSF1

第二章　汽车发动机控制系统电路识读

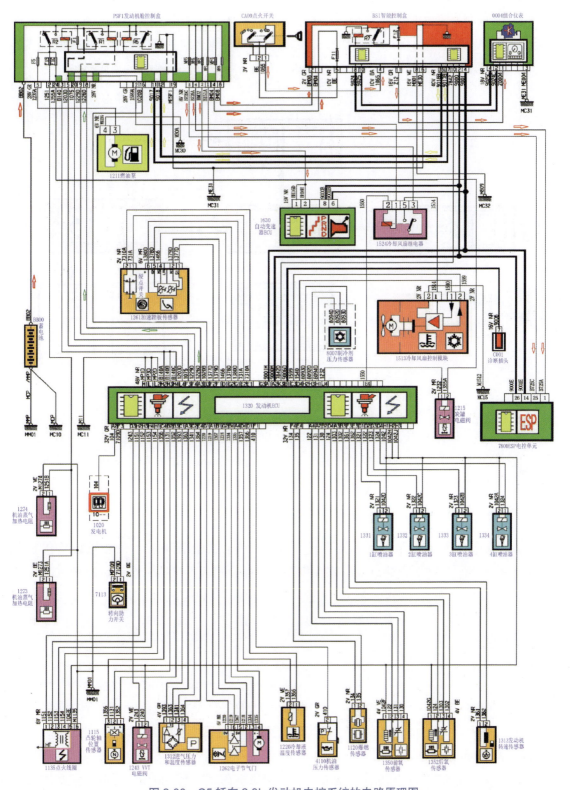

图 2-33　C5 轿车 2.3L 发动机电控系统的电路原理图

中的 R2 继电器为发动机 ECU 提供功率供电（为发动机 ECU 控制的喷油器、点火线圈等功率元件供电）。继电器 R1 和 R2 工作后，发动机 ECU 根据各传感器的信号，控制燃油泵泵油、喷油器喷油、点火线圈点火，控制发动机的起动和运行，如图 2-34 所示。如防盗对话不成功，发动机 ECU 就锁止，发动机不能起动。

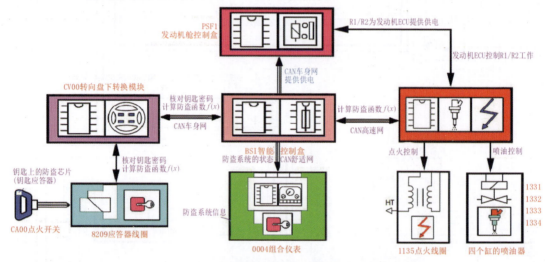

图 2-34　发动机 ECU 电子防盗过程示意图

全车网络工作后，BSI 一方面通过网线 Z12-Z0004 为组合仪表 0004 提供 +CAN 供电，一方面通过 CAN 车身网线 9017B-9017、9018B-9018 通知发动机舱控制盒 PSF1 为电控单元和用电器供电。PSF1 收到 BSI 的指令后，通过 R1、R2、R6 继电器为发动机 ECU1320、燃油泵 1211 等提供供电。

3. 发动机 ECU 供电

发动机 ECU 得到供电后，首先为进气压力和温度传感器 1312、凸轮轴位置传感器 1115、电子节气门 1262 中的节气门位置传感器、加速踏板传感器 1261、制冷剂压力传感器 8007 等有源传感器提供 5V 供电；通过导线 1042、1042H、1042J 为四个喷油器 1331、1332、1333、1334，前 / 后氧传感器 1350、1352，VVT 电磁阀 1243，点火线圈 1135 等功率元件供电。

4. 相关传感器执行器工作

各电控单元得到供电后，立即控制各电控系统的传感器、执行器进入工作状态，配合发动机 ECU 完成各项控制功能。ESP 电控单元 7800 将轮速传感器检测到的车速信号，自动变速器 ECU1630 将档位和变速器的工作信号通过车载网络传递给发动机 ECU；组合仪表将通过车载网络获得的发动机电控系统的工作状态显示在仪表上，以告知驾驶人。在发动机运行时，发动机舱控制盒 PSF1 通过 R2 继电器控制的导线 1251 为机油蒸气加热电阻 1273、

1274送电工作，使发动机和平衡轴系统（C5轿车2.3L发动机曲轴箱内装备有减小发动机工作振动的平衡轴系统，如图2-35所示）工作时在曲轴箱内产生和聚集的油蒸气，顺利进入发动机燃烧。机油蒸气加热电阻安装在构成曲轴通风系统通道的发动机进气歧管上，如图2-36所示。

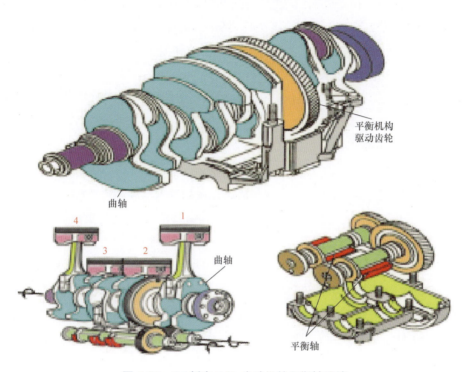

图2-35　C5轿车2.3L发动机的平衡轴系统

图2-36　机油蒸气加热电阻的安装位置

5. 发动机 ECU 完成的主要功能

在各电控单元的配合上，发动机 ECU 完成的主要功能如下：

1）控制燃油喷射功能。发动机 ECU 通过对四个喷油器 1331、1332、1333、1334 线圈搭铁控制脚导线 1321、1322、1323、1324 的控制实现该功能。

2）控制点火提前角和点火能量功能。发动机 ECU 通过对点火线圈 1135 四个初级绕组搭铁控制脚 1151、1152、1153、1154 搭铁时刻和时间的精确控制实现该功能。由于发动机 ECU 内集成有高速电子开关，使点火线圈在发动机的任何工况下，都能产生足够和恒定的点火能量以保证发动机可靠点火。

3）控制怠速功能。发动机 ECU 通过对电子节气门 1262 节气门电动机导线 1334、1335 的控制实现该功能。

4）控制炭罐电磁阀。发动机 ECU 通过对炭罐电磁阀 1215 线圈搭铁控制脚导线 1232 的控制实现该功能。

5）控制冷却风扇。C5 轿车有一个冷却风扇，风扇有低速和高速两种冷却方式。发动机 ECU 通过导线 1540、1550 控制冷却风扇的低速和高速运转，通过冷却风扇反馈脚导线 1599 检测其运行状况。

6）控制空调压缩机。空调控制面板上的空调开关把空调起动的信号传给空调 ECU，空调 ECU 通过 CAN 舒适网（网线 9024、9025）和 CAN 高速网（网线 9000、9001）把该信号传送到发动机 ECU。发动机 ECU 则通过传感器检测发动机的转速、负荷是否满足空调压缩机的起动条件，如不满足，则通过 CAN 高速网通知 BSI 禁止压缩机工作（防止压缩机起动运行后造成发动机转速过低或负荷过重，使发动机熄火），同时控制电子节气门提高发动机的转速，增加发动机的输出功率。一旦转速和输出功率满足空调压缩机的使用要求，则通过 CAN 高速网通知 BSI，允许压缩机工作。BSI 则通过 CAN 车身网（网线 9017B 和 9018B）把禁止或允许压缩机工作的指令传送到 PSF1，由 PSF1 通过 R6 继电器控制对压缩机的供电。而且在压缩机工作过程中，如果发动机 ECU 检测到发动机转速过低、负荷过重等工况，还可以通知 BSI 临时中断压缩机的工作，待发动机转速、负荷等恢复到正常值后，再去通知 BSI 恢复压缩机的工作。

7）电子防起动功能。此功能前面已介绍，此处略。

8）故障存储和自诊断功能。当发动机 ECU 上的一些传感器和执行器出现故障时，发动机 ECU 可将故障信息存储在内部的随机存储器中，还可将故障信息通过 CAN 高速网传送到 BSI，由 BSI 通过 CAN 舒适网传送到组合仪表，再由组合仪表控制点亮发动机故障灯。维修人员还可以把诊断仪连接到诊断插头 C001 上，通过 CAN 诊断网读取存储在发动机 ECU 中的故障信息，利用该信息诊断和排除发动机电控系统的故障。

9）EOBD 功能。发动机 ECU 始终通过发动机转速传感器 1313、前氧传感器 1350、后氧传感器 1351 等监视发动机点火是否失败、三元催化器是否失效等，一旦检测到排放超标，立即点亮发动机故障灯，并在组合仪表上显示"排放控制系统故障"，如图 2-37 所示。

图 2-37　组合仪表上显示的发动机排放控制系统故障

10）对电源能量进行管理的功能。发电机通过导线 104 将发电机的负荷信号传递给发动机 ECU，发动机 ECU 将此信号通过车载网络传递给智能控制盒 BSI 和发动机舱控制盒 PSF1，由发动机 ECU、BSI 和 PSF1 共同参与控制发电机的发电量，并对全车的电源能量进行管理，优先保证蓄电池对发动机起动供电的能力。

11）可变配气正时（VVT）功能。发动机 ECU 可通过 VVT 电磁阀 1243 将进气凸轮轴连续调整 0°～20°，优化发动机在低中速区间的转矩输出，提高发动机的动力性，同时减小污染排放。

12）定速巡航和车速限制功能。发动机 ECU 通过对电子节气门 1262 的控制，调节发动机的输出转矩，实现定速巡航和车速限制功能；并通过车载网络将定速巡航和车速限制的工作状态显示在组合仪表上，如图 2-38 所示。

图 2-38　组合仪表上显示的限速工作状态

13）电子稳定控制程序（ESP）功能。发动机 ECU 通过对电子节气门 1262 的调节，参与驱动防滑控制，与 ESP 电控单元共同完成对车辆电子稳定性的控制。

14）根据海拔调节喷油量。发动机吸入的空气量随着大气压强以及海拔的变化而变化，发动机 ECU 可根据大气压强的变化，按照一定比例调整喷射时间（喷油量）。在低速满负荷（此时电子节气门 1262 全开）运行时，发动机 ECU 通过进气压力传感器 1312 可检测不同海拔地区大气压强的差别。

15）自适应调节。发动机 ECU 可检测到前氧传感器 1350、后氧传感器 1351、电子节气门 1262 等部件的老化，并根据某部件的老化状况对相应的控制参数进行调整，此项功能称为发动机的自适应调节功能。自适应调节程序存储在发动机 ECU 中，因此在更换或维修电控系统的某些元件（如电子节气门、氧传感器、进气压力传感器等）后，应进行初始化操作，使发动机 ECU 运行自适应的调节程序。

16）其他功能。具体如下：

① 当电控系统的传感器（发动机转速传感器 1313 除外）及线路出现故障不能正常传递参数时，发动机 ECU 就启用存储在 ECU 内部的该传感器的后备值，来控制发动机的运行，这是一种降级控制模式，显然这种降级控制模式不是发动机 ECU 的最佳控制模式。

② 当电子节气门 1262、加速踏板位置传感器 1261 运行不良，发动机 ECU 将限制发动机转矩的输出，此时发动机不能加速。

③ 当发动机 ECU 存储器、发动机 ECU 供电、发动机转速传感器 1313 出现故障时，发动机 ECU 将立即使发动机停止运转。

④ 制冷剂压力信息出现故障、发动机满负荷运行时，发动机 ECU 将中断空调压缩机的工作。

三、发动机冷却系统电路组成

东风雪铁龙 C5 轿车发动机冷却系统的原理电路如图 2-39 所示，下面对该电路的工作原理进行识读。

C5 轿车发动机冷却系统的组成如图 2-40 所示。其中发动机冷却液温度传感器 1220 装在发动机出水室上，它将发动机冷却液温度信息传递给发动机 ECU；发动机 ECU 装在蓄电池附近，它根据发动机冷却液温度、空调制冷剂的压力和自动变速器的油温来控制冷却风扇的低速或高速旋转；智能控制盒 BSI 装在仪表台的左下方，它主要通过 CAN 舒适网将发动机冷却液的温度信息传递给组合仪表 0004 显示出来，以告知驾驶人；空调制冷剂压力传感器 8007 装在发动机舱左侧空调制冷系统的高压管道上，它将制冷剂压力信号传递给发动机 ECU；自动变速器油温传感器装在自动变速器壳体内的液压阀板上（图 2-41），它将自动变速器的油温信号传递给自动变速器 ECU，自动变速器 ECU 将油温信号通过 CAN 高速网传递给 BSI 和发动机 ECU；3 个冷却风扇继电器 1508、1509 和 1532 装在左、右冷却风扇 1512 和 1511 的前方，发动机 ECU 通过 3 个冷却风扇继电器实现对左、右冷却风扇的控制。

第二章 汽车发动机控制系统电路识读

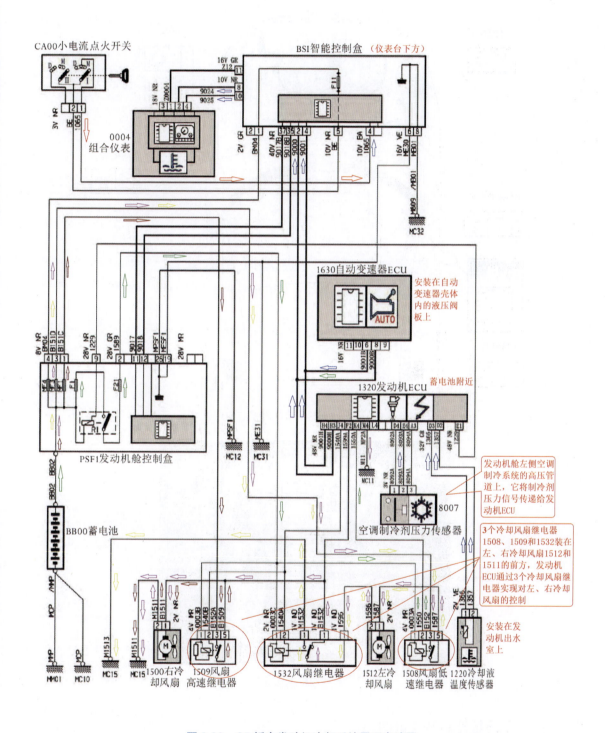

图 2-39 C5 轿车发动机冷却系统原理电路图

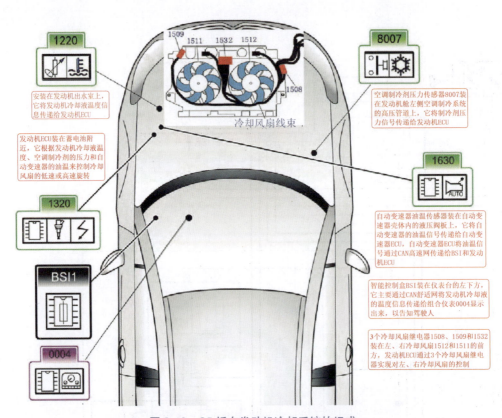

图 2-40 C5 轿车发动机冷却系统的组成

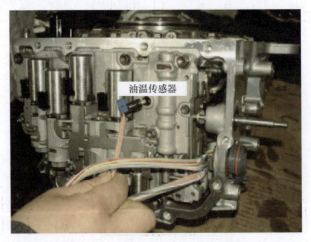

图 2-41 液压阀板上的油温传感器

四、发动机冷却系统电路识读

C5 轿车发动机冷却系统的电路原理可用图 2-42 所示的框图来表示,对该框图的说明见表 2-1。

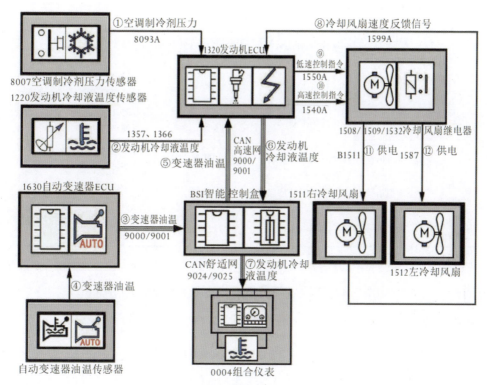

图 2-42　C5 轿车发动机冷却系统原理框图

表 2-1　C5 轿车发动机冷却系统原理框图说明

连接序号	信号	信号性质	发生器/接受器	电路图中对应的导线编号	故障说明
①	空调制冷剂压力信号	模拟信号	8007/1320	8093A	导线 8093A 断路，空调压缩机不工作，发动机 ECU 失去根据制冷剂压力控制冷却风扇的功能
②	发动机冷却液温度信号	模拟信号	1220/1320	1357/1366	导线 1357 或 1366 断路，组合仪表报警发动机冷却液温度高，两个冷却风扇高速旋转
③	变速器油温信号	CAN 高速网信号	1630/BSI	9000/9001	网线 9000 或 9001 断路，发动机 ECU 失去根据变速器油温控制冷却风扇的功能
④	变速器油温信号	模拟信号	变速器油温传感器/1630	变速器 ECU 内部连接导线，电路图中无对应导线	变速器油温传感器导线断路，变速器 ECU 控制进入高温保护的降级运行模式
⑤	变速器油温信号	CAN 高速网信号	BSI/1320	9000/9001	网线 9000 或 9001 断路，发动机 ECU 失去根据变速器油温控制冷却风扇的功能
⑥	发动机冷却液温度信号	CAN 高速网信号	1320/BSI	9000/9001	网线 9000 或 9001 断路，组合仪表上无发动机冷却液温度显示
⑦	发动机冷却液温度信号	CAN 舒适网信号	BSI/0004	9024/9025	网线 9024 和 9025 断路，组合仪表上无发动机冷却液温度显示

（续）

连接序号	信号	信号性质	发生器/接受器	电路图中对应的导线编号	故障说明
⑧	冷却风扇速度反馈信号	模拟信号	1511/1320	1599A	导线1599A断路，发动机ECU失去诊断冷却风扇速度信息故障的功能
⑨	冷却风扇低速控制指令	模拟信号	1320/1508	1550A	导线1550A断路，两个冷却风扇失去低速运转功能
⑩	冷却风扇高速控制指令	模拟信号	1320/1509和1532	1540A	导线1540A断路，两个冷却风扇失去高速运转功能
⑪	右冷却风扇供电	模拟信号	1532或1509/1511	B1511	导线B1511断路，右冷却风扇缺供电不工作
⑫	左冷却风扇供电	模拟信号	1508/1512	1587	导线1587断路，左冷却风扇缺供电不工作

注：CAN高速网断一根网线，网络就瘫痪，不能传输信息；CAN车身网和CAN舒适网断两根网线，网络才瘫痪。

下面根据图2-39和图2-42，对C5轿车发动机冷却系统的原理进行识读。

1. 电源电路

将点火开关旋到起动档时，点火开关通过导线1065将点火信号传送到智能控制盒BSI；BSI获得点火信号后，将全车的CAN高速网、CAN车身网、CAN舒适网等唤醒。

2. 网络投入工作

全车网络唤醒后，在BSI的指挥下，CAN高速网参与传递发动机ECU1320控制冷却风扇1500和1512所需的发动机冷却液温度信号、空调制冷剂压力信号和自动变速器的油温信号。

3. 冷却风扇的控制

1）冷却液控制。在发动机冷却系统中，发动机冷却液温度信号的传递路线为：发动机冷却液温度传感器1220（导线1357/1366）→发动机ECU1320（CAN高速网9000/9001）→智能控制盒BSI（CAN舒适网9024/9025）→组合仪表0004。发动机ECU1320根据发动机冷却液温度信号控制两个冷却风扇的低速运转、高速运转，以满足发动机各运行工况对冷却的需求。在发动机运转过程中，冷却液温度达到97℃左右时，两个冷却风扇1511和1512串联后低速旋转（两个风扇低速旋转后，如冷却液温度降到91℃左右，两个风扇停止运转）；冷却液温度上升到101℃左右时，两个冷却风扇1511和1512并联后高速旋转（两个风扇高速旋转后，如冷却液温度降到97℃左右，两个风扇转为低速运转）。组合仪表0004获得发动机冷却液温度信号后，将此信号显示在仪表板上，供驾驶人随时了解发动机冷却液温度信息。

2）空调压力控制。在发动机冷却系统中，空调制冷剂压力信号的传递路线为：空调制冷剂压力传感器8007（导线8093A）→发动机ECU1320。在发动机和空调制冷系统运转的过程中，发动机 ECU 根据空调制冷剂压力信号控制两个冷却风扇的低速和高速运转，以满足空调制冷系统对冷却的需求。当制冷剂压力达到 12bar（1bar=10^5Pa），两个风扇低速运转（两风扇低速旋转后，如制冷剂压力降到 8bar，两个风扇停止运转）；当制冷剂压力上升到 18bar，两个风扇高速运转（两个风扇高速旋转后，如制冷剂压力降到 12bar，两个风扇转为低速运转）。

3）变速器油温控制。在发动机冷却系统中，自动变速器油温信号的传递路线为：自动变速器油温传感器（通过该传感器上的两根导线，电路图中未表示）→自动变速器 ECU1630（CAN 高速网 9000/9001）→智能控制盒 BSI（CAN 高速网 9000/9001）→发动机 ECU1320。在发动机和自动变速器系统运转过程中，发动机 ECU 根据自动变速器油温信号控制两个冷却风扇的低速和高速运转，以满足自动变速器系统对冷却的需求。

4. 冷却风扇的继电器控制

发动机 ECU1320 通过对 3 个冷却风扇继电器 1508、1509 和 1532 的控制，实现对两个冷却风扇 1511 和 1512 的控制。当发动机 ECU 根据各传感器的信号，控制继电器 1508 工作，即控制 1508 线圈通电，其电流走向为：蓄电池正极→发动机舱控制盒 PSF1 中的 F1 熔丝→R1 继电器触点（R1 为发动机 ECU 的供电继电器，发动机运行时，它必须工作，否则发动机不能起动和运行）→F21 熔丝→导线 1589→导线 0003A→继电器 1508 线圈和电阻→导线 1550→导线 1550A→发动机 ECU 48V MR 的 K4 脚→发动机 ECU 内的电子开关→发动机 ECU 48V MR 的 M4 脚→导线 MP2A→导线 M11→搭铁点 MC11→蓄电池负极。1508 线圈通电后，其常开触点闭合，两个风扇 1511 和 1512 串联通电低速旋转。其电流走向为：蓄电池正极→发动机舱控制盒 PSF1 中的 MF3 熔丝→导线 B151D→导线 B152→继电器 1508 触点→导线 1587→风扇 1512→导线 1596→继电器 1532 触点→导线 B1532→导线 B1511→风扇 1511→导线 M1511→搭铁点 MC15。

当发动机 ECU 根据各传感器的信号，控制 3 个继电器 1508、1509 和 1532 同时工作，即控制 1508、1509 和 1532 继电器线圈都通电，3 个继电器的常开触点都闭合时（3 个线圈通电的电流走向请读者自行分析），两个风扇 1511 和 1512 并联通电高速旋转。风扇 1511 的电流走向为：蓄电池正极→发动机舱控制盒 PSF1 中的 MF1 熔丝→导线 B151C→导线 B152A→继电器 1509 触点→导线 B1509→导线 B1511→风扇 1511→导线 M1511→搭铁点 MC15。风扇 1512 的电流走向为：蓄电池正极→发动机舱控制盒 PSF1 中的 MF3 熔丝→导线 B151D→导线 B152→继电器 1508 触点→导线 1587→风扇 1512→导线 1596→继电器 1532 触点→导线 M1532→导线 M1513→搭铁点 MC15。

5. 冷却风扇的故障诊断

C5 轿车发动机两个冷却风扇正常工作的状态只有 3 种：①两个风扇都不转；②两个风扇都低速转；③两个风扇都高速转。发动机 ECU1320 根据冷却风扇 1511 的反馈信号，可了解两个冷却风扇的工作状况,并自诊断冷却风扇的故障。从图 2-39 可知,风扇 1511 工作时,其工作电位信号可通过路径为右冷却风扇 1511 插头的 1 脚导线 B1511→导线 1599A→发动机 ECU1320 48V MR 插头的 F2 脚反馈给发动机 ECU,即两个风扇 1511 和 1512 都不运转时,发动机 ECU 48V MR 插头的 F2 脚检测到的电位为 0;两个风扇都低速运转时,发动机 ECU 48V MR 插头的 F2 脚检测到的电位为 7V 左右;两个风扇都高速运转时,发动机 ECU 48V MR 插头的 F2 脚检测到的电位为 14V 左右。换言之,发动机 ECU 可根据 48V MR 插头 F2 脚检测到的电位判断两个风扇的运转状况,并诊断其故障。

6. 冷却风扇的延时运转

发动机熄火后,若发动机冷却液温度在 112℃以上,为避免发动机长时间在高温条件下受到伤害,也为了缩短空调压缩机的停机时间(当发动机冷却液温度在 112℃以上时,发动机 ECU 禁止压缩机吸合),发动机 ECU 将控制两个冷却风扇串联低速运转 6min(这称为发动机熄火后的延时运转,因为两个风扇延时运转时消耗的是蓄电池电量,所以两个风扇不能高速运转,否则有可能造成蓄电池电量消耗过大,从而使发动机不能起动),使发动机尽快降温。

7. 传感器信号异常的控制

当发动机冷却液温度传感器或传感器线路损坏后,发动机 ECU 将无法获得发动机冷却液温度信号,于是发动机 ECU 从最坏的角度出发(如设想此时发动机冷却液温度很高),控制两个冷却风扇高速运转,同时在组合仪表上显示"发动机过热"的报警信号,如图 2-43 所示。

图 2-43 组合仪表上显示的冷却液过热的报警信号

发动机和空调压缩机运行时,若发动机冷却液温度上升到 112℃,智能控制盒 BSI 会向发动机舱控制盒 PSF1 发出切断压缩机的供电指令,希望通过降低发动机负荷来达到降低发动机冷却液温度的目的。若发动机冷却液温度继续上升到 118℃时,组合仪表 0004 同时发出"发动机过热"和"STOP"的报警信号(图 2-43),警示驾驶人停车降温,防止发动机气缸垫等因高温而损坏。

第三节 雪佛兰迈锐宝冷却风扇电路识读及故障诊断

风扇由风扇电动机驱动,并由蓄电池供电。目前,采用电动风扇的发动机,其风扇控制电路有两种形式:一种是风扇转速由温控热敏开关控制,温控热敏开关根据冷却液流出散热器的温度,接通风扇的不同档位,使风扇以不同的转速运转或停转;另一种是由发动机 ECU 来控制,冷却液温度传感器向发动机 ECU 传输与冷却液温度相关的信号,在冷却液温度达到规定数值时,ECU 使风扇继电器接地,继电器触点闭合,风扇电动机供电,使风扇开始工作并通过不同的控制线路实现风扇以不同的转速运转。ECU 控制方式的电路较为复杂,而且不同车型控制原理各不相同。雪佛兰迈锐宝轿车冷却风扇采用的就是这种 ECU 控制方式,下面对 2013 款雪佛兰迈锐宝冷却风扇控制原理及故障诊断进行分析。

一、冷却风扇电路识读

该车型发动机冷却风扇系统由 1 个冷却风扇电动机(G10)、5 个继电器、3 个熔丝、发动机控制模块(K20)、冷却风扇电阻(R10)及相关导线等组成,其中 5 个继电器分别是 KR20C 冷却风扇低速继电器、KR20D 冷却风扇高速继电器、KR20E 冷却风扇转速控制继电器、KR20F 冷却风扇继电器、KR20P 冷却风扇中速 1 继电器。发动机控制模块(K20)根据冷却液温度传感器的信号,按照冷却要求指令风扇以高速、中速及低速运转,如图 2-44 所示。

1. 迈锐宝 LLU+MR5 冷却风扇高速档电路分析

1)高速档主回路电路分析。如图 2-44 所示,高速档主回路:B+ → F45UA(40A)→ KR20D(87)→ KR20D 触点开关→ KR20D(30)→ X50A 的 X1 插接器 50# 端子→ X116 线束插接器 1# 端子→ R10(4)→ G10 → R10(1)→ G106(搭铁)。

2)高速档控制回路电路分析。经分析,该车型控制冷却风扇主回路工作的控制回路共有 3 条,下面分别对 3 条控制回路进行分析。

高速档控制回路 1:KR75 发动机控制开关继电器→ F46UA(10A)→ X50A 的 X1 插接器 20# 端子→ X50A 的 X1 插接器 66# 端子→ KR20E(30)→ KR20E 触点开关→ KR20E(87)→ X50A 的 X1 插接器 67# 端子→ X50A 的 X1 插接器 68# 端子→ KR20D(86)→ KR20D 电磁线圈→ KR20D(85)→ X50A 的 X3 插接器 15# 端子→ X50A 的 X3 插接器 46# 端子→ K20 的 X2 插接器 12# 端子。

高速档控制回路 2:KR75 → F46UA(10A)→ KR20E(86)→ KR20E 电磁线圈→

KR20E（85）→ KR20F（30）→ KR20F 触点开关→ KR20F（87）→ X50A 的 X1 插接器 71# 端子→ G101（搭铁）。

高速档控制回路 3：KR75 → F46UA（10A）→ KR20F（85）→ KR20F 电磁线圈→ KR20F（86）→ X50A 的 X3 插接器 49# 端子→ K20 的 X2 插接器 14# 端子。

3）高速档工作原理。当 K20 控制 X2 插接器 14#、12# 端子搭铁，KR20F 电磁线圈通电，KR20F 触点开关闭合，使 KR20E 电磁线圈通电，KR20E 触点开关闭合，最后使 KR20D 电磁线圈通电，KR20D 触点开关闭合，此时高速档主回路导通，冷却风扇电动机 G10 两端接入蓄电池电压，以最高转速运转。

2. 迈锐宝 LLU+MR5 冷却风扇中速档电路分析

1）中速档控制回路电路分析。如图 2-45 所示，中速档控制回路：KR75 → KR20P（86）→ KR20P 电磁线圈→ KR20P（85）→ X50A 的 X3 插接器 46# 端子→ K20 的 X2 插接器 12# 端子。

2）中速档主回路电路分析。中速档主回路：B+ → F42UA（30A）→ KR20P（87）→ KR20P 触点开关→ KR20P（30）→ X50A 的 X1 插接器 46# 端子→ X116 线束插接器 3# 端子→ R10（3）→ R10 的 0.24Ω 电阻→ G10 → R10（1）→ G106（搭铁）。

3）中速档工作原理。当 K20 控制 X2 插接器 12# 端子搭铁，KR20P 电磁线圈通电，KR20P 触点开关闭合，使中速档主回路导通，经过 R10 串联接入 0.24Ω 的电阻分压后使冷却风扇电动机 G10 两端接入电压低于蓄电池电压，冷却风扇以中等转速运转。

3. 迈锐宝 LLU+MR5 冷却风扇低速档电路分析

1）低速档主回路电路分析。如图 2-46 所示，低速档主回路：B+ → F45UA（40A）→ X50A 的 X1 插接器 37# 端子→ X50A 的 X1 插接器 43# 端子→ KR20C（30）→ KR20C 触点开关→ KR20C（87）→ X50A 的 X1 插接器 47# 端子→ X116 线束插接器 2# 端子→ R10（2）→ R10 的 0.48Ω 电阻→ G10 → R10（1）→ G106（搭铁）。

2）低速档控制回路电路分析。低速档控制回路共有两条，下面分别对这两条控制回路进行分析。

低速档控制回路 1：KR75 → F46UA（10A）→ KR20C（85）→ KR20C 电磁线圈→ KR20C（86）→ KR20F（30）→ KR20F 触点开关→ KR20F（87）→ X50A 的 X1 插接器 71# 端子→ G101（搭铁）。

低速档控制回路 2：同冷却风扇高速档控制回路 3 电路。

3）低速档工作原理。当 K20 控制 X2 插接器 14# 端子搭铁，KR20F 电磁线圈通电，KR20F 触点开关闭合，使 KR20C 电磁线圈通电，KR20C 触点开关闭合，使低速档主回路导通，经过 R10 串联接入 0.48Ω 的电阻分压后使 G10 两端接入电压低于蓄电池电压，冷却风扇低转速运转。

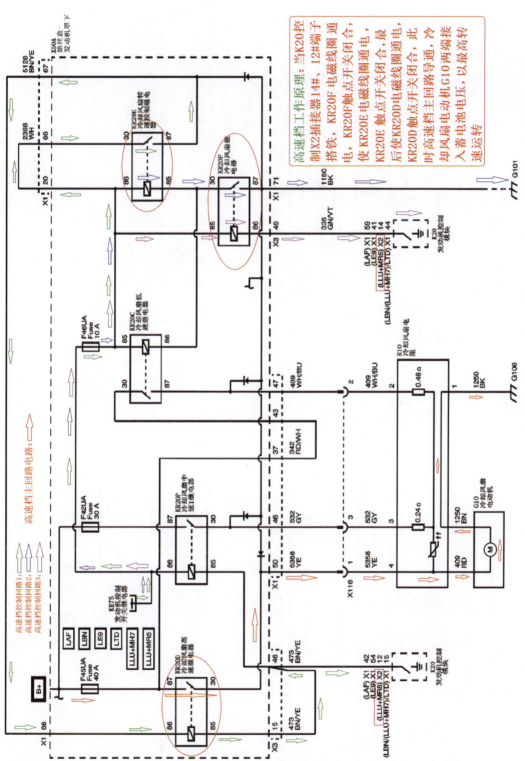

图2-44 雪佛兰迈锐宝冷却风扇高速档控制回路电路分析

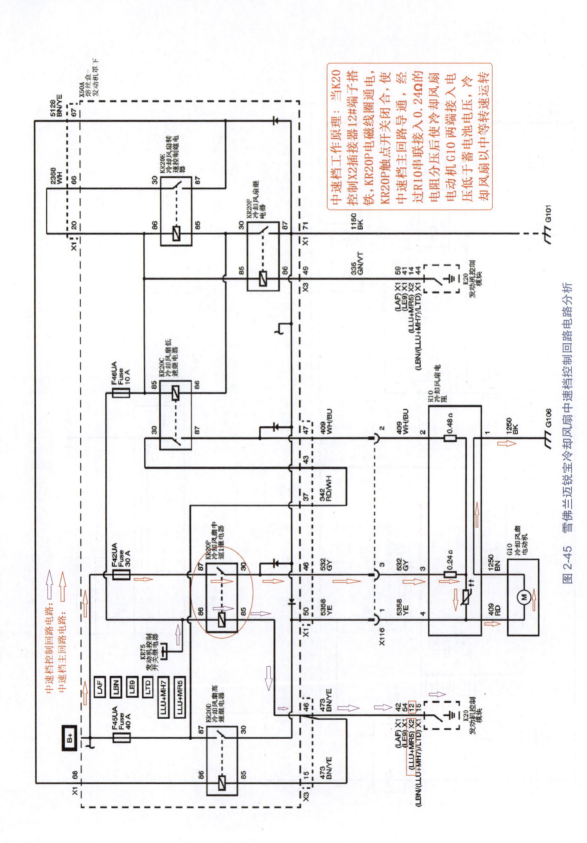

图 2-45 雪佛兰迈锐宝冷却风扇中速档控制回路电路分析

第二章 汽车发动机控制系统电路识读

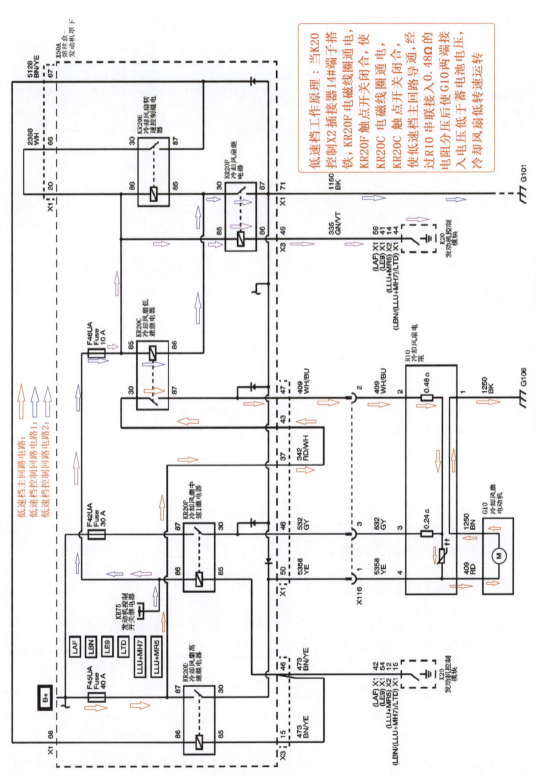

图 2-46 雪佛兰迈锐宝冷却风扇低速档控制回路电路分析

该车型冷却风扇的转速是通过发动机控制模块（K20）的控制和5个继电器的不同状态实现冷却风扇的高、中、低速档位的变换。其相应的工作状态对应情况见表2-2。

表2-2 冷却风扇各档位电路回路与相关元件工作状态对应情况

冷却风扇转速		熔丝			K20端子是否搭铁		继电器是否工作				
		F42UA/30A	F45UA/40A	F46UA/10A	X2的12#端子	X2的14#端子	KR20C	KR20D	KR20E	KR20F	KR20P
低速档	汇总		√	√		√	√			√	
	主回路		√				√				
	控制回路1			√			√			√	
	控制回路2			√		√					
中速档	汇总	√			√						√
	主回路	√									√
	控制回路				√						√
高速档	汇总	√	√	√	√	√		√	√	√	
	主回路		√					√			
	控制回路1			√	√			√	√		
	控制回路2			√						√	
	控制回路3			√		√				√	

由表2-2可知，K20控制X2插接器14#端子搭铁，KR20C、KR20F工作，冷却风扇以低速档运行；K20控制X2插接器12#端子搭铁，KR20P工作，冷却风扇以中速档运行；K20控制X2插接器12#、14#端子搭铁，KR20D、KR20E、KR20F工作，冷却风扇以高速档运行。

二、冷却风扇电路故障诊断

1. 冷却风扇所有档位均不工作

根据风扇电路原理，导致各档位均不工作故障的可能原因为冷却风扇F45UA40A及F42UA30A两个熔丝损坏、R10搭铁故障、G10故障和K20故障。先检查两个熔丝是否损坏，若是，则更换熔丝；若熔丝正常，则用试灯接在B+与R10的1#搭铁端子之间，查看试灯是否点亮。若未点亮，则更换搭铁线；若试灯点亮，将蓄电池正极分别加在X116线束插接器1#、2#、3#端子上，测试冷却风扇是否正常运转。若正常，则判断为K20故障。

2. 低速档不工作

若冷却风扇只有低速档不工作而中速档和高速档工作正常，则可以判断低速档控制回路 1 与控制回路 2 正常，K20 正常，G10 正常，R10 搭铁正常。因为以上回路及元件出现故障，高速档和中速档也不会工作。

1）冷却风扇低速继电器 KR20C 故障。检查 KR20C 的线圈电阻是否为 70～110Ω、线圈通电时 30 与 87 端子间的电阻是否小于 2Ω。如果不符合要求，则可判断 KR20C 有故障。

2）低速档主回路故障。检查 KR20C 的 30 端子与冷却风扇 F45UA 40A 熔丝之间的线路是否有开路或电阻过大故障。若正常，则检查 KR20C 的 87 端子与 R10 的 X116 线束插接器 2# 端子间的线路是否对搭铁短路、是否有开路或电阻过大故障；检查冷却风扇电阻 R10，将蓄电池正极加在 R10 的 X116 线束插接器 2# 端子上，测试风扇是否以低速转动。若不转，则更换 R10。

3. 中速档不工作

若冷却风扇只有中速档不工作而低速档和高速档工作正常，则可以判断 K20 正常，G10 正常，R10 搭铁正常。因为以上线路及元件出现故障，高速档和低速档也不会工作。

1）冷却风扇中速 1 继电器 KR20P 故障。检测方法与 KR20C 冷却风扇低速继电器的检测方法相同。

2）中速档主回路故障。检查 F42UA 30A 熔丝是否损坏，若损坏，更换熔丝；检查 KR20P 的 87 端子与 F42UA 30A 熔丝间的线路是否有开路或电阻过大故障。若正常，则检查 KR20P 的 30 端子与 R10 的 X116 线束插接器 3# 端子间的线路是否对搭铁短路、是否有开路或电阻过大故障；检查冷却风扇电阻 R10，将蓄电池正极加在 R10 的 X116 线束插接器 3# 端子上，测试风扇是否以中速转动。若不转，则更换 R10。

3）中速档控制回路故障。检查 KR20P 的 86 端子与 KR75 的 87 端子间的线路是否有开路或电阻过大故障。若正常，则检查 KR20P 的 85 端子与 K20 的 X2 线束插接器 12# 端子间的线路是否有开路或电阻过大故障。

4. 高速档不工作

若冷却风扇只有高速档不工作而低速档和中速档工作正常，则可以判断高速档控制回路 3 正常，低速档控制回路 1 正常，F45UA 40A、F46UA 10A 熔丝正常，KR20F 正常，K20 正常，G10 正常，R10 搭铁线路正常。因为以上线路及元件出现故障，中速档和低速档也不会工作。

1）冷却风扇高速继电器 KR20D 故障。检测方法与 KR20C 冷却风扇低速继电器的检测方法相同。

2）高速档主回路故障。检查 F45UA 40A 熔丝到 KR20D 的 87 端子间的线路是否有开路或电阻过大故障，检查 KR20D 的 30 端子到 X116 线束插接器 1# 端子间的线路是否有对搭铁短路，是否有开路或电阻过大故障。

3）高速档控制回路故障。具体方法如下：

① 冷却风扇转速控制继电器 KR20E 故障：同 KR20C 冷却风扇低速继电器的检测方法。

② 高速档控制回路 1 故障：检查 F46UA 10A 熔丝到 KR20E 的 30 端子间的线路是否有开路或电阻过大故障；检查 KR20E 的 87 端子到 KR20D 的 86 端子间的线路是否有开路或电阻过大故障；检查 KR20D 的 85 端子到 K20 的 X2 插接器 12# 端子间的线路是否有开路或电阻过大故障。

③ 高速档控制回路 2 故障：检查 KR20E 的 85 端子到 KR20F 的 30 端子间的线路是否有开路或电阻过大故障；检查 KR20E 的 86 端子到 F46UA 10A 熔丝间的线路是否有开路或电阻过大故障。

雪佛兰迈锐宝 LLU+MR5 冷却风扇电路较为复杂，想要正确维修必须熟悉其控制原理，结合故障码和数据流分析检查故障原因，避免盲目进行测量。在读电路原理图时应首先熟悉元器件的工作原理、表示方法、图中图形符号的含义，掌握汽车电路的特点，把握好回路原则。查找故障时，应遵循先易后难、先简后繁、先外后内、分段查找、逐步缩小范围的原则，诊断故障必须思路清晰，分清主回路与控制回路，逐一查找故障原因。

第四节　巡航控制系统电路识读

一、巡航控制系统的组成

巡航控制系统是一种利用电子控制技术保持汽车自动等速行驶的系统。驾驶汽车在高速公路上长时间行驶时，打开自动操纵开关后，巡航控制系统将根据行车阻力变化自动调节节气门开度，使汽车行驶速度保持一定，并且可以避免驾驶人频繁踩加速踏板，减轻了驾驶人的疲劳强度。由于巡航控制系统能自动维持车速，避免了不必要的加速踏板的人为变动，也进而改善了汽车的燃料经济性和发动机的排放性能。

汽车巡航控制系统的功用是根据汽车行驶阻力的变化，自动调节发动机节气门开度的大小，使汽车保持恒定速度行驶。汽车巡航控制系统主要由车速传感器、节气门位置传感器、控制开关、巡航控制电控单元（CCS ECU）和执行机构等部件组成。

二、本田雅阁巡航系统电路识读

以 2008 款本田雅阁轿车为例讲解巡航系统电路的识读，该车的巡航系统电路如图 2-47

所示。

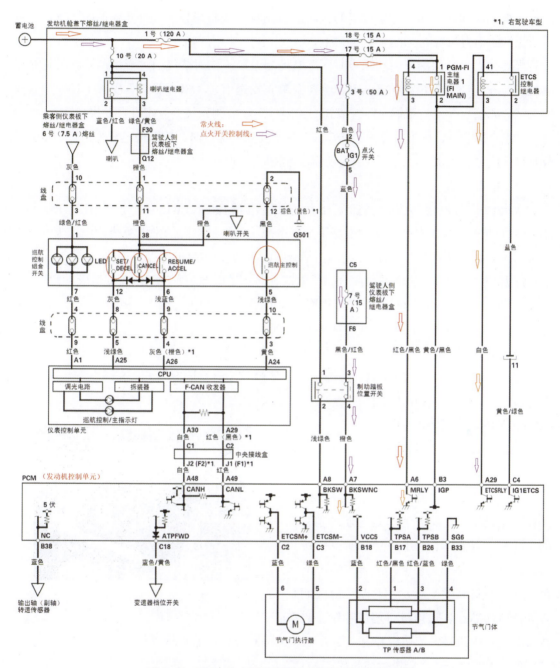

图 2-47　2008 款本田雅阁轿车巡航控制系统电路图

本田雅阁轿车巡航控制系统实际上是一个受 PCM（发动机控制单元）控制的，具有速度自动调节的控制系统，其工作原理如下：当点火开关位于 IG1 档时，控制主开关通电，当按下"ON"按钮时，电源即给控制单元和制动开关供电。控制单元接收来自制动开关、车速传感器（VSS）、离合器开关（手动变动器）或 A/T 档位开关（自动变速器）的信号，控制单元依次发送信号给巡航控制促动器来调节节气门位置以维持所设定的汽车速度。控制单元把汽车的实际速度与所设定的速度进行比较，从而在必要时打开或关闭节气门，使得所提供的动力与所设定的速度相匹配。

当驾驶人以恒力踏下制动踏板时，巡航控制系统不能对节气门进行控制。开关通过常闭触点断开电源，常开触点提供电源给控制单元发送信号。离合器开关或 A/T 档位开关也发送"分离信号"给控制单元以使节气门关闭。巡航控制系统会设定且自动维持 40km/h 的速度。设定速度时，确信主开关"ON"，在达到要求的速度时，按下设定开关，控制单元接收到设定信号，依次控制巡航控制促动器以维持设定速度。

（1）电源电路

常火线：蓄电池→发动机舱盖下熔丝/继电器盒 No.1（120A）→ No.17（15A）→ GM-F1 主继电器 1 线圈→ PCM A6 端子。此电源线为巡航系统的常电源线，但点火开关断开时，此常电源线中无电流通过，线圈中没有电流通过，主继电器触点未闭合。

点火开关控制线：点火开关闭合时，电流方向：蓄电池→发动机舱盖下熔丝/继电器盒 No.1（120A）→ No.3（50A）→点火开关（BAT-IG1）→驾驶人侧仪表板下熔丝/继电器盒 No.7（15A）→制动踏板位置开关常闭触点→ PCM A7 端子。

当点火开关闭合后，PCM A7 端子得电，此高电平信号使 PCM 控制 A6 端子内大功率晶体管导通，PGM-F1 主继电器 1 线圈得电，使触点闭合，同时给 ETCS 继电器线圈供电，在合适的条件下，使其触点闭合。

（2）巡航开关操作

2008 款本田雅阁轿车巡航控制开关如图 2-48 所示。

1）CRUISE（主开关）：它是按钮式开关，其位置如图 2-48 所示，是巡航控制系统的总开关。当按一下主开关（CRUISE）按钮时，巡航主控制开关接通，组合仪表上的绿色巡航指示灯将发亮指示，此时巡航控制系统处于待命状态，可以进行巡航控制。再次

图 2-48　2008 款本田雅阁轿车巡航控制开关

按 CRUISE 按钮时，按钮将弹起，巡航主开关将断开，巡航指示灯将熄灭，指示巡航控制系统处于关闭状态，不能进行巡航控制。

2）SET/DECEL（设定/减速）：当按下 SET/DECEL 按钮时，电流：蓄电池→ No.10（20A）→喇叭继电器线圈→驾驶人侧仪表板下熔丝盒/继电器盒→线盒→巡航控制组合开关的 SET/DECEL（设定/减速）→线盒→仪表控制单元 A25 端子。仪表控制单元 A25 端子收到高电平信号，此时巡航控制系统将进入设定/减速状态。

3）RESUME/ACCEL（恢复/加速）：当按下 RESUME/ACCEL 按钮时，电流：蓄电池→

No.10（20A）→喇叭继电器线圈→驾驶人侧仪表板下熔丝盒/继电器盒→线盒→巡航控制组合开关的 RESUME/ACCEL（恢复/加速）→线盒→仪表控制单元 A26 端子。仪表控制单元 A26 端子收到高电平信号，此时巡航控制系统将进入恢复/加速状态。

4）CANCEL（取消）：当按下 CANCEL 按钮时，电流：蓄电池→No.10（20A）→喇叭继电器线圈→驾驶人侧仪表板下熔丝盒/继电器盒→线盒→巡航控制组合开关的 CANCEL（取消）→线盒→仪表控制单元 A25、A26 端子。仪表控制单元 A25、A26 端子均收到高电平信号，此时巡航控制系统将取消。

三、别克巡航控制系统电路识读

别克车型的巡航控制系统电路如图 2-49 所示。巡航控制系统是一个速度控制系统，它在正常行驶条件下保持 40km/h 以上的期望车速，陡坡可能会引起所选择车速的变化。巡航控制系统的主要部件包括加速踏板、制动踏板位置（BPP）传感器、车身控制模块（BCM）、巡航接通/关闭开关、巡航控制取消开关、"+恢复"开关（等同于"resume/accel"开关）、"-设置"开关（等同于"set/coast"开关）、发动机控制模块（ECM）、节气门执行器控制（TAC）电动机、车速传感器等。

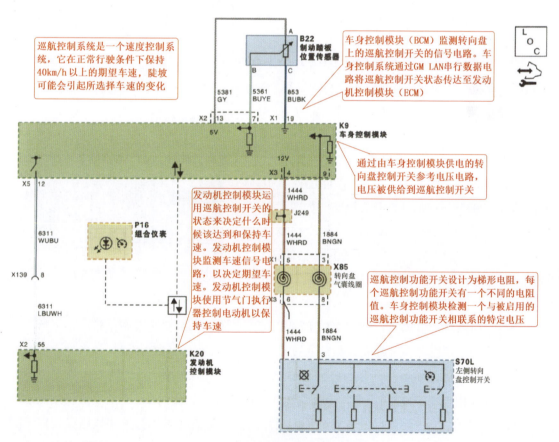

图 2-49 巡航控制系统电路

车身控制模块（BCM）监测转向盘上的巡航控制开关的信号电路。车身控制系统通过 GM LAN 串行数据电路将巡航控制开关状态传达至发动机控制模块（ECM）。发动机控制模块运用巡航控制开关的状态来决定什么时候该达到和保持车速。发动机控制模块监测车速信号电路，以决定期望车速。发动机控制模块使用节气门执行器控制电动机以保持车速。通过由车身控制模块供电的转向盘控制开关参考电压电路，电压被供给到巡航控制开关。巡航控制功能开关设计为梯形电阻，每个巡航控制功能开关有一个不同的电阻值。车身控制模块检测一个与被启用的巡航控制功能开关相联系的特定电压。

当常开型巡航控制接通/关闭开关接通时，该开关闭合。当指示灯点亮时，车身控制模块向指示巡航控制开关"ON（接通）"的指示灯电路提供搭铁。车身控制模块向发动机控制模块发送一个 GM LAN 串行数据信息，指示"on/off（接通/关闭）"开关已经接通。同样，当常开型"+RES（+恢复）"开关或常开型"-SET（-设置）"开关被按下时，开关闭合，车身控制模块在巡航控制"resume/accel（恢复/加速）"和"set/coast（设置/滑行）"开关信号电路上检测预定的电压信号。车身控制模块向发动机控制模块发送一个 GM LAN 串行数据信息，指示"+RES（+恢复）"开关或"-SET（-设置）"开关已经启用。当车身控制模块没有从"on/off（接通/关闭）"开关接收到预定电压信号时，"+ RES（+恢复）"开关或"-SET（-设置）"开关仍将保持未启用。

四、故障诊断：别克君越车辆没有巡航功能

故障现象 一辆别克君越汽车，行驶里程 5.8 万 km。驾驶人抱怨车辆没有巡航功能。

故障诊断 驾驶车辆进行路试，证实车辆无巡航功能。试车时还发现车辆没有手动驾驶模式，变速杆置于 M 位时，仪表上的黄色 M 指示灯不亮，显示的仍然是 D 位。使用 TECH2 读取到故障码：P0826——加减档开关电路，如图 2-50 所示。尝试删除 DTC 后，起动发动机，当变速杆移出 P 位时，TCM 内立刻出现 P0826 故障码，说明加减档开关电路的确存在当前故障，必须排除。

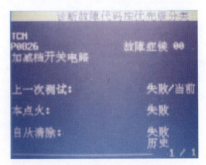

图 2-50　加减档开关电路故障码

查看巡航系统的电路图，如图 2-51 所示。可以看出君越的巡航系统比较简单，整个系统简化成了一个巡航开关，驾驶人只需通过操作开关发出指令，ECM 根据各条件参数判断是否启用巡航功能，如条件符合则控制电子节气门保持所需车速。通过查看电路图，可以得知巡航开关由 1539 号线路供电，电压为 12V，由仪表熔丝盒的 2A 熔丝提供。按照常理检查了一下熔丝，发现熔丝已经烧毁，插上备用熔丝，有火花出现，说明线路存在搭铁故障，需要排除。在巡航开关部位仔细检查没有搭铁故障点，但 1539 号线上确实存在搭铁故

障。仔细查看2A熔丝的供电线路，发现线路存在分支，标号也是1539，去向为转向盘控制。这时，通过诊断仪读取的故障码也可以理解了，该熔丝也给加减档开关供电。

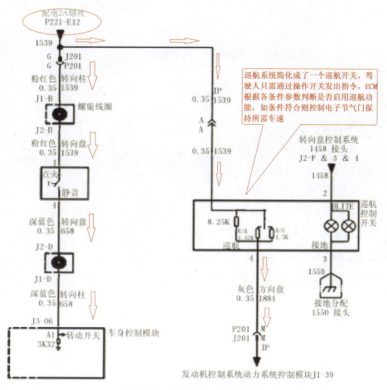

图 2-51　巡航系统的电路图

故障排除　检查转向盘上的加减档开关及线路，发现位于气囊下部的线束有磨破搭铁的部位，如图 2-52 所示。重新包扎线束，试车后确认故障排除。

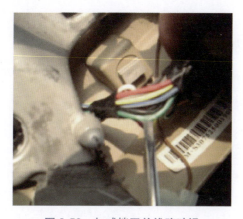

图 2-52　加减档开关线路破损

维修总结　君越的高配车型除在变速杆处配备有加减档开关外，转向盘上也配置了加减档开关。

第三章

汽车自动变速器控制系统电路识读

第一节 大众 OAM 自动变速器控制电路识读

一、自动变速器控制电路组成

电控自动变速器控制系统（ECAT）由输入信号装置（各种传感器及开关信号）、变速器控制单元和执行器三部分组成，如图 3-1 所示。

1）输入装置。输入装置包括各种开关和传感器，感知车辆速度、节气门开度和其他情况，并且将这些信号送至 ECU 判读。

2）控制装置。控制装置主要是自动变速器的电子控制单元。电控单元采集各种传感器的信号，如各种转速、负荷、变速杆（在系统中也被称为"选档杆"）的位置、油温、油压、制动等信号，经过运算后输出信号控制压力调节、流量调节、变矩器锁止、换档规律的选择和自动升降档等。

3）执行装置。执行装置主要是电磁阀，电磁阀根据电子控制单元所发出的指令开启或闭合，相应接通或切断回油通道，从而控制换档和锁止时机。

第三章 汽车自动变速器控制系统电路识读

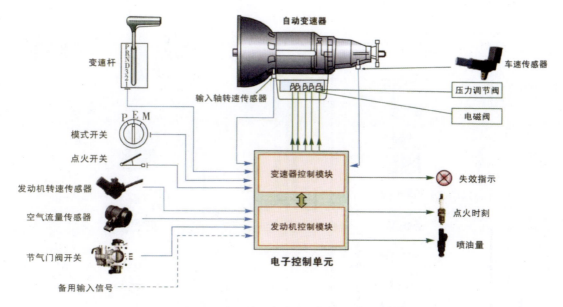

图 3-1　电子控制自动变速器的组成部件

二、大众汽车自动变速器电控系统电路识读

识读自动变速器电控系统电路首先应了解电路结构和组成，然后以电控单元为中心，对电控单元的各个接脚进行大致的了解。找出电控单元的供电电源线和搭铁线，弄清楚各电源线的供电状态（如常电源线或开关控制）；找出系统的信号输入装置，对于信号输入传感器，要弄清各传感器是否需要电源，并找出相应的电源线、信号输出线和搭铁线；找出系统的执行器，弄清电源供给和搭铁情况，以及 ECU 控制执行器的方式（控制搭铁端或控制电源端）。

以大众 7 档 0AM（DSG）双离合器变速器为例进行讲解，分析大众自动变速器电路的识读方法。7 档 0AM（DSG）变速器为干式双离合器直接换档变速器，DSG 变速器系统由智能电子液压换档控制系统、双离合器、双输入轴和双输出轴共同完成换档过程。控制系统由一个机电控制模块和有多个独立传感器的控制阀组件组成。机电控制模块收集并处理传感器的信号数据，对离合器、输入轴、液压系统等进行控制。此外，该系统还控制了调节阀、转换阀等多种液压控制阀。图 3-2 所示为一汽大众新宝来 7 档 0AM（DSG）双离合器变速器系统结构示意图。

图 3-3 所示为一汽大众新宝来 7 档 0AM（DSG）双离合器变速器电路图。

1. 变速器电控单元电源电路

当点火开关位于"起动"或"运行"位置时，到达熔丝架 C 上的 SC2 熔丝后的点火开关电压供电给双离合器变速器机电装置 J743 的 T25/10 端，此路供电为条件电源；蓄电池电压经熔丝 SB3、SB4 后分别供电给 J743 的 T25/9 端和 T25/25 端，此两路为常电源供电。

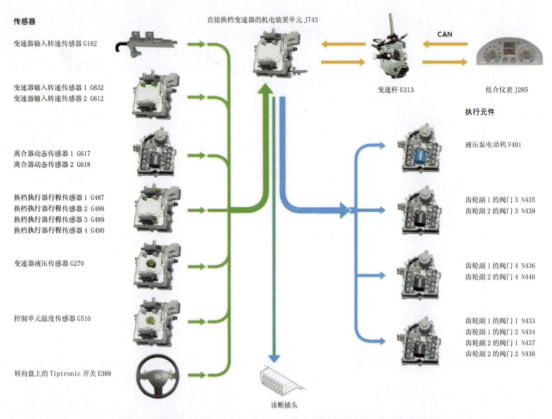

图 3-2 宝来 7 档 0AM（DSG）双离合器变速器系统结构示意图

J743 的 T25/24 端和 T25/8 端为接地端，通过排水槽内中部的接地点 608 搭铁。

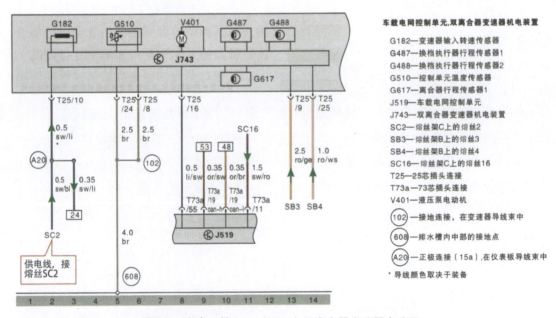

图 3-3 宝来 7 档 0AM（DSG）双离合器变速器电路图

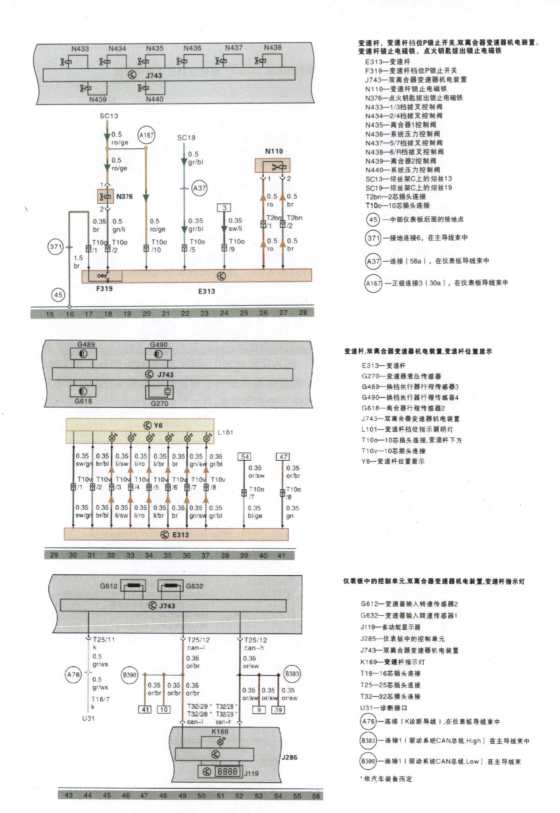

图 3-3 宝来 7 档 0AM（DSG）双离合器变速器电路图（续）

2. P/N 位信号输出电路

J743 的 T25/16 端为变速器 P/N 位信号输出端,接车载电网控制单元 J519 的 T73a/55 端。

3. 传感器

1)变速器输入转速传感器 G182 安装在变速器壳体上,是唯一一个在滑阀箱单元外的传感器,安装位置如图 3-4 所示。它以电子方式监测与起动机啮合的齿圈,记录变速器的输入转速信号。控制单元根据变速器输入转速信号控制离合器和计算滑移率信号。如果失效,变速器会利用发动机转速信号替代。

2)控制单元温度传感器 G510 用以监控滑阀箱单元的温度。当温度达到 139℃时,发动机转矩就会减小。控制单元温度传感器安装位置如图 3-5 所示。

图 3-4 变速器输入转速传感器 G182

图 3-5 传感器 G510 安装位置

3)换档执行器行程传感器 1-G487、换档执行器行程传感器 2-G488、换档执行器行程传感器 3-G489、换档执行器行程传感器 G490 位于滑阀箱单元内,安装位置如图 3-6 所示。其作用是产生精确的换档机构位置信号,用以控制换档机构实现档位的变换。

> **注意**
>
> 如果一个档位调节器行程传感器失效,控制单元就不能准确获知相应档位变换机构的位置,控制单元也就无法识别是否有档位在齿轮选择机构和拨叉的作用下接合,为了防止对变速器造成损坏,传感器所在变速器部分被关闭。

4)离合器行程位置传感器 1-G617 与离合器行程位置传感器 2-G618 安装在滑阀箱单元

的离合器触动装置上(图3-7),属于非接触式传感器。控制单元根据传感器信号来控制离合器的触动装置。

 注意

若 G617 损坏,变速器传输部分 1 被关闭,档位 1、3、5、7 将无法接合;若 G618 损坏,变速器传输部分 2 被关闭,档位 2、4、6、R 档将无法接合。

图 3-6 相关的传感器安装位置

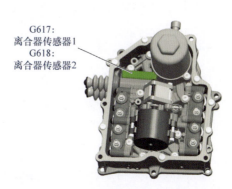

图 3-7 离合器行程位置传感器安装位置

5)变速器输入端转速传感器 1-G632 与变速器输入端转速传感器 2-G612 集成在滑阀箱单元上(图3-8),是霍尔式传感器。它的作用是控制离合器,计算离合器的打滑量。

 注意

如果 G632 失效,齿轮传动组 1 关闭,车辆只能在 2、4、6 和 R 档被驱动;如果 G612 失效,齿轮传动组 2 关闭,车辆只能在 1、3、5、7 档被驱动。

6)变速器液压压力传感器 G270 集成在滑阀箱单元的液压油路中,是膜片式压力传感器,如图 3-9 所示。控制单元利用 G270 的信号去控制液压泵电动机 V401。

 注意

如果 G270 信号失效,液压泵电动机持续运转;系统液压油压力由压力控制阀决定。

图 3-8　传感器 G632 和 G612 的安装位置　　　　图 3-9　传感器 G270 安装位置

4. 执行器

1）液压泵电动机 V401。液压泵电动机是一个直流电动机，由机械滑阀单元的电子控制单元依据压力要求按需驱动，它通过连接器驱动液压泵。液压泵依据齿轮泵原理工作，它吸入油液并加压。液压泵电动机如图 3-10 所示。如果电动机不工作，油液压力下降，离合器在压力盘弹簧的作用下将断开。

2）控制阀。液压控制阀主要包括：离合器 1 控制阀 N435、离合器 2 控制阀 N439、系统压力控制阀 N436、系统压力控制阀 N440、1/3 档拨叉控制阀 N433、2/4 档拨叉控制阀 N434、5/7 档拨叉控制阀 N437、6/R 档拨叉控制阀 N438。各控制阀安装位置如图 3-11 所示。

离合器 1 控制阀 N435 和离合器 2 控制阀 N439：控制通往离合器执行器的液压油流量，为了触发离合器，由电控单元控制电磁阀。N435 控制离合器 K1；N439 控制离合器 K2。

系统压力控制阀 N436：控制变速器相应部分的油压，控制离合器 K1、换档操纵机构 1/3、5/7。系统压力控制阀 N440：控制离合器 K2、换档操纵机构 2/4、6/R。

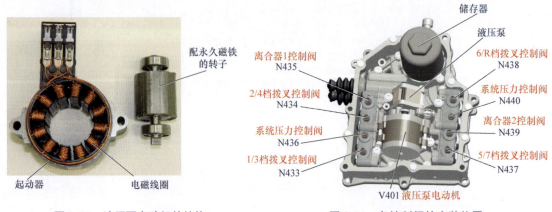

图 3-10　液压泵电动机的结构　　　　图 3-11　各控制阀的安装位置

注意

若一个控制阀失效，则相应变速器部分被关闭，只有另外部分上的指定档位能够工作。

1/3 档拨叉控制阀 N433、2/4 档拨叉控制阀 N434、5/7 档拨叉控制阀 N437、6/R 档拨叉控制阀 N438：控制档位选择器的油液流量。每个控制阀可使档位选择器形成两个档位。如果没有齿轮啮合，控制阀控制油压使档位选择器保持在空档位置。如果变速杆位于 P 位、点火开关关闭，则 1 档和倒档齿轮啮合。

3）变速杆锁止电磁铁 N110。N110 电磁线圈的通电和断电受变速杆 E313 的控制，当 N110 电磁线圈断电时，变速杆 P 位锁止；当 E313 为电磁线圈供电时，完成变速杆 P 位的释放。

 注意

若车辆静止，当变速杆在 N 位停留超过 2s 时，变速杆 E313 提供电流，变速杆 N 位锁止。当施加脚制动，变速杆 N 位释放。

4）点火钥匙拔出锁止电磁铁 N376。新宝来是配置自动变速器的车辆，点火钥匙防拔出的锁止功能是通过电磁铁 N376（图 3-12）来实现的。

如图 3-3 所示，当变速杆处于除 P 位以外位置时，F319 开关接通，到达熔丝 SC13 的蓄电池电压→N376→E313 的 T10o/2 端→E313 内部的 F319 开关→E313 的 T10o/1 端→经搭铁点 45 搭铁。此时 N376 有电流流过，产生的电磁力克服止动销向左运动，挡住了点火开关锁芯的回转；当变速杆处于 P 位时，F319 触点断开，N376 没有电流流过，点火开关锁芯可以越过止动销转动回到 0 位。

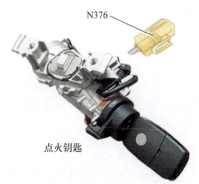

图 3-12　点火钥匙拔出锁止电磁铁 N376

5. 变速杆 E313

变速杆位置传感系统和变速杆锁止电磁铁集成在变速杆总成上。变速杆位置通过霍尔传感器检测，这些传感器集成在变速杆传感系统中，变速杆位置信号和 TIP 开关信号通过数据总线被传输到变速器电控单元和组合仪表板的控制单元。基于此信号，控制单元获知变速杆位置，执行驾驶人的换档指令，同时控制起动机的释放。

> **注意**
>
> 如果控制单元检测不到变速杆位置，所有的离合器将断开。

三、故障诊断：新朗逸 1.4T 发动机不能起动

故障现象 一辆 2014 年上汽大众新朗逸 1.4T 自动档轿车，搭载 CSTA 发动机与 0AM 7 速 DSG 变速器，行驶里程 56000km。驾驶人因发动机不能起动请求救援，车被拖至维修站。

故障诊断 基本检查确定，不能起动的原因在于起动机没有反应。该车未配置一键起动的 Kessy 系统。对于新朗逸不带一键起动的车型而言，起动机由车身控制单元（BCM）J519 控制。

当 J519 识别到满足起动条件，即变速杆处于 P/N 位置且点火开关 D/50 端子（T7a/3）有电输出时，J519 令其 T73a/55 端子输出 12V 电压，加在总线端 KL50 供电继电器 J682 的电磁线圈两端，流经线圈的电流产生磁力，继电器常开触点闭合，向起动机 B 供电，路径为 D/50→节点 B276→J682 已闭合的触点→B/50，如图 3-13 所示。

识别变速杆位置的任务由 Tiptronic 开关 F189（故障诊断仪中将其命名为变速杆模块 E313）完成，F189 通过动力系统 CAN 数据总线向变速器机电单元 J743 及其他需要的控制单元如仪表 J285，发送变速杆位置信息（图 3-14）。J743 根据获取到的变速杆位置信息，通过专门的导线向 J519 传输 P/N 位的空档信号；执行 R/D/S 及 Tiptronic 手动换档程序。

空档信号实质上是以 J743 的 T25/16 端子电位高低来加以区分的，当变速杆在除 P/N 外的其他位置时，T25/16 端子处于高电位，J743 识别到变速杆在 P/N 位时，T25/16 端子输出接地信号，与之连接的 J519 的 T73b/55 端子电位下降至 0，J519 据此确认满足起动条件（图 3-15）。

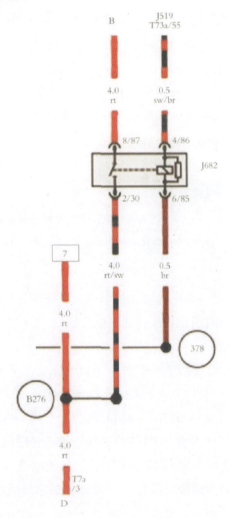

图 3-13 总线端 KL50 供电继电器 J682 由 J519 控制接通

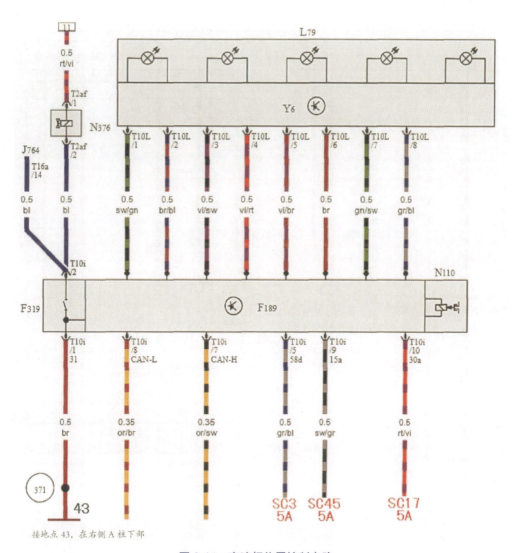

图 3-14 变速杆位置控制电路

根据上述起动机控制流程分析,故障范围大致在以下几方面:①点火开关 50 接线柱供电;②未能满足起动条件;③J682 及线路故障;④J519 没有输出 J682 的控制指令;⑤起动机故障。连接 VAS6150B 故障诊断仪查询 J519 与 J743 的故障内存,没能获取到相关的故障信息。使用引导性功能读取 J519 数据流 1 组的点火开关电源分配状态,当点火开关置于起动档时,1 组的测量值为接通,端子 50 接通,断开,端子 15 接通,表明 J519 已经接收到了点火开关的起动请求,原因①可以筛除在外。

读取有关起动条件的测量值,在 P/N 位时,38 组 1 区显示未按下,而正常值应为已按下,这表明 J519 认定当前未能满足起动条件,如图 3-16 所示。读取 J743 有关变速杆位置的测量值表明,J743 可以正确识别出当前的变速杆位置 P,如图 3-17 所示。变速杆置于 P 位时,用万用表测量 J519 的 T73b/55 端子的电位为 11.90V,表明 J743 向 J519 传输的空档信号有误。

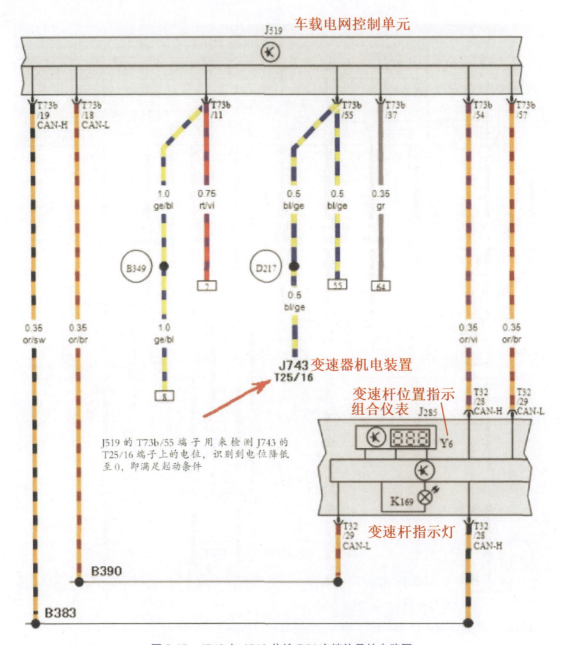

图 3-15 J743 向 J519 传输 P/N 空档信号的电路图

使用将导线的一端接入 J519 的 T73b/55 端子，另一端接地的方法，模拟 J743 的 P/N 空档信号，38 组 1 区的测量值由未按下变为已按下，接通点火开关 50 接线柱，起动机响应工作，从而验证了 J743 在 P 位时，没有向 J519 输出接地信号，这就意味着故障点在 J743 内部。

故障排除 更换 J743，执行变速器基本设定后，故障排除。

维修总结 变速器相关电路的分析是本案例诊断的重点，只有透彻理解相关控制电路，才能有针对性地排除故障。

第三章 汽车自动变速器控制系统电路识读

图 3-16 变速杆在 P/N 位置时 J519 的测量值

图 3-17 J743 可以正确识别出变速杆 P/N 位置的测量值

四、故障诊断：一汽大众宝来 NF 有时挂档不能行驶

故障现象 一辆一汽大众宝来 NF，配置 7 速 DSG 变速器，行驶里程 59283km。该车行驶过程中有时出现挂档不能行驶的故障，此车曾去多家维修店检查过，由于检查时该车能够正常行驶，所以均没有排除故障。

故障诊断 维修人员首先了解故障发生时的状态，根据驾驶人描述，车辆出现故障时，挂入任何档位，车辆均不能行驶。维修人员使用专用诊断仪 VAS6150B 检查，发现存储的故障码如下：① 发动机控制单元中存储有故障码 U010100——变速器控制单元无通信；② 变速器控制单元中存储有故障码 P1854——驱动系数据总线损坏；③ 制动电子控制系统控制单元中存储有故障码 01315——变速器控制单元无通信；④ 仪表控制单元中存储有故障码 U111100——由于丢失信息功能受到损害。

根据电路图（图 3-18、图 3-19）思考该车型网络控制原理，此车型各控制单元之间的数据交换，是通过 CAN 总线进行传递的，同时变速器控制单元支持 K 线诊断（即与诊断仪之间进行数据交换）。由于在故障发生时，检查变速器控制单元中存储有故障码 P1854——驱动系数据总线损坏，使用诊断仪 VAS6150B 能够进入变速器系统进行检测，而其他相关控制单元中均有与变速器无通信故障码，说明变速器控制单元 J743 通过 CAN 线与其他控制单元之间不能正常进行数据交换。

通过以上原理及故障码分析，可将故障范围锁定在变速器控制单元 J743 故障及变速器控制单元 J743 的供电及通信线路故障。

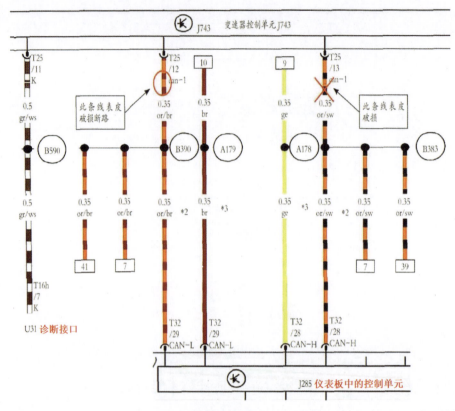

图 3-18 变速器控制单元 J743 电路 1

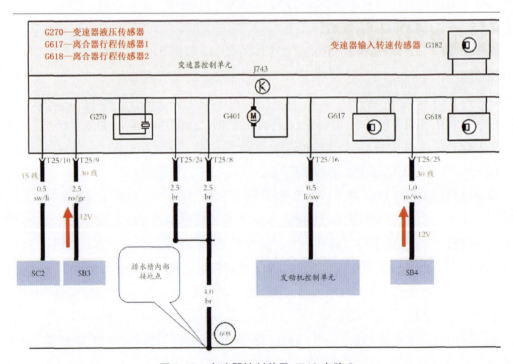

图 3-19 变速器控制单元 J743 电路 2

根据由简到繁的检查方法，检查变速器控制单元的供电线路，检查结果供电正常，搭铁线路良好。在拆装变速器插接器的过程中，发现与变速器机电单元相连接的CAN总线损坏（图3-20）。

故障排除 修复与变速器控制单元连接的线束后试车，确认故障排除。

维修总结 分析该车故障原因是与变速器机电单元相连接的CAN总线表皮破损折断，产生虚接状态，在振动较大时出现断路，影响相关数据的正常传输，产生该故障现象。在维修此类偶发性故障时，首先要问诊故障发生时的状态，结合电路图理清该车型相关控制系统的工作原理，这对于故障的诊断与排除有事半功倍的效果。

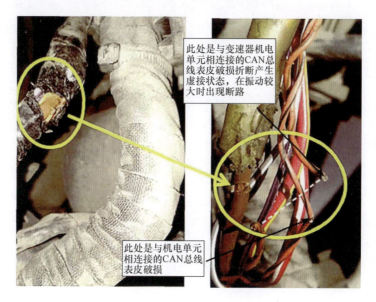

图 3-20　CAN 总线损坏位置

第二节　通用自动变速器控制电路识读

一、上海通用汽车自动变速器电控系统电路识读

雪佛兰科鲁兹采用 6T30/6T40 自动变速器，下面以该车自动变速器电控系统电路为例进行讲解。

1. 模块电源、搭铁、数据通信和故障指示灯电路

图 3-21 所示为模块电源、搭铁、数据通信和故障指示灯电路图。由图中可以看出，变

速器控制模块（TCM，即传输控制模块 K71）与控制电磁阀总成 Q8 组装成一个独立的自动变速器总成 T12。

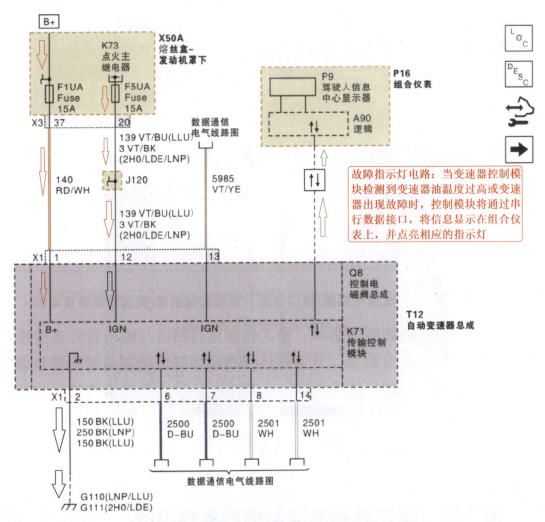

图 3-21　模块电源、搭铁、数据通信和故障指示灯电路图

自动变速器总成 T12 的常电源供电电路：蓄电池→发动机罩下熔丝盒 X50A 内的 F1UA 熔丝→供电给 T12 的 X1-1 端。

T12 的条件电源电路：当车辆起动运行时，到达点火继电器的开关电压→发动机罩下熔丝盒 X50A 内的 F5UA 熔丝→供电给 T12 的 X1-12 端。

T12 的接地电路：自动变速器总成的 X1-2 端通过 G110（LNP/LLU 发动机）或 G111（2H0/LDE 发动机）搭铁点搭铁。

故障指示灯电路：当变速器控制模块检测到变速器油温度过高或变速器出现故障时，控制模块将通过串行数据接口，将信息显示在组合仪表上，并点亮相应的指示灯。

2. 油温和速度传感器／阀门位置、压力控制装置／换档控制装置电路

油温和速度传感器／阀门位置、压力控制装置／换档控制装置电路如图 3-22 所示。

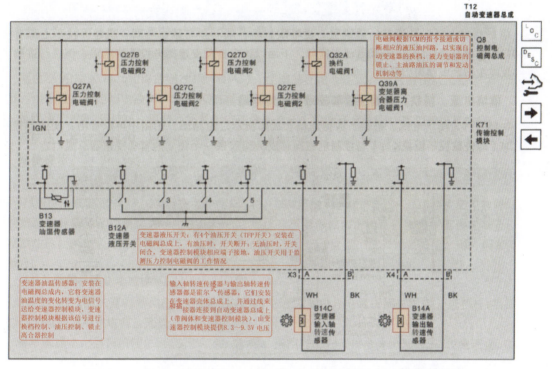

图 3-22　油温和速度传感器／阀门位置、压力控制装置／换档控制装置电路

输入轴转速传感器与输出轴转速传感器：输入轴转速传感器与输出轴转速传感器都是霍尔式传感器，它们安装在变速器壳体总成上，并通过线束和插接器连接到自动变速器总成上（带阀体和变速器控制模块）。由变速器控制模块提供 8.3 ~ 9.3V 电压。输入轴转速传感器检测输入轴转速并将信号通过 T12 的 X3-A 端、X3-B 端传输至自动变速器总成。输出轴转速传感器检测输出轴转速并将信号通过 T12 的 X4-A 端、X4-B 端传输至自动变速器总成。变速器控制模块使用输入轴转速传感器信号、输出轴转速传感器信号来确定管路压力、变速器换档模式、变矩器离合器（TCC）滑差转速和传动比。

变速器油温传感器：安装在电磁阀总成内，它将变速器油温度的变化转变为电信号送给变速器控制模块，变速器控制模块根据该信号进行换档控制、油压控制、锁止离合器控制。

变速器液压开关：有 4 个油压开关（TFP 开关）安装在电磁阀总成上。有油压时，开关断开；无油压时，开关闭合，变速器控制模块相应端子接地。油压开关用于监测压力控制电磁阀的工作情况。

电磁阀：5 个压力控制电磁阀、1 个变矩器离合器压力控制电磁阀和 1 个换档电磁阀安

装在控制电磁阀总成上（图 3-23），它们根据 TCM 的指令接通或切断相应的液压油回路，以实现自动变速器的换档、液力变矩器的锁止、主油路油压的调节和发动机制动等。

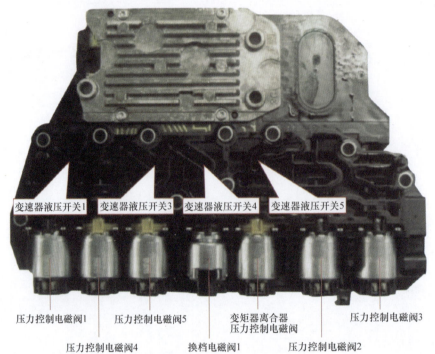

图 3-23　控制电磁阀总成

3. 内部模式开关和触动式加档 / 减档开关电路

内部模式开关和触动式加档 / 减档开关电路如图 3-24 所示。变速器内部模式开关是一个滑动触点开关，安装在变速器壳体内的手动换档轴止动杆总成上。从变速器手动换档轴开关总成传送到变速器控制模块的 5 个输入信号，指示了变速器变速杆的位置。此信息通过数据串行接口，发送给发动机控制模块 K20，用于发动机控制系统，并用以确定变速器换档模式。其中空档信号 N（P/N 位起动）通过 T12 的 X1-3 端输入到发动机控制模块 K20，用于发动机的起动控制。

触动式加档 / 减档开关位于变速器变速杆下面，变速杆被移至行驶档左侧时，变速器将进入运动模式。在此位置时，如果向前或向后推变速杆，变速器将进入手动模式。这允许操作者通过向前推变速杆进行升档，向后推变速杆进行降档。车身控制模块 K9 向换档控制器提供点火电压和信号电路。其中变速器变速杆 S3 的 1 端为供电端，经插接器 X200-84 后，接 K9 的 X12 端；S3 的 3 端为信号输出端，接 K9 的 X2-11 端。换档控制器具有连接至电阻网络的霍尔式开关。当变速杆被置于行驶档左侧时，电阻网络中产生电压降。向前或向后推变速杆时，电阻网络中会产生相应的电压降。电压降由车身控制模块监控，车身控制模块将该请求发送给变速器控制模块，以实现加档或减档。

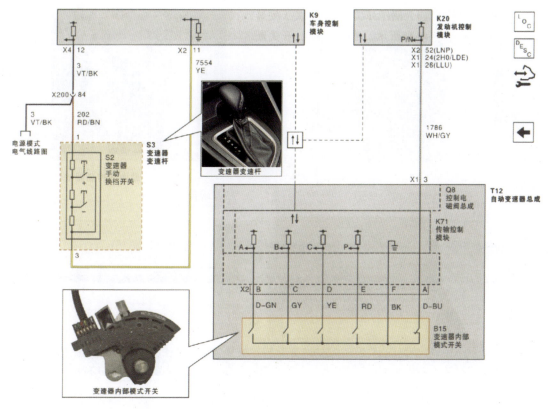

图 3-24 内部模式开关和触动式加档/减档开关电路

二、故障诊断：2014 年别克昂科拉换档背景灯不亮

故障现象 一辆 2014 年的别克昂科拉，行驶里程 27126km。该车换档背景灯不亮。

故障诊断 首先验证故障现象，确认故障存在，如图 3-25 所示。常规检查未发现异常，使用专用诊断仪 GDS 诊断，检查结果有故障码显示（图 3-26）。查阅局域互联网（LIN）总线电路说明，局域互联网（LIN）总线由一条传输速率为 10.417kbit/s 的单线组成。该模块用于交换主控制模块和其他提供支持功能的智能装置之间的信息，如图 3-27 所示。

要传输的数据（1 和 0）在通信总线上由不同的电压表示。当 LIN 总线静止且未被驱动时，该信号处于接近电池电压的高压状态，这代表逻辑"1"。当传输逻辑"0"时，信号电压被拉低至搭铁（0V）。

根据故障现象分析，维修人员认为故障的可能原因包括：①线路系统存在短路与断路故障；②背景指示灯损坏或有其他加装部件；③相应的模块存在故障。查看相关的电路图（图 3-28），用万用表测量 P2 变速器变速杆位置指示器 2 号端子与 BCM 9 号端子的导线是否正常，无对电压短路，无对接地短路现象，测得 2 号针脚电压为 0.7V，正常值为 12V。随后将点火开关置于 ON 档，测量 F21DA（10A）熔丝电压，电压值为 0V，正常数值为 12V 左右，检查熔丝正常。

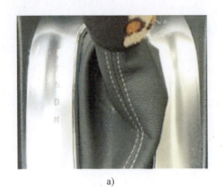 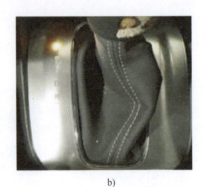

图 3-25 换档背景灯不亮故障现象
a) 故障车　b) 正常车

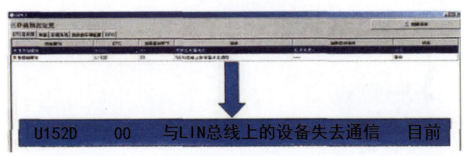

图 3-26 故障码

如图 3-29 所示，保持点火开关在 ON 档，测得 R1 的 1 号端子与接地电压为 12V，可是用万用表测量熔丝盒 1 号端子与 2 号端子电压为 0V，似乎 2 号接地有问题。点火开关在 ON 档时，KR76 继电器 30 号端子测得电压为 12V。试着拔除 KR76 继电器，测量 R1 与 2 号线圈阻值，为 70Ω，阻值正常，然后再次插回继电器，却发现变速杆处的背景指示灯点亮了。

故障排除　结合上述的测量过程，最终检查确认仪表熔丝盒 KR76 继电器 R1 的 2 号插脚内部接触不良。

维修总结　故障是由于仪表板熔丝盒内部接触不良，造成换档背景灯不亮。车辆电气系统可能会存在间歇性接触不良的故障，给维修人员带来诊断难度，有时往往很费周折，很难去模拟，需要我们根据相应故障码及相关数据流去分析判断。掌握相应的网络结构与原理并加以分析与参考，能更好地解释故障现象，结合读识线路的能力，从而解决问题。

图 3-27 LIN 总线电路说明

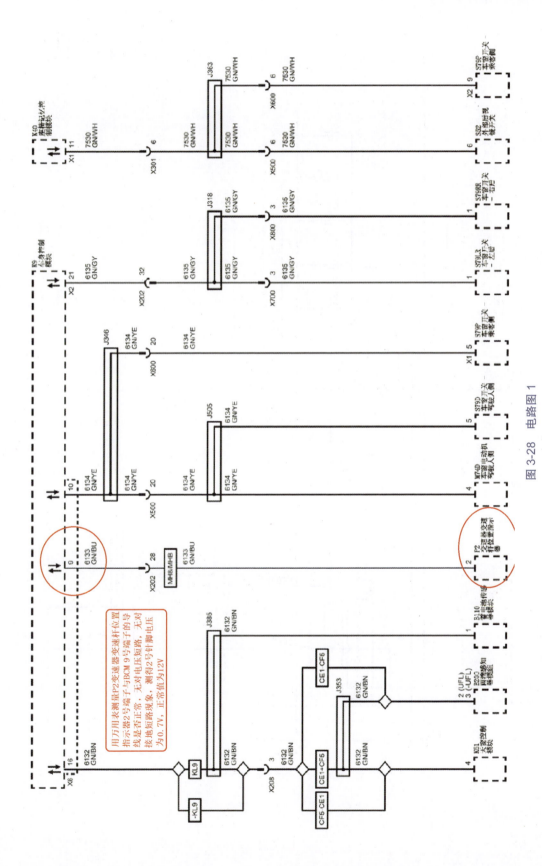

图 3-28 电路图 1

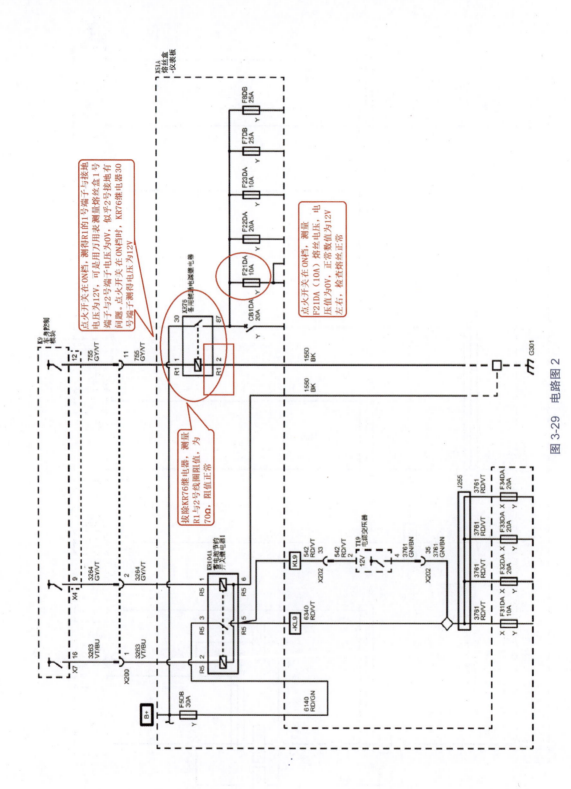

图 3-29 电路图 2

第三节 雪铁龙 C5 自动变速器控制电路识读

一、自动变速器电控系统主要元件作用

C5 轿车自动变速器电控系统的组成如图 3-30 所示。

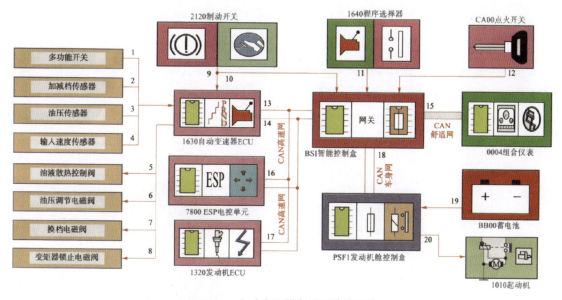

图 3-30 自动变速器电控系统的组成

1. 多功能开关

多功能开关装在变速器壳体的上方,外形如图 3-31 所示,它的内部主要有 7 对触点,当变速器挂 P、R、N、D 等不同档位时,这 7 对触点将不同的开闭组合信号传递给变速器 ECU,供变速器 ECU 识别不同的档位。当变速器在 P 或 N 位时,发动机才能起动。

2. 油压传感器

油压传感器装在变速器下部,它的外形如图 3-31 所示。它是压电型传感器,有三个脚,变速器 ECU 将 5V 电压加在 1、3 脚,传感器通过 2 脚将变速器油压信号传递给 ECU。变速器 ECU 根据油压传感器的信号,控制油压调节电磁阀的工作,保证变速器换档、变矩器锁止、变速器润滑等油压需求。

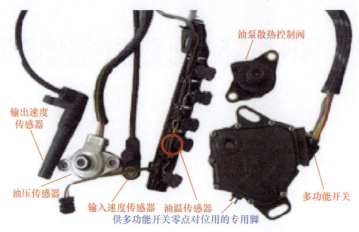

图 3-31 变速器电控系统部分元件的外形

3. 输入和输出速度传感器

输入和输出速度传感器都装在变速器壳体内部，其外形如图 3-31 所示，它们是磁感应式传感器。输入速度传感器用来检测涡轮轴上离合器轮毂的速度，如图 3-32 所示；输出速度传感器用来检测与主减速器主动齿轮连成一体的停车轮速度，如图 3-33 所示。目前输出速度传感器已被 ABS 或 ESP 系统的轮速传感器取代。

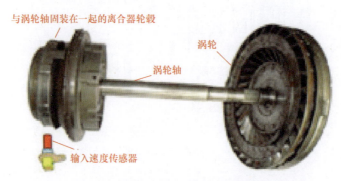

图 3-32 输入速度传感器

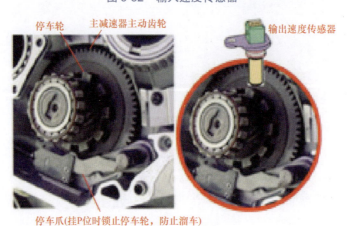

图 3-33 输出速度传感器

4. 油液散热控制阀

油液散热控制阀装在变速器散热器附近，是一个常闭电磁阀，当变速器油温达到105℃以上时，变速器ECU控制该阀通电开启，加大变速器油的散热强度。

5. 油压调节电磁阀、换档电磁阀、渐近电磁阀、变矩器锁止电磁阀

油压调节电磁阀EVM、换档电磁阀EV1~EV4、渐近电磁阀EV5和EV6、变矩器锁止电磁阀EVLU装在液压阀板上。油压调节电磁阀EVM主要根据变速器ECU的指令来调节变速器油压，以满足变速器换档、变速器润滑、变矩器锁止等需求。换档电磁阀EV1~EV4主要根据变速器ECU的指令控制换档油路，使变速器在合适的时机实现自动换档。渐近电磁阀EV5和EV6主要根据变速器ECU的指令，配合换档电磁阀，减小换档冲击。变矩器锁止电磁阀EVLU主要根据变速器ECU的指令，控制变矩器泵轮与涡轮锁止和分离。

6. 程序选择器

程序选择器布置在自动变速器变速杆的面板上，如图3-34所示。变速器ECU内存储有三种控制程序，当驾驶人不按变速杆面板上的键时，变速器ECU用经济程序控制换档，即在控制换档的过程中优先考虑节省燃油；当驾驶人按下变速杆面板上的"S"键时，变速器ECU用运动程序控制换档，即在控制换档的过程中优先考虑发

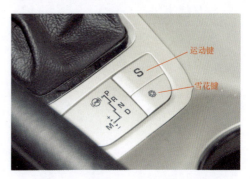

图3-34 自动变速器的程序选择器

动机提供的动力；当驾驶人在雨、雪等低附着系数的路面上行驶时，按下变速杆面板上的"雪花"键时，变速器ECU用2档控制车辆起步（不按"雪花"键，变速器ECU用1档控制车辆起步）。

AT8变速器配备有手动换档模式控制，当驾驶人把变速杆置于D位，朝M+的方向推动变速杆时，表示驾驶人希望在目前的档位上向上升一档（如从D1→D2，或从D3→D4）；朝M-的方向推动变速杆，表示驾驶人希望在目前的档位上向下降一档（如从D2→D1，或从D4→D3）。

在变速杆面板的下方有一个加减档传感器，它是霍尔式传感器，其工作原理如图3-35所示。加减档传感器将驾驶人的加减档信号传递到变速器ECU的22和23脚，变速器ECU则根据该信号，在合适的时机控制自动变速器升档或降档。

7. 变速杆锁止电磁阀

变速杆锁止电磁阀安装在变速杆下方的壳体里。变速杆锁止电磁阀的作用是当变速杆在P位时，将变速杆锁止，防止变速杆从P位随意移出时产生溜车事故。只有将点火开关接通点火档，并踩下制动踏板时，变速杆才能从P位移出。

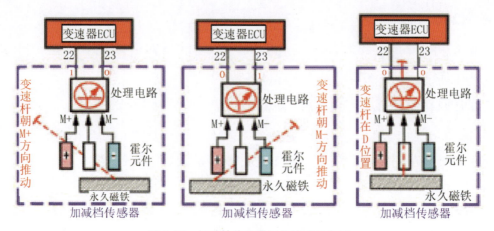

图 3-35 加减档传感器工作原理示意图

8. 双制动开关

双制动开关的外形和电路连接如图 3-36 所示。当踩下制动踏板时,双制动开关有两个制动信号传递给自动变速器 ECU,有一个制动信号传递给智能控制盒(智能控制盒控制点亮制动灯)。自动变速器 ECU 对两个制动信号进行比较,以确保该信息总是有效。自动变速器 ECU 收到制动信号后,强制实现挂低档,同时强制实现变矩器锁止活塞分离,以改善车辆的行驶舒适性。

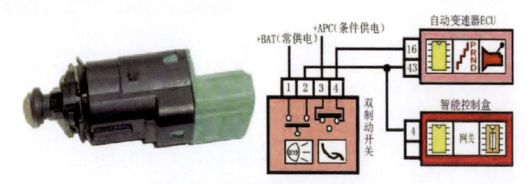

图 3-36 双制动开关的外形和电路连接

9. 自动变速器 ECU

自动变速器 ECU 装在变速器前方的壳体上,是电控系统的核心,具备较大的内存储容量。变速器 ECU 采用先进的模糊控制原理,根据传感器信号,模拟驾驶人的使用习惯,计算出各种坡度和载荷的大小后自动选择换档规律进行换档,同时也具备手动换档功能,此外它还有控制油温、油压、变矩器锁止、仪表显示和保护变速器等功能。

(1)变速器 ECU 各脚的作用

变速器 ECU 各脚的作用和信号说明见表 3-1。

表 3-1　AT8 自动变速器 ECU 各脚的作用和信号说明

线路	功能说明	信号类型	输入 E/ 输出 S
1	电磁阀 EV1～EV6 的供电 +	变速器 ECU 提供的供电，模拟信号	S
2	油液散热控制阀供电 +	变速器 ECU 提供的供电，模拟信号	S
7	EV3 电磁阀搭铁控制脚	模拟信号	S
8	EV4 电磁阀搭铁控制脚	模拟信号	S
9	EV2 电磁阀搭铁控制脚	模拟信号	S
10	EV1 电磁阀搭铁控制脚	模拟信号	S
11	变速杆锁止继电器搭铁控制脚	模拟信号	S
12	油液散热控制阀搭铁控制脚	模拟信号	S
13	EV5 电磁阀搭铁控制脚	模拟信号	S
14	EV6 电磁阀搭铁控制脚	模拟信号	S
15	多功能开关 A3 信号脚	数字信号	E
16	制动开关信号脚	数字信号	E
18	诊断信号脚	数字信号	E/S
19	变矩器锁止电磁阀 EVLU 搭铁控制脚	模拟信号	S
20	油压调节电磁阀 EVM 搭铁控制脚	模拟信号	S
22	加减档传感器 M+ 信号脚	数字信号	E
23	加减档传感器 M– 信号脚	数字信号	E
24	油压传感器 +5V 的供电脚	模拟信号	S
25	油压传感器 0V 的供电脚	模拟信号	S
26	电磁阀 EVM 和 EVLU 的供电脚	变速器 ECU 提供的供电，模拟信号	S
27	发动机舱控制盒提供的条件供电	模拟信号，发动机不运行：12V 左右；发动机运行：14V 左右	E
28	变速器 ECU 的搭铁脚	接地	E
29	CAN 高速网的 CAN–L 数据线	CAN 高速网的数字信号	E/S
30	CAN 高速网的 CAN–H 数据线	CAN 高速网的数字信号	E/S
31	多功能开关 A10 信号脚	数字信号	E
32	多功能开关 A11 信号脚	数字信号	E
33	多功能开关 A12 信号脚	数字信号	E
42	变速器 ECU 的搭铁脚	接地	E
43	制动开关信号脚	数字信号	E
45	输入速度传感器的信号脚	模拟信号	E
46	输入速度传感器的信号脚	模拟信号	E
47	输出速度传感器的信号脚（未用）	模拟信号	E
48	输出速度传感器的信号脚（未用）	模拟信号	E
53	油温传感器的信号脚	模拟信号	E
54	油温传感器的信号脚	模拟信号	E
55	油压传感器的信号脚	模拟信号	E
56	常供电脚	模拟信号，发动机不运行：12V 左右；发动机运行：14V 左右	E

（2）变速器 ECU 的功能

1）控制换档。变速器 ECU 内存储有 12 条换档规则（L1~L2），它根据各传感器的不同信号，选择不同的换档规则，使车辆的运行符合驾驶人的意愿、车辆载荷和各种道路条件的需要。

L1 规则：经济规则，油温达 30℃以后进入该规则。

L2 规则：中间规则，介于 L1 和 L3 中间。

L3 规则：运动规则，变速器 ECU 测出驾驶人运动风格后或按"S"键后，优先进入该规则。

L4 规则：上缓坡规则，变速器 ECU 换档优先考虑上缓坡需要的动力。

L5 规则：上陡坡规则，变速器 ECU 换档优先考虑上陡坡需要的动力。

L6 规则：下坡规则，变速器 ECU 换档较平路滞后，利用发动机制动。

L7 规则：雪地规则，按"雪花"键后，进入该规则，变速器 ECU 控制变速器用 2 档起步，防止车轮打滑，适用低附着系数路面。

L8 规则：低温保护规则，油温小于 14℃时，进入该规则，禁止变矩器锁止。

L9 规则：防污染规则，油温在 15~30℃时进入该规则，提高怠速防止污染。

L10 规则：高温保护规则，油温大于 118℃时，进入该规则，控制变矩器锁止。

L11 规则：正常手动换档（注：M＋或 M－）规则。

L12 规则：高温手动换档规则。

2）控制程序。变速器 ECU 有三个控制程序，即经济、运动和雪地程序。

经济程序：油温大于 30℃小于 118℃，不按变速杆面板上的任何键，变速器 ECU 自动选择经济程序，根据驾驶人的风格、车辆载荷、路面情况在 L1~L6 中自动选择一条换档规则，来控制变速器换档。

运动程序：按下"S"键，变速器 ECU 进入运动程序，优先选择 L3 规则，再按"S"键则取消。

雪地程序：按下"雪花"键，变速器 ECU 进入雪地程序，优先选择 L7 规则。

3）发动机制动功能。快速松开加速踏板时，变速器保持在原档位或降一档，充分利用发动机制动。

4）降档功能。变速器 ECU 根据车速、节气门位置、路况自动控制降档。平稳、彻底放松加速踏板时，可以跳减档；快速松开加速踏板时，则固定在目前档位，或顺序降一个档；踩制动踏板时，提前降档，充分利用发动机制动。

5）变矩器的锁止与分离。根据车速、节气门位置、发动机转速与输入转速的差值、换档规则决定变矩器是否锁止。变矩器锁止后可避免泵轮与涡轮打滑，降低油温、油耗，获得发动机制动。

6）换档减小转矩。变速器 ECU 与发动机 ECU 通过 CAN 高速网相互联系，换档时变速器 ECU 发出换档申请后，发动机 ECU 减小点火提前角以降低转矩，提高变速器换档的舒适性。

7）自动变速器的保护。

① 倒档保护：当前进车速低于 15km/h 时，进入倒档（D→R）车辆会立即停止而转入后退；大于 15km/h 时，组合仪表上显示"N"并闪烁，车辆向前空档滑行，倒档灯亮；当车速降低至规定值时，变速器才进入倒档。

② 操作保护：当车速大于换档极限车速时，从 D→3、3→1、2、2→1 换档时，变速器 ECU 先保持在原档位，延时后再换档。当发动机转速高于某一转速时，变速器 ECU 禁止 N→D 或 N→R，经过减速和延时后，才能进入相应档位。

8）变速杆锁止功能。点火开关打开后，踩制动踏板，才能将变速杆从 P 位移出，挂入其他档位。

9）组合仪表上的显示。在变速器 ECU 的控制下，通过仪表板上的显示器指示变速杆的位置和选定的程序。当变速器 ECU 控制"S"和"雪花"指示灯交替闪烁时，警示驾驶人变速器电控系统运行异常。

10）"润滑油更换"功能。变速器 ECU 根据油温和高温下工作时间等参数累计变速器油损耗参数。当损耗参数超过 32958 时，组合仪表上"S"与"雪花"交替闪烁，提醒变速器油需更换。

11）诊断功能。变速器 ECU 控制传感器和电磁阀的电源，并始终监控它们的运行状况。当变速器电控系统有故障时，变速器 ECU 储存相应故障码；通过诊断 K 线与诊断工具对话，且保证变速器进入降级模式运行（此时有 3 档和倒档）。

12）升级和编码功能。

① 变速器 ECU 加注：利用诊断工具加注升级程序对变速器 ECU 的控制功能进行更新升级。

② 编码：根据车上安装的部件设定自动变速器 ECU 电控系统的硬件配置。

二、自动变速器电控系统电路识读

C5 轿车自动变速器电控系统电路如图 3-37 所示，经过分析可将自动变速器电控系统工作原理用图 3-30 所示的框图表示，对框图的说明见表 3-2。下面根据图 3-30 和图 3-37，对 C5 轿车自动变速器电控系统电路原理进行识读。

1. 电源电路

蓄电池通过导线 B02 为发动机舱控制盒 PSF1 供电；PSF1 通过导线 BM04、BM08 为智能控制盒 BSI 供电；PSF1 通过导线 BM02 为变速器 ECU 1630 和制动开关 2120 供电。接通点火开关 I 位（点火档），点火开关将点火信号通过导线 1065 传送到智能控制盒 BSI；BSI 收到点火信号后，唤醒 CAN 高速网、CAN 车身网、CAN 舒适网等车载网络进入工作状态。

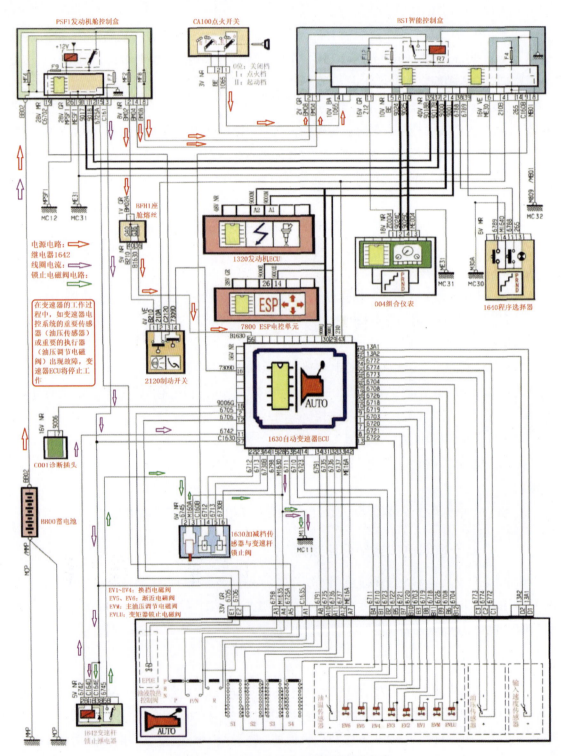

图 3-37　C5 轿车自动变速器电控系统电路

第三章 汽车自动变速器控制系统电路识读

表 3-2　C5 轿车自动变速器电控系统框图的说明

连接号	信号	信号类别	发生器/接收器	电路图中对应的导线编号
1	多功能开关信息	开关信号	多功能开关/1630	6798、6791、6735、6736、6737
2	加减档信息	霍尔信号	1603/1630	6712、6713
3	变速器油压信号	模拟信号	油压传感器/1630	6774
4	输入速度信号	模拟信号	输入速度传感器/1630	13A1、13A2
5	变速器油液散热控制信号	模拟信号	1630/EPDE	6705、6706
6	变速器油压调节控制信号	模拟信号	1630/EVM	6726
7	换档控制信号	模拟信号	1630/EV1、EV2、EV3、EV4、EV5、EV6	6718、6719、6720、6721、6722、6723
8	变矩器锁止控制信号	模拟信号	1630/EVLU	6708
9	制动开关信息	开关信号	2120/1630	7309D、210
10	制动开关信息	开关信号	2120/BSI	210B
11	程序选择信号	模拟信号	1640/BSI	6788、6789
12	点火开关信号	开关信号	CA00/BSI	1065
13	变速器电控系统的工作状况	CAN 高速网信号	1630/BSI	9000、9001
14	变速器的换档信号	CAN 高速网信号	1630/1320	9000M、9001M
15	变速器电控系统的工作状况	CAN 舒适网信号	BSI/0004	9024C、9025C
16	车速信号	CAN 高速网信号	7800/1630	9000J、9001J
17	发动机点火信号	CAN 高速网信号	1320/1630	9000J、9001J
18	对变速器 ECU 等供电指令信号	CAN 车身网信号	BSI/PSF1	9017、9018
19	蓄电池供电	模拟信号	BB00/PSF1	B02
20	对起动机的控制信号	模拟信号	PSF1/1010	100（此电路中未画出）

2. 网络供电

全车网络工作后，BSI 一方面控制内部继电器 R7 工作，通过网线 Z12 为组合仪表 0004 提供 +CAN 供电，一方面通过 CAN 车身网线 9017、9018 通知发动机舱控制盒 PSF1 为电控单元和用电器供电；PSF1 收到 BSI 的指令后控制内部继电器 R6 等工作，通过导线 C161、C6702 分别为变速器 ECU 1630、变速杆锁止继电器 1642、制动开关 2120 供电，同时 BSI 通过导线 C160B 为加减档传感器 1603 供电。

3. 电磁阀控制

各电控单元得到供电后，立即控制各电控系统的传感器、执行器进入工作状态。在汽车行驶和自动变速器的工作中，变速器 ECU 通过多功能开关检测变速器的档位，通过制动开关 2120 检测制动信号，通过输入速度传感器检测变速器的输入速度，通过 CAN 高速网分别检测 ESP 电控单元 7800 传递的车速信号（把该信号作为变速器输出速度信号）和智能控制盒 BSI 传递的程序选择器信号，通过油压传感器检测变速器油液的压力。变速器 ECU 根据各传感器的信号，控制换档电磁阀 EV1~EV4 工作，实现前进档 D1 → D2 → D3 → D4 之间的自动切换；控制渐近电磁阀 EV5、EV6 配合换档电磁阀工作，减小换档冲击，改善换档质量；控制油压调节电磁阀 EVM 工作，不断对变速器油液压力进行调整，以满足变速器换档、变矩器锁止、行星齿轮机构润滑等需求；控制变矩器锁止电磁阀 EVLU 工作，在油液温度高、涡轮转速达到泵轮转速的 85% 以上等情况时，锁止泵轮和涡轮，以免涡轮搅动油液，使油液温度进一步提高，或提高变矩器的传动效率，在油液温度低、车辆起步、变速器换档等情况时，禁止锁止泵轮和涡轮，以便提高油温，或减小车辆起步或换档时的冲击；控制油液散热控制阀工作，把变速器油液温度控制在正常范围之内。

4. 网络信息传输

发动机 ECU 1320 和变速器 ECU 1630 通过 CAN 高速网传递信息，当变速器 ECU 控制换档时，发动机 ECU 将控制减小点火提前角，以改善换档质量。变速器 ECU、智能控制盒（BSI）、组合仪表通过车载网络传递信息；在变速器的工作过程中，组合仪表上显示有变速器的档位；当驾驶人按下变速杆面板上的"S"与"雪花"键或自动变速器电控系统有故障时，组合仪表上也有相应的显示。

5. 变速器控制

变速器挂 P 或 N 位时，多功能开关中的 P/N 触点将 A4 脚的搭铁信号传递给 A5 脚，A5 脚的导线 6725A 将该搭铁信号（表示变速器挂 P 或 N 位的信号）传递给发动机舱控制盒 PSF1，PSF1 收到该信号后，通过导线 100 控制起动机起动发动机（导线 100 电路图中未画出）。在车辆起步时，将点火开关旋到点火档并踩下制动踏板，变速器 ECU 1630 才控制变速杆锁止继电器 1642 通电工作。继电器 1642 线圈的电流走向为蓄电池 + →导线 BB02 → PSF1 内 R6 继电器触点→ F7 熔丝→导线 C161-C164D →继电器 1642 的线圈→导线 6742 →变速器 ECU 的 11 脚、28 脚→搭铁。继电器 1642 线圈通电工作后，其触点闭合，为变速杆锁止电磁阀供电，其电流走向为蓄电池 + →导线 BB02 → PSF1 内 R6 继电器触点→ F7 熔丝→导线 C161-C164E →继电器 1642 的触点→导线 6745 →变速杆锁止电磁阀→导线 M160A-M11 →搭铁。变速杆电磁阀通电后，变速杆才能从 P 位移出挂入其他档位。

在变速器的工作过程中，如果变速器电控系统的重要传感器（油压传感器）或重要的执行器（油压调节电磁阀）出现故障，变速器 ECU 将停止工作。变速器进入强制 3 档，由手动阀控制 3 档和倒档的工作油路，以使有故障的变速器"跛行"回家修理，同时组合仪表上的"S"或"雪花"字符交替闪烁，以警示驾驶人变速器有故障。

第四章 汽车制动控制系统电路识读

第一节 起亚 K5 电控制动系统电路识读

一、ABS 控制系统的组成

ABS 通常由输入信号元件、电控单元 ECU 和输出执行元件等组成。各组成部分主要元器件及功能见表 4-1。

二、ABS 部件组成

ABS 是制动时防止车轮抱死的装置。突然制动或不良路面状态下发生车轮抱死时,车辆可能失控且制动距离增加。ABS 是安全装置,防止车轮提前抱死,维持最佳滑动量,减少发生意外事故。ABS 能有效减少制动距离,正常路面为 10%～15%,湿滑路面为 25%～40%。当 ABS 相对于抱死状态,滑动量为 10%～15% 时,车轮制动能力最佳。该系统应用 4 传感器、4 通道系统输入和处理 4 个轮速传感器信号。

表 4-1 各组成部分主要元器件及功能

组成	主要元器件		组成、功用与工作原理
信号输入装置	轮速传感器	霍尔式	由传感头和齿圈组成,传感头由永磁体、极轴、感应线圈组成
		电磁式	由传感头和齿圈组成,传感头由永磁体、霍尔元件和电子电路等组成
	压力开关		压力开关装在储能器上,作用是监测储能器中的压力,向电控单元输入压力信号,从而控制液压泵电动机
	汽车制动开关信号		用于给电控单元提供制动信号,提示电控单元准备工作
	横向加速度开关信号		部分车型有此装置,用于检测汽车横向运动情况,如跑偏、侧滑等
	减速度传感器		用于向电控单元提供制动强度信号,以调节制动力
控制系统	控制单元		接收传感器信号,计算、输出指令给执行器
执行器	制动压力调节器		在接受了电控单元的信号后,通过操纵液压系统中的电磁阀式电动机来调节制动轮缸的液压
	继电器		电控单元向继电器发出信号,而继电器则接通电源与 ABS 电磁阀及电动机的电源电路
	ABS 警告灯		显示系统工作情况,提醒驾驶人员系统可能出现的故障

1. 轮速传感器

ABS 控制模块接收 4 个轮速传感器的轮速信号,接收轮速传感器的电流信号并转换为电压信号。此外,ABS 控制模块检查导线和传感器和周围电路是否出现故障。当一个以上轮速传感器故障时,停止 ABS 的工作。

2. 制动灯开关

制动灯开关向 ESP 控制模块传送信号。开关为双控开关(制动灯开关信号 A 和 B)。这两个信号根据制动踏板的操作,发送相反信号数值。如果踩下制动踏板,制动灯开关 A 发送电源电压数值,而制动灯开关 B 发送 0V 数值。如果不踩下制动踏板,输出相反。

3. ESS(紧急制动信号)继电器

在紧急制动时,IPS 控制模块接收信号并控制 ESS 继电器,通过闪烁制动灯,向后方车辆的驾驶人发送危险信号的功能。

4. 电磁阀

当电磁阀线圈的一端连接阀继电器提供的(+)电压,另一端连接半导体电路搭铁时,电磁阀工作。在正常工作状态下,始终通过占空比控制,对电磁阀进行诊断,检查电磁阀的功能。

5. ABS 警告灯

如果点火开关在 ON 位置，警告灯亮，并在系统正常工作时约 3s 后熄灭。如果行驶时，ABS 警告灯持续亮，或点火开关转至 ON 位置时不亮，表明 ABS 故障。

6. 驻车制动警告灯

当应用驻车制动，或者储液罐内的制动液位低时，警告灯亮。在释放驻车制动状态下，在点火开关置于 ON 或 ST 位置时警告灯亮约 3s 后熄灭。如果在发动机起动，释放驻车制动时，警告灯不熄灭，检查制动液量，按需要进行补充。

三、ABS 电路识读

2011 款起亚 K5 ABS 电路如图 4-1~图 4-3 所示。

1. 供电电路

1）当点火开关位于 ON 或 START 位置时，ABS 供电电路为：蓄电池电源通过 10A 熔丝 ABS3 向 ABS 控制模块 E02 的 29# 供电，另外还给制动灯开关和 ESS 继电器供电（图 4-2）；还有一路通过 7.5A 熔丝 MODULE1 向仪表板 M08 的 29# 为指示灯供电（图 4-1）。

2）蓄电池常电还通过 40A 熔丝 ABS1 和 30A 熔丝 ABS2 分别向 ABS 控制模块 E02 的 1# 和 25# 供电（图 4-3）。

3）ABS 控制模块 E02 的 38# 和 13# 为搭铁端子（图 4-3）。

2. 信号输入电路

ABS 的信号输入元件主要包括轮速传感器、制动开关、驻车制动/制动液面开关（制动油量传感器）和电动机/电磁阀的监控电路。

1）轮速传感器。2011 起亚 K5 有前左、前右、后左、后右 4 个轮速传感器，其电路如图 4-4 所示。以前左轮速传感器为例，E13 的 1# 为传感器电源信号端子，线束端接 ABS 控制模块 E02 的 18#；E13 的 2# 为传感器输出信号端子，线束端接 ABS 控制模块 E02 的 31#。当车轮转动时 E13 的 2# 会输出一个周期变化的频率电压，轮速发生变化时，感应电动势的频率也变化。ABS 控制模块通过检测感应电动势的频率来检测车轮转速。ABS 控制模块还会把检测到的轮速信号通过 E02 的 28# 输送给发动机 PCM 模块 CHG-K 的 40# 进行参考，PCM 可以通过对发动机转矩和转速的控制与制动系统相配合共同完成车辆制动。当转速信号不正常时，可检查轮速传感器。检查传感器连接端子 1-2 间的电阻，其阻值在 20℃时前轮速传感器应为 1.4~1.8kΩ 范围内，后轮速传感器应低于 2.2kΩ。检查插接器端子 1 与搭铁、2 与搭铁间电阻，其阻值应不小于 10kΩ，否则应更换轮速传感器。同时，在检测时，应注意传感器周围零件的安装情况，并仔细观测传感器头部及传感器转子等。传感器头部应无刮痕或异物，转子齿面应无刮痕、缺齿或异物，否则应清洁或修理。

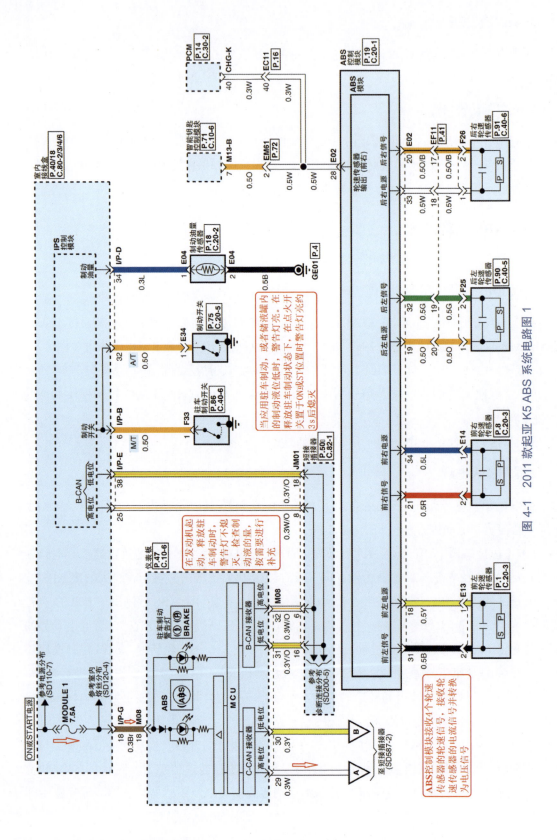

图 4-1 2011 款起亚 K5 ABS 系统电路图 1

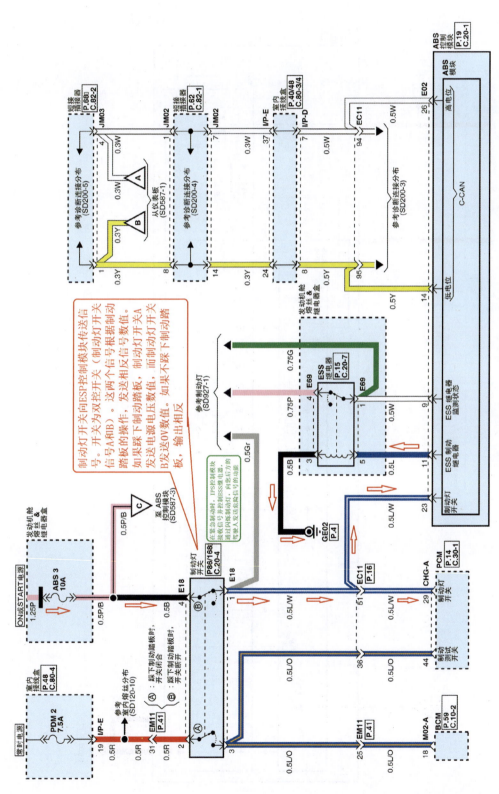

图 4-2 2011 款起亚 K5 ABS 系统电路图 2

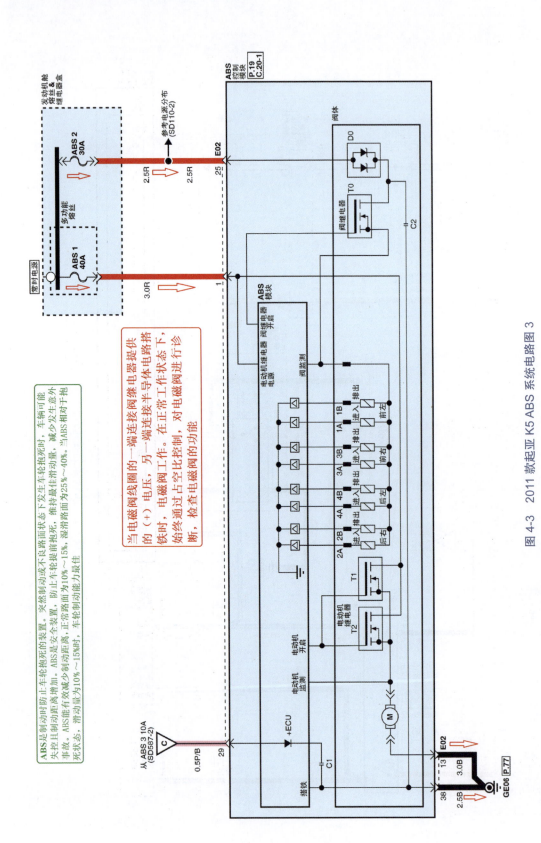

图 4-3 2011 款起亚 K5 ABS 系统电路图 3

第四章 汽车制动控制系统电路识读

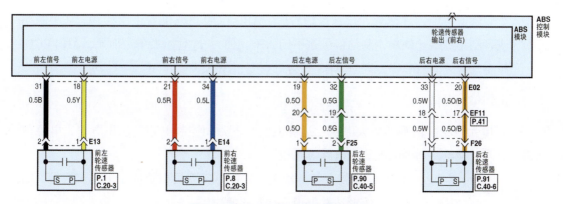

图 4-4 起亚 K5 轮速传感器电路图

2）制动油量传感器。驻车制动开关和制动油量传感器产生同一个信号。当拉起驻车制动或制动液不足时，仪表板上的驻车制动指示灯点亮，同时这个信号送到 ABS ECU。如果该信号持续一定的时间，ABS ECU 将控制 ABS 失效。ECU 停止工作的同时点亮黄色的 ABS 故障警告灯。在这种情况下，红色故障灯比黄色故障灯先亮。其电路如图 4-5 所示。

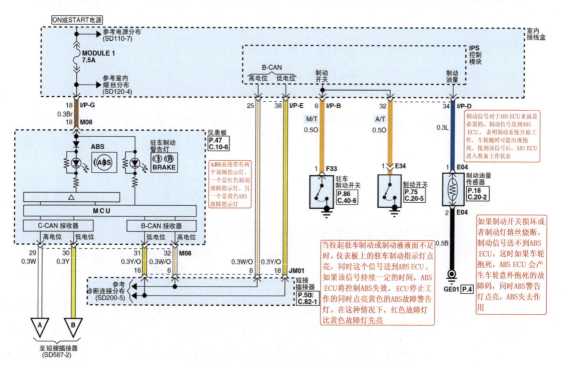

图 4-5 制动油量传感器及制动开关/驻车制动开关电路

3）制动开关。它装在制动踏板上部，踩下制动踏板时，制动开关导通，给制动灯送电，制动灯点亮，同时将制动信号送到 ABS ECU 以及智能钥匙模块、BCM 模块和发动机 PCM 模块。

制动信号对于 ABS ECU 来说是必需的。制动信号送到 ABS ECU，表明制动系统开始工作，车轮随时可能出现抱死，接到该信号后，ABS ECU 进入准备工作状态。如果制动开关损坏或者制动灯熔丝烧断，制动信号送不到 ABS ECU，这时如果车轮抱死，ABS ECU 会产生车轮意外抱死的故障码，同时 ABS 警告灯点亮，ABS 失去作用。

3. 电控单元电路

电控单元由轮速传感器放大电路、运算电路、电磁阀控制电路、稳压电路、电源监控电路、故障反馈电路和继电器驱动电路等组成。

1）轮速传感器放大电路。安装在各车轮上的轮速传感器根据轮速输出交流信号，输入放大电路，将交流信号放大成矩形波并整形后送往运算电路。

2）运算电路。运算电路主要进行车轮线速度、初始速度、滑移率、加减速度的运算，以及电磁阀的开启控制运算和监控运算。

3）电磁阀控制电路。接受来自运算电路的减压、保压或增压信号，控制电磁阀的电流。

4）稳压电路、电源监控电路、故障反馈电路和继电器驱动电路。在蓄电池供给电控单元内部所用 5V 稳压电压的同时，上述电路监控着 12V 和 5V 电压是否在规定范围内，并对轮速传感器信号输入放大电路、运算电路和电磁阀控制电路的故障信号进行监视，控制着电动机继电器和电磁阀。出现故障信号时，关闭电磁阀，停止 ABS 工作，返回常规制动状态，同时仪表板上的 ABS 警告灯点亮，让驾驶人知道有异常情况发生。

5）安全保护电路。电控单元保护电路具有故障状态外部显示功能。系统发生故障时，点亮仪表板上的 ABS 警告灯，提示整个系统处于故障状态；同时停止 ABS 工作，恢复常规制动状态。

4. 执行器电路

输出执行元件主要有故障指示灯、电动机、电磁阀等。

1）故障指示灯。ABS 系统带有两个故障指示灯，一个是红色制动故障指示灯，另一个是黄色 ABS 故障指示灯。

两个故障指示灯正常闪亮的情况如下：当点火开关打开时，红色制动灯与黄色 ABS 灯几乎同时亮，制动灯亮的时间较短，ABS 灯亮的会长一些（约 3s）；起动汽车发动机后，蓄压器要建立系统压力，此时两灯泡会再亮一次，时间可达十几秒甚至几十秒。红色制动灯在停车驻车制动时也应亮。如果在上述情况下灯不亮，说明故障指示灯本身及线路有故障。黄色 ABS 故障指示灯常亮，说明电控单元发现 ABS 系统中有问题，要及时检修。

2）电动机。ABS 泵电动机是一个高压泵，它可以在短时间内将制动液加压到 14～18MPa，并给整个液压系统提供高压制动液。

3）电磁阀。ABS 电磁阀有三位电磁阀和两位电磁阀两种。电磁阀是由 ABS 控制单元

第四章 汽车制动控制系统电路识读

通过控制流过电磁阀线圈电流的大小来工作的。随着汽车的发展，在 ABS 的基础上设置了一套更加完备的系统，即带汽车行驶电子稳定控制系统（ESP）的 ABS 系统。

四、带 ESP 的 ABS

ESP 综合了 ABS 和 ASR 两大系统，功能更为强大，ESP 可以使车辆在各种状况下保持最佳的稳定性，尤其在转向过度或转向不足的情形下效果更加明显。

ESP 可以实时监控汽车行驶状态，必要时可自动向一个或多个车轮施加制动力，以保持车辆在正常的车道上行驶，而且它还可以主动调控发动机的转速并可调整每个轮子的驱动力和制动力，以修正汽车的过度转向和转向不足。ESP 还有一个实时警告功能，当驾驶人操作不当和路面异常时，它会用警告灯警示驾驶人。在 ABS 及 ASR 的共同作用下，ESP 最大限度地保证汽车不跑偏、不甩尾、不侧翻。2011 款起亚 K5 汽车电子稳定控制系统电路如图 4-6 ~ 图 4-9 所示。该电路与不带 ESP 的 ABS 电路相比，主要区别在于多了一个转向角度传感器、一个横摆速率传感器。

1. 供电电路

1）当点火开关位于 ON 或 STAR 位置时系统供电电路如下：

① 通过 7.5A 熔丝 MODULE1 向仪表板 M08 的 18# 指示灯供电，如图 4-6 所示。

② 通过 10A 熔丝 MDPS 向 ESP OFF 开关 M07 的 2# 供电，ESP OFF 开关接通后，向 ESP 控制模块 E03 的 10# 供电，如图 4-7 所示。

③ 通过 10A 熔丝 MDPS 向横摆率传感器 M42 的 3# 和转向盘转角速度传感器 M55 的 2# 供电。M42 的 4# 和 M55 的 1# 分别为横摆率传感器和转向盘转角速度传感器的搭铁端子，如图 4-7、图 4-9 所示。

④ 通过 10A 熔丝 ABS3 向 ESP 模块 E03 的 7# 供电。E03 的 38# 和 13# 为 ESP 控制模块的搭铁端子，如图 4-8、图 4-9 所示。

2）常时电源的电路如下：

① 永久性通过 7.5A 熔丝 PDM2 向制动灯开关 E18 的 2# 供电，如图 4-8 所示。

② 永久性通过 15A 熔丝 STOP 向制动灯继电器 M35 的 5# 和 HAC 继电器 E70 的 2# 供电，如图 4-8 所示。

③ 永久性通过 40A 熔丝 ABS1 向 ESP 控制模块 E03 的 1# 供电，如图 4-9 所示。

2. 信号输入电路

1）轮速传感器。如图 4-6 所示，电控单元 ESP 控制模块 E03 的 18# 和 31# 为前左轮速传感器输入；E03 的 21# 和 34# 为前右轮速传感器输入；E03 的 19# 和 32# 为后左轮速传感器输入；E03 的 20# 和 33# 为后右轮速传感器输入。

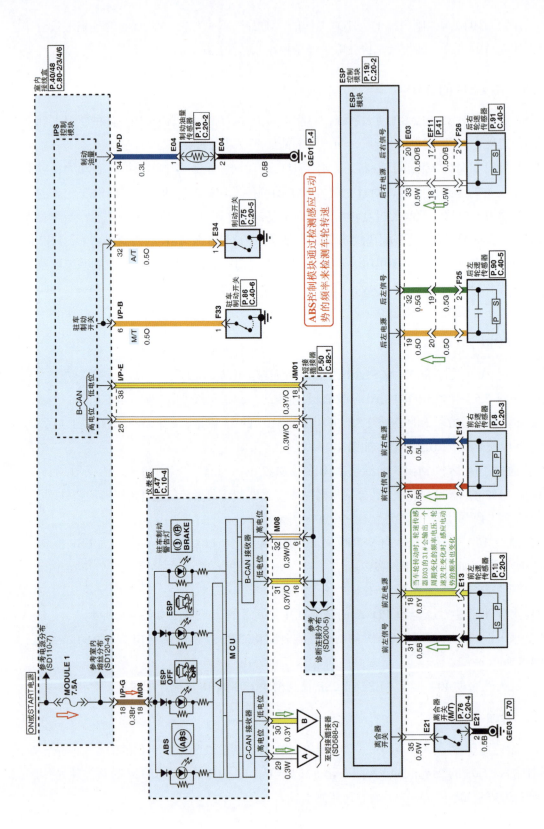

图 4-6 电子稳定控制系统电路图 1

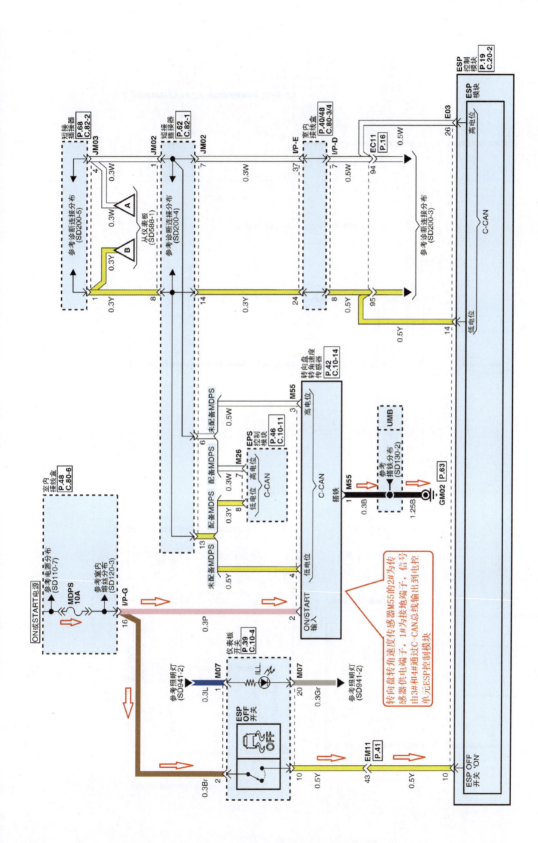

图 4-7 电子稳定控制系统电路图 2

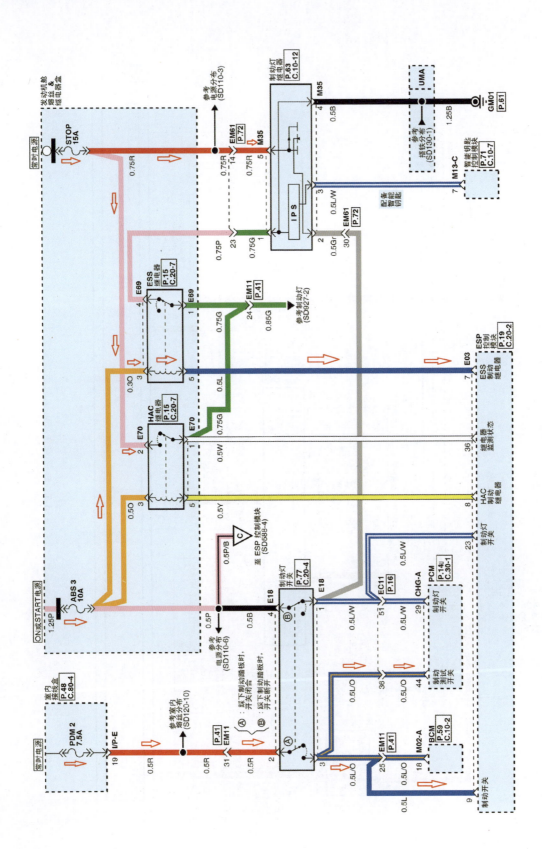

图 4-8 电子稳定控制系统电路图 3

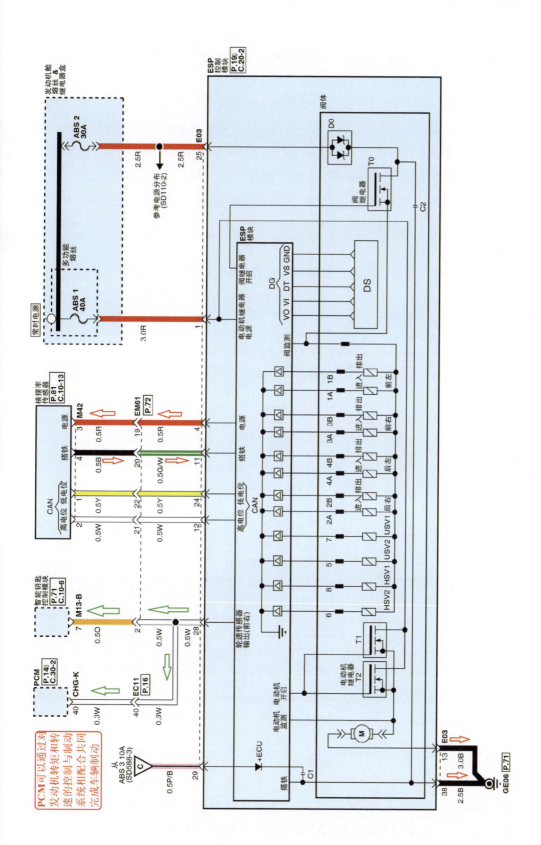

图 4-9 电子稳定控制系统电路图 4

以前左轮速传感器为例，当车轮转动时 E03 的 31# 会输出一个周期变化的频率电压，轮速发生变化时，感应电动势的频率也变化。ABS 控制模块通过检测感应电动势的频率来检测车轮转速。ABS 控制模块还会把检测到的轮速信号通过 E03 的 28# 输送给发动机 PCM 模块 CHG-K 的 40# 进行参考（15d），PCM 可以通过对发动机转矩和转速的控制与制动系统相配合共同完成车辆制动。当转速信号不正常时，可检查轮速传感器。检查传感器连接端子 1-2 间的电阻，其阻值在 20℃时前轮速传感器应为 1.4～1.8kΩ 范围内，后轮速传感器应低于 2.2kΩ。检查插接器端子 1 与搭铁、2 与搭铁间电阻，其阻值应不小于 10kΩ，否则应更换轮速传感器。同时，在检测时，应注意传感器周围零件的安装情况，并仔细观测传感器头部及传感器转子等。传感器头部应无刮痕或异物，转子齿面应无刮痕、缺齿或异物，否则应清洁或修理。

2）转向盘转角速度传感器。转向盘转角速度传感器 M55 的 2# 为传感器供电端子，1# 为接地端子，信号由 3# 和 4# 通过 C-CAN 总线输出到电控单元 ESP 控制模块，如图 4-7 所示。转向盘转角速度传感器的一般规格见表 4-2。

表 4-2 转向盘转角速度传感器的一般规格

电源电压 /V	额定电压 /V	测量范围		分辨率	
		角度 /（°）	速率 /（°）/s	角度 /（°）	速率 /（°）/s
8～16	12	-780～-779.9	0～1016	0.1	4

3）横摆率传感器。横摆率传感器 M42 的 3# 为传感器供电端子，M42 的 4# 为接地端子，信号由 M42 的 1# 和 2# 通过 C-CAN 总线输出到电控单元 ESP 控制模块。横摆率传感器一般规格见表 4-3。

表 4-3 横摆率传感器一般规格

工作温度 /℃	电源电压 /V	额定电压 /V	12V 时电流消耗 /mA
-40～85	8～16	12	80

4）ESP OFF 开关。电控单元 ESP 插接器 E03 的 10# 为 ESP OFF 开关信号输入，如图 4-6 所示。ESP OFF 开关位置如图 4-10 所示。

3. 信号输出电路

1）电控单元 ESP 插接器 E03 的 28# 输出车轮转速信号到 PCM 控制模块插接器 CHG-K 的 40#，如图 4-9 所示。

2）电控单元 ESP 控制模块通过 CAN 总线输出制动灯信号到仪表板插接器 M08 的 29# 和 30#，如图 4-6 所示。起亚 K5 仪表及 ESP OFF 指示灯如图 4-11 所示。

图 4-10　ESP OFF 开关位置图　　　　图 4-11　起亚 K5 仪表及 ESP OFF 指示灯

第二节　东风雪铁龙 C5 ESP 电控系统电路识读

一、ESP 电控系统作用和组成

1. ESP 电控系统的含义和作用

ESP（Electronic Stability Program）电控系统的主要作用是在汽车行驶过程中，保持车辆的稳定。如图 4-12 所示，一辆行驶在盘山公路上的汽车，公路左侧是山石耸立的绝壁，公路右边是万丈悬崖，驾驶人希望驾驶车辆沿公路中心线行驶；而有时由于车辆的惯性或道路湿滑等各种原因，车辆的实际行驶轨迹与驾驶人的意愿不一致，出现转向不足或转向过度等使车辆不稳定的现象。ESP 电控系统在汽车行驶过程中，用转向角度传感器检测驾驶人的意愿（驾驶人的意愿主要反映在转向盘上，因车辆无论出现转向不足或转向过度使车辆出现不稳定时，驾驶人一定会通过操作转向盘对车辆的行驶轨迹进行纠正，力图使车辆稳定行驶），用偏航率传感器来检测车辆实际运行轨迹，当驾驶人的意愿与车辆的运行轨迹不一致时，ESP 电控单元就发出对车辆进行调整的指令，调整的目的是使车辆稳定行驶，这就是 ESP 电控系统的主要作用。

ESP 电控系统具有防止制动时车轮抱死、防止驱动轮打滑、控制发动机的牵引力、电子制动力分配（根据车轮的载荷分配制动力）等多项安全性能，它是 ABS（防抱死制动系统）的升级版，是控制汽车安全行驶的又一个里程碑。因此，ESP 电控系统能在车辆出现不稳定行驶时，主动对车辆进行调整，使车辆脱离危险环境，保持稳定安全行驶。

2. ESP 电控系统的组成

ESP 电控系统在汽车上的位置如图 4-13 所示，主要由 ESP 总成（包括 ESP 电控单元和

ESP液压单元)、转向角度传感器、偏航率传感器、4个轮速传感器、发动机ECU、电子节气门、制动液面传感器、制动开关、组合仪表等组成。

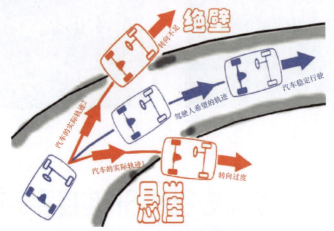

图4-12 驾驶人意愿与车辆实际轨迹示意图

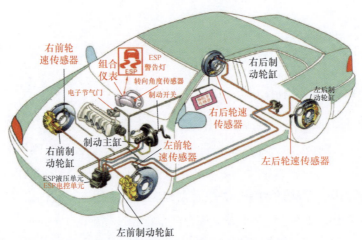

图4-13 ESP电控系统在汽车上的位置

二、ESP电控系统主要元件作用与原理

1. ESP总成

ESP总成的外形和分解图如图4-14和图4-15所示。ESP总成的主要作用是根据传感器的信号，控制4个车轮制动轮缸制动力的大小，并与其他电控单元配合，实现对车辆稳定性的控制。ESP总成主要由液压单元和电控系统两部分组成，液压单元主要包括液压泵、两个蓄压器（一个蓄压器为左前和右后制动轮缸蓄压，一个蓄压器为右前和左后制动轮缸蓄压）、液压泵电动机、制动压力传感器等。ESP液压单元内的液压控制原理如图4-16所示，ESP液压单元可根据ESP电控单元的指令，对每一个车轮增加制动压力、保持制动压力和减小制动压力的控制，使车辆在缩短制动距离的同时，可操控转向，避免侧滑、甩尾等。

第四章　汽车制动控制系统电路识读

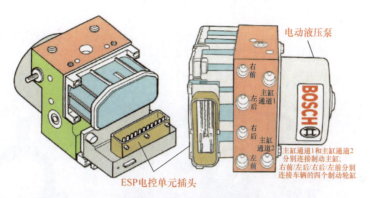

图 4-14　ESP 总成的外形

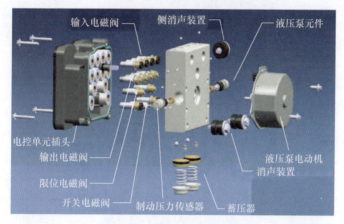

图 4-15　ESP 总成的分解图

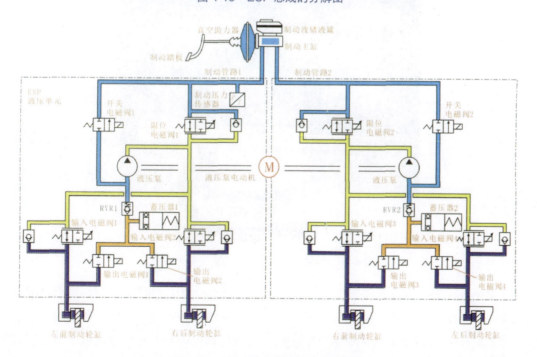

图 4-16　ESP 系统液压控制原理简图

2. 转向角度传感器

如图 4-17 所示，转向角度传感器安装在转向盘下方，为霍尔式传感器。它与转向盘下转换模块配合，向 ESP 电控单元提供转向盘的转动方向、转动角度、转向速度等信号。

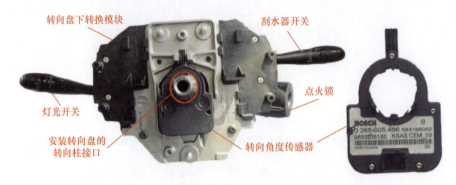

图 4-17 转向角度传感器的安装位置和外形

3. 偏航率传感器

偏航率传感器又称为陀螺仪，它安装在驻车制动手柄附近的汽车中轴线上，如图 4-18 所示。ESP 电控单元主要用它检测车辆的偏摆速度和横向加速度，计算车辆的实际运行轨迹。

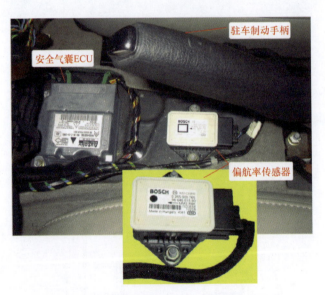

图 4-18 偏航率传感器的安装位置和外形

偏航率传感器为电容式传感器，其工作原理的说明如图 4-19 所示，当汽车行驶时，传感器随车身发生纵向和横向偏摆，电容器 C1 和 C2 的值则不断变化，传感器中的处理电路将电容器 C1 和 C2 的变化转化成电压的变化，然后将该变化的电压信号通过车载网络数据线传递到 CAN 高速网上，供 ESP 电控单元、发动机电控单元、自动变速器电控单元等使用。

作为对车辆运行轨迹进行调整的依据。

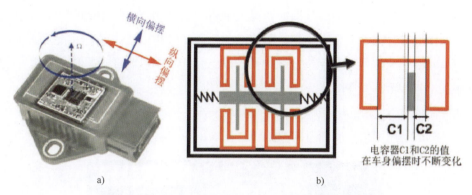

图 4-19　偏航率传感器的纵向、横向偏摆和物理模型

a）传感器随车身的纵向和横向偏摆　b）传感器的物理模型

4. 轮速传感器

ESP 系统 4 个车轮的轮速传感器都装在轮毂轴承附近，如图 4-20a 所示。传感器的内部结构如图 4-20b 所示，它们是霍尔式传感器，它们为 ESP 电控单元提供车速和轮速信号。

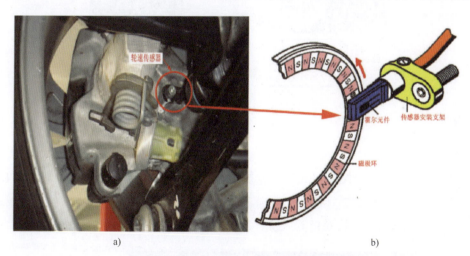

图 4-20　轮速传感器的安装位置和内部结构

a）轮速传感器的安装位置　b）轮速传感器的内部结构

5. 发动机 ECU 和电子节气门

发动机 ECU 安装在发动机舱的左侧，电子节气门安装在进气总管上，它们的外形如图 4-21 所示。发动机 ECU 在 ESP 电控系统中的主要作用是，通过电子节气门对发动机的输出转矩进行调整，以实现对车辆稳定性的控制。

图 4-21　发动机 ECU 和电子节气门的外形

6. 制动开关和制动液面开关

制动开关和制动液面开关的外形如图 4-22 所示。制动开关装在制动踏板连接杆的下方，当踩下制动踏板时，该开关触点动作，将制动信号同时传递给 ESP 电控单元和智能控制盒。ESP 电控单元根据此信号对车辆进行稳定性控制，智能控制盒将此信号传递到 CAN 高速网上，供相关电控单元进行制动灯、自动变速器档位、空调压缩机等的控制。制动液面开关装在制动液储液罐上，ESP 电控单元一方面利用该开关检测的制动液位信息进行制动压力的控制，另一方面利用网络将此信息传递给组合仪表，用于制动液位过低时报警。

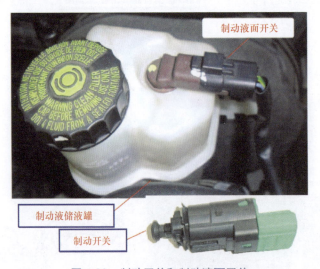

图 4-22　制动开关和制动液面开关

7. 组合仪表

在 C5 轿车上，ESP 电控单元将 ESP 电控系统的工作状况、制动液面等信息通过 CAN 高速网传递给智能控制盒 BSI，智能控制盒则通过 CAN 舒适网将这些信息传递给组合仪表，组合仪表则将这些信息显示在仪表板上，如图 4-23 所示。

图 4-23　组合仪表上显示的 ESP 电控系统信息

第四章 汽车制动控制系统电路识读

8. ESP 关闭开关

汽车起动行驶后，ESP 电控系统就被激活进入工作状态。如驾驶人不想使用 ESP 系统，可按下仪表台中部的 ESP 关闭开关，此时 ESP 开关右侧的指示灯点亮，如图 4-24 所示。

图 4-24　仪表台上的 ESP 关闭开关

9. 集控式转向盘和转向盘下转换模块

集控式转向盘和转向盘下转换模块的外形如图 4-25 所示，集控式转向盘把驾驶人的限速和巡航控制请求通过 LIN 网线传递给转向盘下转换模块 CV00，CV00 通过 CAN 车身网线将这些信号通过网络传递给 ESP 电控单元，ESP 电控单元参考限速和巡航信息对车辆进行稳定性控制。

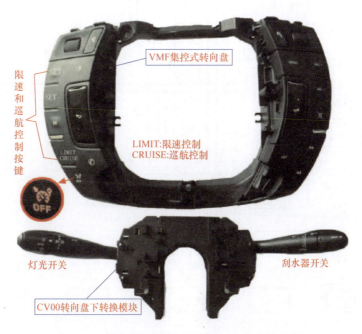

图 4-25　集控式转向盘和转向盘下转换模块的外形

三、ESP 电控系统电路识读

C5 轿车 ESP 电控系统的电路原理图如图 4-26 所示,经过对 ESP 电控系统电路原理图的分析,可将该系统的工作原理简化成图 4-27 所示的框图,对框图的说明见表 4-4。

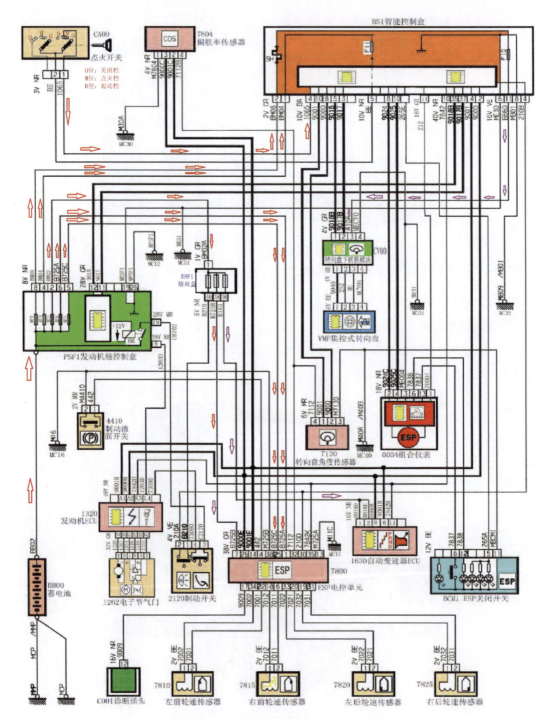

图 4-26　C5 轿车 ESP 电控系统电路原理图

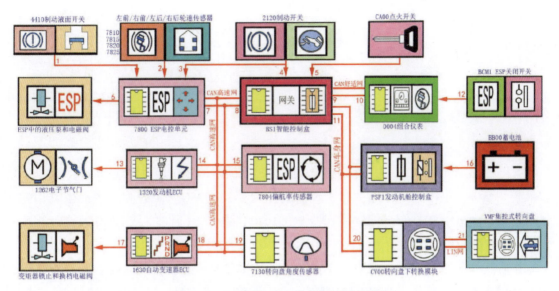

图 4-27　C5 轿车 ESP 电控系统原理框图

表 4-4　C5 轿车 ESP 电控系统原理框图的说明

连接号	信号	信号性质	发生器/接受器	电路图中对应的导线编号
1	制动液面信息	开关信号	4410/7800	442
2	4 个车轮的速度信息	模拟信号	7810、7815、7820、7825/7800	7001/7002、7011/7012、7021/7022、7031/7032
3	制动开关信息	模拟信号	2120/7800	210A、210D
4	制动开关信息	模拟信号	2120/BSI	210A、210B
5	点火开关的点火信号	开关信号	CA00/BSI	1065
6	对 ESP 总成中电磁阀和液压泵电动机的控制指令	模拟信号	7008/ESP 总成	因在 ESP 总成内部，故电路图中无对应导线
7	ESP 电控系统的工作状态	CAN 高速网信号	7800/BSI	9000E、9001E
8	关闭 ESP 电控系统的请求和限速、巡航请求信号	CAN 高速网信号	BSI/7800	9000、9001
9	ESP 电控系统的工作状态	CAN 舒适网信号	BSI/0004	9024、9025
10	关闭 ESP 电控系统的请求	CAN 舒适网信号	0004/BSI	9024C、9025C
11	对发动机 ECU 等电控单元的供电指令	CAN 车身网信号	BSI/PSF1	9017B、9018B
12	关闭 ESP 电控系统的请求	开关信号	BCM1/0004	7837
13	对电子节气门的控制指令	模拟信号	1320/1262	1220、1367
14	发动机的转速和转矩信息	CAN 高速网信号	1320/7800	9000M、9001M
15	汽车的横向和纵向加速度等信息	CAN 高速网信号	7804/7800	9000C、9001C
16	蓄电池供电	模拟信号	BB00/PSF1	BB02
17	对变矩器和换档电磁阀的控制指令	模拟信号	1630/自动变速器液压控制阀板	电路图中未画出
18	自动变速器的工作状态	CAN 高速网信号	1630/7800	9000B、9001B
19	转向盘的转向方向、转向速度、转向角度等信息	CAN 高速网信号	7130/7800	9000、9001

（续）

连接号	信号	信号性质	发生器/接受器	电路图中对应的导线编号
20	限速、巡航请求信号	CAN 车身网信号	CV00/BSI	9017B、9018B
21	限速、巡航请求信号	LIN 网信号	VMF/CV00	904

1. 电源供电

蓄电池通过导线 BB02 为发动机舱控制盒 PSF1 供电；PSF1 通过导线 BM04、BM08 为智能控制盒 BSI 供电；PSF1 通过导线 BM02、B725A、B725C 为 ESP 电控单元供电；PSF1 通过导线 BH16D、BH16E 为自动变速器 ECU1630 供电；BSI 通过导线 B860 为转向盘下转换模块 CV00 供电。

接通点火开关 M 位（点火档），点火开关将点火信号通过导线 1065 传送到智能控制盒 BSI；BSI 收到点火信号后唤醒 CAN 高速网、CAN 车身网、CAN 舒适网、LIN 网等车载网络进入工作状态。

2. 网络供电

全车网络工作后，BSI 一方面通过网线 Z12 为组合仪表 0004 提供 +CAN 供电，一方面通过 CAN 车身网线 9017B、9018B 通知发动机舱控制盒 PSF1 为电控单元和用电器供电；PSF1 收到 BSI 的指令后，控制内部继电器 R1（图中未画出）、R6 等工作，分别通过导线 1203D 和 C6702 为发动机电控单元 1320 和制动开关 2120 供电；全车网络工作后，CV00 通过导线 BE 为集控式转向盘 VMF 供电；ESP 电控单元通过导线 7112 和 7112B 为转向盘角度传感器 7130 和偏航率传感器 7804 供电。

3. 全车用电器正常工作

各电控单元得到供电后，立即控制各电控系统的传感器、执行器进入工作状态；汽车行驶时，ESP 电控单元主要通过转向盘角度传感器 7130、制动开关 2120、制动压力传感器（在 ESP 总成内）、加速踏板位置传感器以及自动变速器的档位、限速和巡航控制按键等检测驾驶人的意愿，通过偏航率传感器 780 以及四个车轮的轮速传感器 7810、7815、7820、7825 等检测车辆的行驶轨迹；当 ESP 电控单元检测到驾驶人的意愿与汽车的行驶轨迹不一致时，首先计算对车辆进行调整修正的参数，然后通过 CAN 高速网 9000、9001 向发动机 ECU 和自动变速器 ECU 发出修正指令，同时通过控制 ESP 液压单元内的电磁阀和液压电动泵对 4 个制动轮缸的制动压力进行合理分配和调整。

发动机 ECU 获得 ESP 电控单元的修正指令后，通过对电子节气门、喷油器、点火线圈等的控制，调整发动机的输出转矩，修正巡航和限速的控制参数；自动变速器 ECU 获得 ESP 电控单元的修正指令后，通过控制变矩器锁止电磁阀和换档电磁阀，调整变矩器的工作状态和变速器的换档策略；发动机 ECU 和自动变速器 ECU 参与调整的目的是与 ESP 电控单元协调配合，共同完成对车辆行驶稳定性的控制。车辆稳定性控制工作的过程如图 4-28 所示。

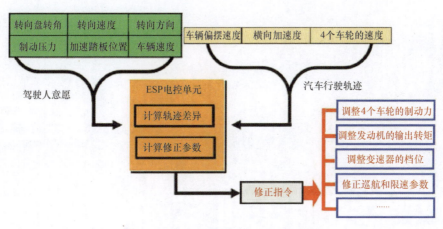

图 4-28　车辆稳定性控制工作过程简图

接通点火开关，ESP 警告灯点亮，同时 ESP 电控系统进行自检，如自检过程中没有发现故障，ESP 警告灯熄灭；如在自检或在 ESP 电控系统工作过程中，发现 ESP 电控系统有故障，ESP 警告灯点亮，同时组合仪表上提示"ESP/ASR 系统故障"。

有些驾驶人为了使车辆获得类似赛车动态漂移的性能，可通过按键 BCM1 关闭 ESP 电控系统，此时 ESP 关闭开关 BCM1 将停用 ESP 电控系统的信号，通过导线 7837 传递到组合仪表 0004，组合仪表则通过网络将此信号传递给智能控制盒 BSI 和 ESP 电控单元。ESP 电控单元停止工作后，车辆失去 ESP 电控系统的各项功能。

第五章

汽车空调控制系统电路识读

第一节 丰田汽车空调系统电路识读

一、丰田凯美瑞空调电路识读

在识读汽车空调系统电路时，可以把汽车空调系统电路分为三部分，即信号输入装置、空调控制单元、执行器。凯美瑞自动空调系统电路如图5-1所示，传感器采集环境温度、室内温度、蒸发器温度、太阳辐射温度等各种参数，并把这些数据送入到空调放大器，空调放大器把这些参数与给定指令加以对比处理，然后对风机转速、空气在车内的循环方式选择、温度混合门的开度、压缩机是否运转、各送风口的选择等进行控制，以保证最佳的舒适性要求。

1. 供电电路

蓄电池电压→7.5A A/C 熔丝→供电给空调放大器的 A21 脚，这是一条常电源电路，即使点火开关置于 OFF 位置时也提供电源，用于诊断故障码存储等。当点火开关置于 ON（IG

位置时，主电源电压→ 10A A/C No.2 熔丝→空调放大器的 A1 脚，此电源用于操纵空调放大器，供电给负离子发生器、空调 ECU 等。

2. 传感器 / 开关电路

1）车内温度传感器。车内温度传感器检测车内空气的温度，并发送信号至空调放大器。车内温度传感器的 1 脚接空调放大器的 A29 脚；车内温度传感器的 2 脚接空调放大器的 A34 脚。

2）环境温度传感器。环境温度传感器检测车外温度并将相应的信号送入空调放大器。环境温度传感器 1 脚接插接器 A58（A），E40（B）的 A9 脚；环境温度传感器 2 脚经插接器后接空调放大器的 A5 脚。

3）阳光传感器。在 AUTO 模式下阳光传感器用来探测阳光的强弱，当日照强度增加时，输出电压上升；当日照强度减小时，输出电压下降。空调放大器检测阳光传感器输出的电压，以此来修正混合风门的位置与鼓风机的转速。阳光传感器的 1 脚外接空调放大器的 A33 脚；阳光传感器的 2 脚外接空调放大器的 A32 脚。

4）蒸发器温度传感器。蒸发器温度传感器安装在空调装置的蒸发器上，用来检测流过蒸发器的冷却空气的温度。空调蒸发器温度传感器的两端分别接空调放大器的 B5、B6 脚。

5）空调压力传感器。空调压力传感器安装在高压侧管上，用于检测制冷剂压力，并将其以电压变化的形式输出到空调放大器上，空调放大器根据该信号，以控制压缩机。空调压力传感器的 2 脚输出传感器压力信号，接空调放大器的 A9 脚；传感器的 3 脚为供电脚，接空调放大器的 A10 脚；传感器的 1 脚为接地脚，接空调放大器的 A13 脚。

6）其他输入信号。空调放大器的 A37 脚外接空调 ECU F16，驾驶人通过调节面板上的按钮来进行各种设定，各种设置信息从 F16 的 4 脚输出。空调放大器的 A8 脚外接锁止传感器，锁止传感器用于检查离合器是否锁定。锁止传感器向空调放大器发送空调传动带轮的速度信号，空调放大器使用该信号和发动机速度信号确定电磁离合器是否锁定。

3. 执行器电路

1）电磁离合器。空调机放大器的 A20 脚外接空调压缩机继电器，通过空调压缩机继电器，控制电磁离合器的导通和截止，从而控制压缩机工作或者不工作。

电磁离合器的控制电路：经点火继电器后的电压→ 10A A/C No.2 熔丝→空调压缩机继电器→空调放大器 A20 脚，当 A20 脚输出低电平的控制信号时，空调压缩机继电器线圈得电，空调压缩机继电器开关触点闭合。

主电路：经点火继电器后的电压→ 10A A/C No.2 熔丝→空调压缩机继电器开关触点→空调压缩机的 B3 脚→电磁离合器→空调压缩机内部搭铁。此时，压缩机工作。压缩机工作时，空调放大器通过空调压力传感器检测制冷剂管路压力。当管路压力过高时，空调放大器 A20 脚输出高电平信号，使电磁离合器线圈失电，停止电磁离合器的工作，以保护压缩机不被损坏。

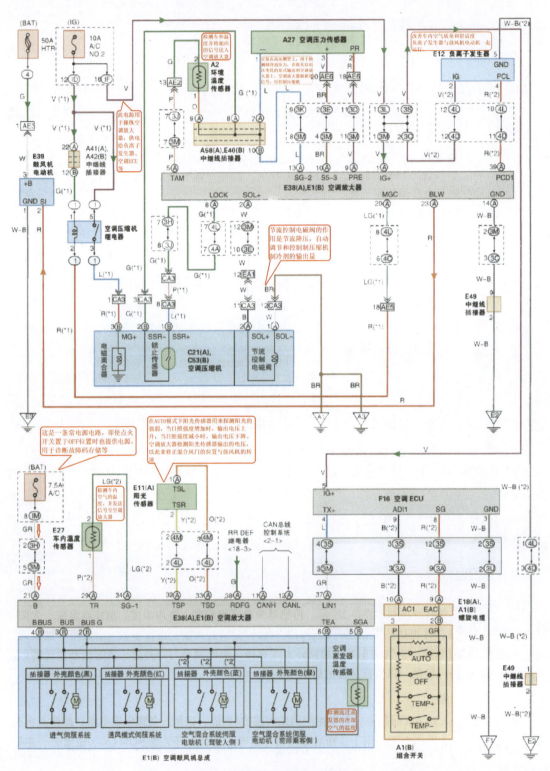

图 5-1 凯美瑞自动空调系统电路

2）节流控制电磁阀。空调放大器的 A2 脚外接节流控制电磁阀，节流控制电磁阀的作用是节流降压，自动调节和控制制压缩机制冷剂的输出量。当压缩机制冷剂排放量不足时，空调放大器的 A2 脚输出高电平信号到空调压缩机的 A2 脚，使节流控制电磁阀通电，空调压缩机排放量增大。

3）空调鼓风机总成。空调放大器从 B2、B3、B4 脚输出控制信号，分别控制空调鼓风机总成内部的空气混合伺服电动机（正转、反转），从而带动混合风门移动，调节通过蒸发器后流过加热器芯的空气流量，以控制鼓风温度；控制空调鼓风机总成内部的通风模式伺服系统内的电动机（正转、反转），将风门移至控制出风转换的任何位置，从而实现通风模式控制；控制空调鼓风机总成内部的进气伺服电动机（正转、反转），从而带动进气风门移动，实现进气控制（如新鲜空气、新鲜空气/再循环和再循环）。

空调放大器与各伺服电动机之间是通过 BUSIC 线束进行通信的，空调放大器通过空调线束向各伺服电动机供电和发送工作指令；各伺服电动机将风门位置信息告知空调放大器。

4）空调鼓风机电动机。蓄电池电压→50A HTR 熔丝→鼓风机电动机的 3 脚；鼓风机电动机的 1 脚为接地脚；鼓风机电动机的 2 脚为控制脚，接空调放大器的 A23 脚，当空调放大器输出控制信号时，鼓风机电动机运转。

5）负离子发生器。驾驶人座椅侧的侧调节器风道内部安装了负离子发生器，目的是改善车内空气质量和舒适度。负离子发生器的 2 脚为供电脚；4 脚为控制脚，接空调放大器的 A39 脚；5 脚为接地脚。负离子发生器与鼓风机电动机一起运行。

二、丰田凯美瑞空调电路检修

凯美瑞自动空调常见故障现象及故障部位见表 5-1。

表 5-1 凯美瑞自动空调常见故障现象及故障部位

故障现象	故障部位	故障现象	故障部位
空调系统的所有功能不工作	IG 电源电路	无暖风	空气混合控制伺服电动机电路（驾驶人侧和乘客侧）
	备用电源电路		蒸发器温度传感器电路
	加热器控制面板电源电路		车内温度传感器电路
	LIN 通信电路		环境温度传感器电路
	空调控制总成		空调放大器
	空调放大器	出风温度比设置温度高或低者响应慢	制冷剂量
鼓风机不工作	鼓风机电动机电路		制冷剂压力
	加热器控制面板电源电路		阳光传感器电路
	LIN 通信电路		车内温度传感器电路
	空调控制总成		环境温度传感器电路
	空调放大器		空气混合控制伺服电动机电路（驾驶人侧和乘客侧）

(续)

故障现象	故障部位	故障现象	故障部位
无冷风	制冷剂量	出风温度比设置温度高或低者响应慢	散热器单元分总成
	制冷剂压力		膨胀阀
	压力传感器电路		空调放大器
	压缩机电磁阀电路	无温度控制（只有最冷或最热）	空气混合控制伺服电动机电路（驾驶人侧和乘客侧）
	空气混合控制伺服电动机电路（驾驶人侧和乘客侧）		车内温度传感器电路
	蒸发器温度传感器电路		环境温度传感器电路
	车内温度传感器电路		蒸发器温度传感器电路
	环境温度传感器电路		阳光传感器电路
	加热器控制面板电源电路		空调控制总成
	LIN 通信电路		空调放大器
	膨胀阀	发动机怠速不能提升或持续提升	压缩机电磁线圈电路
	空调控制总成		加热器控制面板电源电路
	空调放大器		LIN 通信电路
	发动机 ECM		空调控制总成
	CAN 通信系统		空调放大器
空调器指示器闪烁	压缩机电磁线圈电路		发动机 ECM
	空调放大器		CAN 通信系统

三、故障诊断：雷克萨斯 ES240 伺服电动机无法正常工作

故障现象 一辆雷克萨斯 ES240 轿车，驾驶人反映空调的出风模式无法调节，始终停留在前风窗除雾的模式上面。

故障诊断 起动车辆，打开空调，调节空调面板的出风方向，调节至吹脸的时候，发现依旧是前风窗玻璃除雾，调节出风模式到任意位置，都无法改变其出风的方向，驾驶人反映的问题确实存在。但是按下空调面板上切换出风模式的按钮后，空调显示屏可以正常切换出风的状态，而实际上并没有真正切换。使用诊断仪进入空调系统，发现存在故障码，如图 5-2 所示。

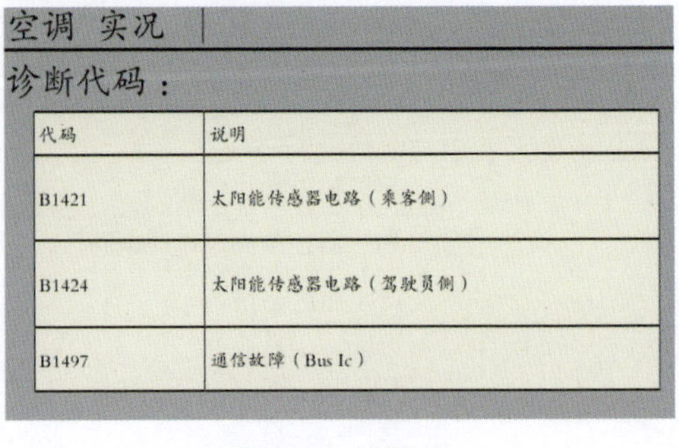

因为车辆在室内，阳光传感器并没有接收到阳光，所以会输出 B1421 和 B1424 的故障码，这个属于正常情况。重点检查故障码 B1497，通信故障。保存故障码后，尝试删除，发现无法删除，说明故障当前就存在。怀疑部位包括：①空调线束；②空调放大器；③初始化未完成；④空调放大器的电源和搭铁。

空调 实况	
诊断代码：	
代码	说明
B1421	太阳能传感器电路（乘客侧）
B1424	太阳能传感器电路（驾驶员侧）
B1497	通信故障（Bus Ic）

图 5-2 故障码

首先了解下伺服电动机的工作原理，空调线束连接空调放大器和各个伺服电动机，空调放大器通过空调线束向各个伺服电动机供电和发送工作指令，各伺服电动机将风门位置信息发送至空调放大器，从而来控制出风风向、内外循环和温度调控。想到这里，难道是所有的伺服电动机都无法工作吗？于是尝试切换内外循环，发现空调面板显示可以正常切换，但是拆下空调滤芯，发现伺服电动机并没有工作，其内外循环翻板没有任何动作，查看其温度控制的伺服电动机，也无任何动作。经检查发现确实是所有的伺服电动机都不工作，接着决定先尝试做伺服电动机的初始化，如图5-3所示。

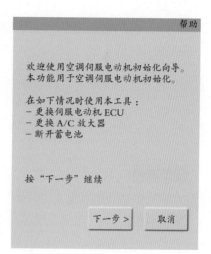

图5-3 伺服电动机初始化

在做初始化的过程中，发现伺服电动机都无任何作用，正常情况下，所有的伺服电动机会作用到初始化位置，于是决定重点检查伺服电动机的供电和搭铁是否良好。

如图5-4所示，拆下空调放大器，将插头E1拔下，测量E1的14号端子GND和搭铁的电阻，为0.2Ω，正常。接着将E1插头重新插上，测量插头Y1的2号端子BUS G与E1的14号端子GND之间的电阻，为0.2Ω，正常。接着将电源模式切换至OFF的状态，测量Y1插头的4号端子B BUS与车身搭铁的电压，为0。将电源模式切换至IG的状态，测量Y1的4号端子与搭铁的电压，为0，而正常情况下应该有12V的电源输出，所以问题还是出在伺服电动机的供电上。而该电压是空调放大器供应的，难道是空调放大器内部损坏导致？但是拆下空调放大器，取出芯片进行观察，并没有任何异常情况，考虑到伺服电动机的供电既然是空调放大器供给，那是不是有电源并没有给空调放大器供电呢？于是查询电路图（图5-5），发现空调放大器有两条供电线路，分别是IG和+B。于是拔下插头E1，测量其IG和+B电源，发现+B电源缺失。

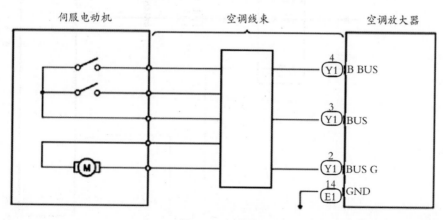

图5-4 电路图1

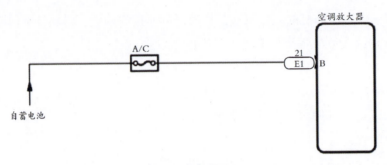

图 5-5 电路图 2

故障排除 于是查看熔丝,发现根本没有 7.5A/C 的熔丝,仔细观察发现,熔丝插错了位置,恢复熔丝的位置后(图 5-6),发现伺服电动机恢复正常,至此,故障排除。

维修总结 按照维修手册提示是需要更换空调放大器总成,但是最终的问题并不是空调放大器本身,而是缺少 +B 电源导致。从维修手册的说明来看,+B 电源是为了存储故障码,并没有提到给伺服电动机供电,而维修手册提示 IG 电源才是供给伺服电动机的工作电源,如图 5-7 所示,所以在诊断过程中忽略了 +B 电源的检查,导致在诊断过程中走了弯路。

图 5-6 熔丝位置

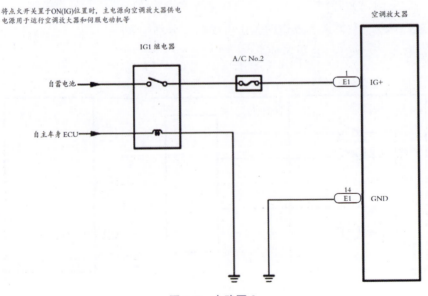

图 5-7 电路图 3

第二节 雪铁龙 C5 汽车空调系统电路识读

一、系统组成和元件作用

东风雪铁龙 C5 轿车自动空调电控系统的组成和工作原理简图如图 5-8 所示,以下对自动空调系统主要元件的作用进行详细说明。

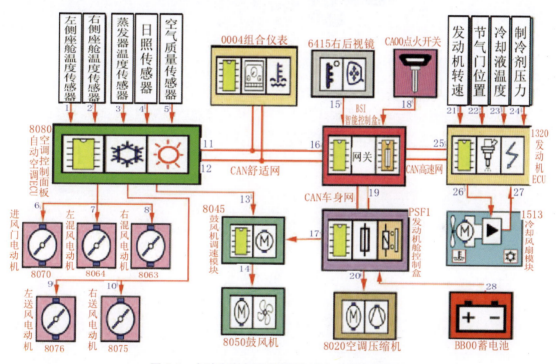

图 5-8 自动空调电控系统的组成和工作原理简图

1. 空调压缩机

C5 轿车使用的是变排量的空调压缩机,该压缩机上装有一个变排量的电磁阀,通过变排量电磁阀可改变压缩机斜盘的角度,从而改变活塞的行程,使压缩机的排量发生改变,如图 5-9 所示。与定排量的压缩机相比,变排量的压缩机可根据车内温度的高低来调节制冷剂排量的大小,使空调的舒适性更好。

2. 座舱温度传感器

C5 轿车装备的是双区自动空调,该空调总成有左、右两个座舱温度传感器,它们是负温度系数型热敏电阻。自动空调 ECU 根据这两个传感器的信号,分别控制左、右座舱(即左、右两个区)的温度。

图 5-9　变排量压缩机的外形

3. 蒸发器温度传感器

蒸发器温度传感器是负温度系数型热敏电阻。该传感器用来检测空调制冷系统工作时蒸发器的温度,当温度低于 2℃时,自动空调 ECU 将禁止压缩机工作,以防止蒸发器结霜或结冰。

4. 日照传感器

日照传感器的安装位置和外形如图 5-10 所示,它可以全方位检测到日光照射到车内的情况,传感器内的光电二极管可产生与光照强度成正比的电流。传感器有 3 个脚,1 号和 2 号脚的信号分别反映车内左侧和右侧光照情况,3 号脚为搭铁脚。自动空调 ECU 根据日照传感器提供的日照信号,对左区(左侧)和右区(右侧)的空调控制参数进行修正,使车内左侧和右侧乘员感受到的空调舒适效果基本相同。

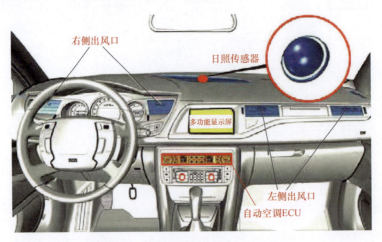

图 5-10　日照传感器的安装位置和外形

5. 空气质量传感器

空气质量传感器安装在空调总成的进风口附近，传感器有 3 个脚，1 号和 2 号脚分别接电源的正、负极，3 号脚为信号脚。传感器可在相邻的两个周期内分别检测车外空气中 NO_X 和 CO 的浓度，如图 5-11 所示。当车外空气中 NO_X 和 CO 的浓度超标时，自动空调 ECU 将通过进风门电机关闭进风门。

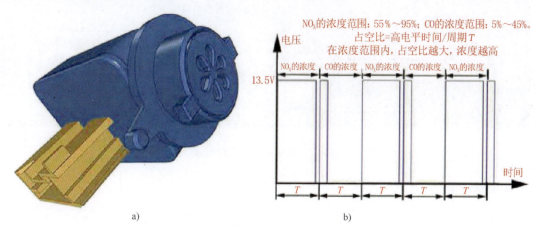

图 5-11 空气质量传感器的外形和信号

a）空气质量传感器的外形 b）空气质量传感器的信号

6. 步进电动机

C5 轿车的空调系统有 5 个步进电动机，具体包括：进风门电动机，它的作用是控制车内和车外空气的循环；左、右混风电动机，它们的作用是将暖风水箱产生的热气和蒸发器产生的冷气混合起来，以尽快达到左区和右区乘员所设定的温度；左、右送风电动机，它们的作用是分别向左侧和右侧出风口送风。自动空调 ECU 根据各传感器的信号，每发出一个脉冲信号，步进电动机就朝着指定的方向旋转一步。

7. 鼓风机调速模块和鼓风机

鼓风机为直流永磁电动机，它的作用是将车内空气吸入空调风道，同时将空调风道内经暖风水箱升温或蒸发器降温的空气经空调出风口送出，促进车内和车外空气的循环流动。鼓风机调速模块的作用是调节鼓风机工作电流的大小，使鼓风电动机具有不同的转速。

8. 自动空调 ECU

C5 轿车的自动空调 ECU 和空调控制面板集成为一体，安装在仪表台中部，如图 5-12 所示。该空调为双区自动空调，可将座舱左区和右区设置为不同的温度，该空调系统两个区都有手动和自动两种工作模式。如按下 A/C 按键，起动空调压缩机运行后，再按下左区温度调节旋钮中的 AUTO 键，该键下方的指示灯点亮，表示左区空调为自动工作模式。在自动工作模式下，使用者只需调节好温度参数，其他的控制参数都不需要调节，而由空调 ECU 自动控制完成。当左区温度调节旋钮中的 AUTO 键下方的指示灯不亮时，表示左区空调为手动工作模式。在手动模式下，使用者需要调节温度、风向、鼓风机的速度等控制参数。

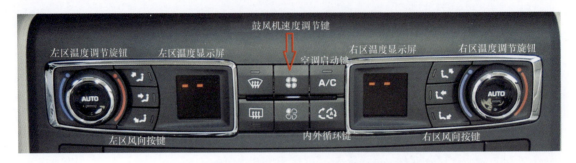

图 5-12　自动空调的控制面板

9. 车外温度传感器

车外温度传感器安装在右后视镜的下方，如图 5-13 所示。车外温度传感器为负温度系数型热敏电阻，当自动空调 ECU 通过该传感器检测到车外温度低于 5℃时，控制空调压缩机不工作。

10. 冷却风扇模块

冷却风扇模块外形如图 5-14 所示，它包括无级调速的电动风扇和调速模块两部分。它的作用是为发动机散热器和空调冷凝器散热。

图 5-13　右后视镜上的车外温度传感器

图 5-14　冷却风扇模块

二、自动空调系统电路原理图的识读

C5 轿车自动空调电控系统的电路原理图如图 5-15 所示，经过对自动空调电控系统电路原理图的分析，可将该系统的工作原理简化成图 5-8 所示的简图，对简图的说明见表 5-2。以下将根据图 5-8 和图 5-15 对自动空调电控系统的电路原理识读进行介绍。

第五章 汽车空调控制系统电路识读

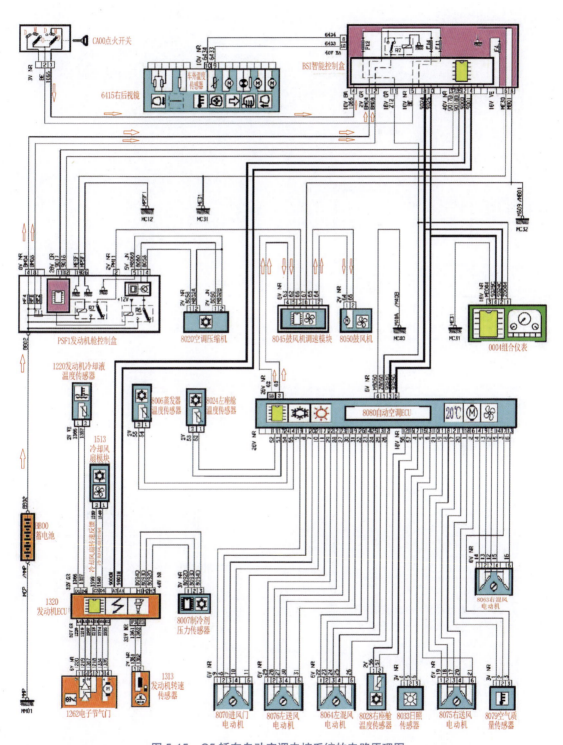

图 5-15 C5 轿车自动空调电控系统的电路原理图

表 5-2　C5 轿车自动空调系统工作原理简图的说明

连接号	信号	信号类型	发生器/接受器	电路图中对应的导线编号
1	左侧座舱温度信号	模拟信号	8024/8080	26V NR 52、53
2	右侧座舱温度信号	模拟信号	8028/8080	18V NR 56、57
3	蒸发器温度信号	模拟信号	8006/8080	26V NR 54、55
4	阳光照射信号	模拟信号	8033/8080	18V NR 4、5
5	空气质量信号	占空比信号	8079/8080	18V NR 3
6	进风门电动机信号	占空比信号	8080/8070	26V NR 9、8、7、10、11
7	左混风电动机信号	占空比信号	8080/8064	26V NR 22、23、24、25、26
8	右混风电动机信号	占空比信号	8080/8063	26V NR 14、13、12、15、16
9	左送风电动机信号	占空比信号	8080/8076	26V NR 29、28、27、30、31
10	右送风电动机信号	占空比信号	8080/8075	26V NR19、18、17、20、21
11	自动空调系统的工作状况	CAN 舒适网信号	8080/0004	9024C、9025C
12	自动空调系统的工作状况	CAN 舒适网信号	8080/BSI	9024、9025
13	鼓风机速度控制信号	模拟信号	8080/8045	62、63
14	鼓风机速度控制信号	模拟信号	8045/8050	65、64
15	车外温度信号	模拟信号	6415/BSI	6434、6433
16	发动机转速、冷却液温度、制冷剂压力、节气门位置等信号	CAN 舒适网信号	BSI/8080	9024G、9025G
17	供电信号	模拟信号	PSF1/8045	PM11-66
18	点火信号	开关信号	CA00/BSI	1065
19	对空调系统的供电指令	CAN 车身网信号	BSI/PSF1	9017、9018
20	对压缩机的控制信号	模拟信号	PSF1/8020	8058（控制电磁阀）、8060（控制离合器）
21	发动机转速信号	模拟信号	1313/1320	1361、1362
22	节气门位置信号	模拟信号	1262/1320	1218、1219
23	冷却液温度信号	模拟信号	1220/1320	1366、1357
24	制冷剂压力信号	模拟信号	8007/1320	8093D
25	发动机转速、冷却液温度、制冷剂压力、节气门位置等信号	CAN 高速网信号	1320/BSI	9000、9001
26	对冷却风扇的控制指令	模拟信号	1320/1513	1540
27	冷却风扇的转速反馈信号	模拟信号	1513/1320	1599
28	蓄电池供电信号	模拟信号	BB00/PSF1	BB02

1. 电源供电

蓄电池通过导线 BB02 为发动机舱控制盒 PSF1 供电；PSF1 通过导线 BM04、BM08 为智能控制盒 BSI 供电。接通点火开关 M 位（点火档），点火开关将点火信号通过导线 1065 传送到智能控制盒 BSI；BSI 收到点火信号后，唤醒 CAN 高速网、CAN 车身网、CAN 舒适网等车载网络进入工作状态。

全车网络工作后，BSI 一方面通过网线 Z12-Z0004 和 Z12-Z8060 分别为组合仪表 0004 和自动空调 ECU8080 提供 +CAN 供电，一方面通过 CAN 车身网线 9017B-9017、9018B-9018 通知发动机舱控制盒 PSF1 为电控单元和用电器供电；PSF1 收到 BSI 的指令后，再根据自动空调 ECU 的信号，控制内部继电器 R6 和 R7 工作，通过导线 PM11-66 为鼓风机调速模块 8045 供电，通过导线 8060 为空调压缩机 8020 供电。各电控单元得到供电后，立即控制各电控系统的传感器、执行器进入工作状态，配合自动空调 ECU 完成各项控制功能。

2. 对空调压缩机的控制

发动机起动运行后，如按下空调起动键 A/C，自动空调 ECU 将空调起动请求信号，通过 CAN 舒适网（9024C-9024、9025C-9025）→ BSI → CAN 高速网（9000-9000M、9001-9001M）传递给发动机 ECU。发动机 ECU 收到空调起动请求信号后，主要通过发动机转速传感器 1313、电子节气门 1262 内的节气门位置传感器检测发动机的转速和发动机负荷；并根据检测结果（此结果就是检测发动机转速和发动机负荷是否达到空调压缩机起动运行的条件，如不达标压缩机起动运行后会造成发动机转速过低或负荷过重，使发动机熄火）将允许或禁止空调压缩机工作的信号，通过 CAN 高速网传递给 BSI；BSI 则通过 CAN 车身网（9017B-9017、9018B-9018）将此信号传递给 PSF1；PSF1 则根据此信号，通过导线 8060 控制空调压缩机离合器线圈的通电或断电。需要指出的是，在空调压缩机起动或起动后的运行过程中，当发动机转速或负荷不达标时，发动机 ECU 一方面发出不允许或切断空调压缩机运行的信号，一方面控制电子节气门 1262 中的电动机，迅速提高发动机转速，增加发动机的输出功率，使发动机的转速和输出功率尽快达到空调压缩机的起动运行条件。

3. 对鼓风机的控制

车内乘员通过两个按键（图 5-12）把增加或减小鼓风机转速的请求传递给自动空调 ECU8080，空调 ECU 通过导线 62、63 →鼓风机调速模块 8045 →鼓风机 8050，对鼓风机的转速进行调整。

4. 对冷却风扇的控制

在空调压缩机运行工作中，发动机 ECU 通过制冷剂压力传感器 8007 和发动机冷却液温度传感器 1220 检测制冷剂压力和冷却液温度，当制冷剂压力达到 12bar（1bar =10^5Pa）或冷却液温度达到 97℃时，发动机 ECU 通过导线 1540 控制冷却风扇低速旋转以降温降压；当制冷剂压力达到 17bar 或冷却液温度达到 101℃时，发动机 ECU 通过导线 1540，控制冷却风扇高速旋转以加大降温降压的强度。

5. 对左区和右区温度的控制

车内乘员通过左区和右区温度调节旋钮把左区（如28℃）和右区（如18℃）的温度控制请求（图5-12）传递给自动空调ECU8080，左、右座舱温度传感器8024和8028将左、右座舱的温度也传递给自动空调ECU。空调ECU则根据车内乘员的温度控制请求和左、右座舱温度传感器检测的信号，控制左、右混风电动机8064和8063，将空调蒸发器产生的冷气和暖风水箱产生的热气混合尽快制成满足乘员温度要求的空气，然后由左、右送风电动机8076和8075将这些空气从左、右出风口吹出。

6. 对空调压缩机排量的控制

在空调制冷系统的工作过程中，如左、右乘员的温度控制要求与左、右座舱温度传感器检测的温度，二者差值较大或较小时，自动空调ECU将通过CAN舒适网（9024G-9024、9025G-9025）→BSI→CAN车身网（9017B-90017、9018B-9018）通知发动机舱控制盒PSF1，PSF1则通过导线8058控制变排量电磁阀加大或减小空调压缩机的制冷排量，使空调制冷系统的实际温度以车内乘员的温度控制要求为中心缓慢变化，提高空调制冷系统的舒适性。

7. 对空气质量的控制

在空调制冷系统的工作过程中，日照传感器8033和空气质量传感器8079不断检测车内日照状况和车外空气的质量。自动空调ECU根据日照传感器检测的信号，对左区和右区的混风和送风等空调控制参数进行修正，无论太阳光从车前哪个方向照射到车内时，都使车内左区和右区空调的舒适度相同。当空气质量传感器检测到车外空气中NO_x和CO的浓度超标时，自动空调ECU将通过进风门电动机8070关闭进风门，防止超标的不良空气进入车内。

8. 空调系统的保护功能

1）低温保护。在空调压缩机的工作过程中，装在右后视镜内的车外温度传感器不断检测车外的温度，装在蒸发器上的蒸发器温度传感器8006不断检测蒸发器的温度。当车外温度低于5℃时PSF1将禁止压缩机吸合工作；当蒸发器温度低于2℃时，PSF1将切断压缩机的供电，防止压缩机继续制冷工作时造成蒸发器结冰。

2）高温保护。在空调压缩机的工作过程中，当发动机冷却液的温度大于112℃时，PSF1将切断压缩机的供电，以防止发动机因热负荷过重而损坏。

3）低压和高压保护。在空调压缩机的工作过程中，当制冷剂压力低于2.5bar时，PSF1将切断压缩机的供电，防止压缩机因缺少制冷剂而缺少润滑油润滑（润滑油是靠制冷剂携带着在压缩机内循环的）损坏；当制冷剂压力高于24bar时，PSF1将切断压缩机的供电，防止压缩机继续工作时产生的高压破坏制冷系统的管路和密封。

空调电控系统工作时,自动空调 ECU 将空调电控系统的工作状态通过 CAN 舒适网(9024G-9024C、9025G-9025C)传递给组合仪表 0004,组合仪表则将空调电控系统的状态(如冷却液温度过高的报警信息)显示在仪表上以警告驾驶人。

三、故障诊断:东风雪铁龙 C4L 空调不制冷

故障现象 一辆 2016 款东风雪铁龙 C4L 轿车,起动发动机后,接通鼓风机开关,能够正常送风,再按下空调 A/C 开关,出风口没有冷气吹出来。

故障诊断 首先连接 Diabox 专用诊断仪,读取发动机和空调系统模块的内部故障码,只有一些临时故障码,删除后再次读取,显示无故障码。

起动发动机,通过发动机诊断模块中的"外部环境"子菜单,可以读取制冷剂压力参数为 10bar。发动机 ECU 通过制冷剂压力传感器读取制冷剂压力信息,并通过高速 CAN 通信网络(通信速率 500kbit/s)传输到智能控制盒 BSI1,如图 5-16 所示。制冷剂压力参数为 10bar,可以看出制冷剂压力不足,且空调压缩机没有工作。由图 5-16 分析,空调压缩机由发动机舱熔丝盒 PSF1 控制工作,发动机舱熔丝盒 PSF1 通过舒适 CAN 网络与智能控制盒 BSI1 通信,并接受智能控制盒 BSI1 的控制指令。发动机 ECU 获取空调制冷剂压力信息用于管理冷却风扇工作,并通过高速 CAN 网络将"是否允许空调起动信息"传输给智能控制盒 BSI1,最终智能控制盒 BSI1 授权发动机舱熔丝盒 PSF1 控制空调压缩机工作。制冷剂压力能够达到 10bar,说明管路中存在一定数量制冷剂,能够满足空调压缩机起动需求。

开启鼓风机开关和空调 A/C 开关后,发现发动机冷却风扇没有工作。从数据表中可以看到风扇继电器已经起动。关闭发动机,接通点火开关到 ON 档位,使用诊断仪执行器测试功能,直接驱动风扇。发现风扇轻轻转动一次,很快停止下来。对风扇进行低速和高速工作模式驱动,均可以听到风扇继电器工作的声音。为了进一步排除是否风扇电动机工作不稳定,断开风扇继电器通往风扇电动机的线束连接插头(图 5-17),将一试灯接入。再次用诊断仪执行器测试功能驱动,发现在高速驱动模式下,试灯点亮一次后马上熄灭,与风扇转动情况相似,说明风扇电动机转动无卡滞,问题可能在继电器控制上。检查风扇继电器外围电路连接牢固,熔丝也正常。为了确认风扇继电器性能是否良好,将另一辆冷却风扇正常工作的 C4L 轿车上的风扇继电器拆下对换安装。采用诊断仪执行器测试功能驱动,风扇可以正常低速、高速转动。起动发动机,接通鼓风机调速开关,按下空调 A/C 开关,可以听到空调压缩机吸合的声音,且出风口能够吹出凉风。读取制冷剂压力参数达到 14bar。

故障排除 由于发动机冷却风扇工作不正常,发动机 ECU 无法收到风扇持续工作的反馈信号,便将信息传输到智能控制盒 BSI1,以控制发动机舱熔丝盒 PSF1 切断空调压缩机工作。更换风扇继电器后,故障排除。

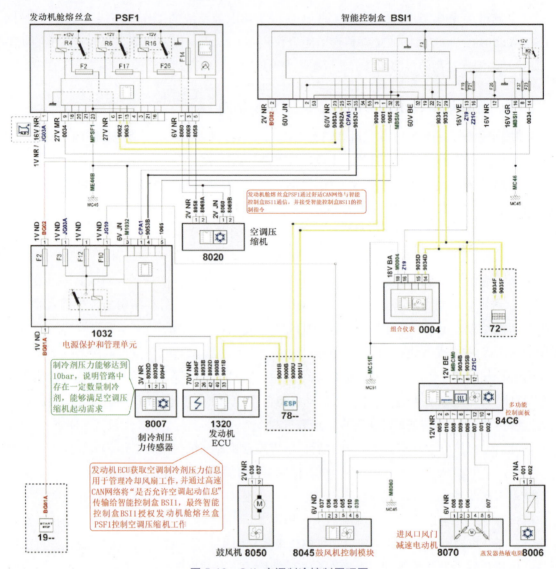

图 5-16　C4L 空调制冷控制原理图

图 5-17　风扇继电器通往风扇电动机的线束连接插头（白色，两线）

第六章

中控与防盗系统电路识读

第一节 雪铁龙 C5 电子防起动系统电路识读

东风雪铁龙 C5 轿车采用了先进的车载网络防盗技术,被称为第二代数码应答式防盗系统,又被称为电子防起动系统,简称 ADC2。C5 轿车发动机电子防起动系统原理如图 6-1 所示。

一、电子防起动系统的工作过程

C5 轿车发动机电子防起动系统工作过程如图 6-2 所示,对图 6-2 的说明见表 6-1。

1. 点火开关 CA00

它的作用是传递点火信号给智能控制盒 BSI,并与 BSI 之间进行核对钥匙密码和计算防盗函数的工作。在点火钥匙内部有一个存储着 ID 码(又称为钥匙的身份证)的防盗芯片(它又称为钥匙应答器),如图 6-3 所示。

2. 应答器线圈 8209

它套在点火锁上,如图 6-4 所示。它与转向盘下转换模块 CV00 共同配合完成以下任务：①为钥匙应答器与 BSI 之间的防盗对话传递信息；②钥匙应答器与 BSI 之间的防盗对话调制和解调信号；③为钥匙应答器与 BSI 之间的防盗对话提供能量。应答器线圈 8209 和 CV00 是钥匙应答器与 BSI 进行防盗密码对话的桥梁。

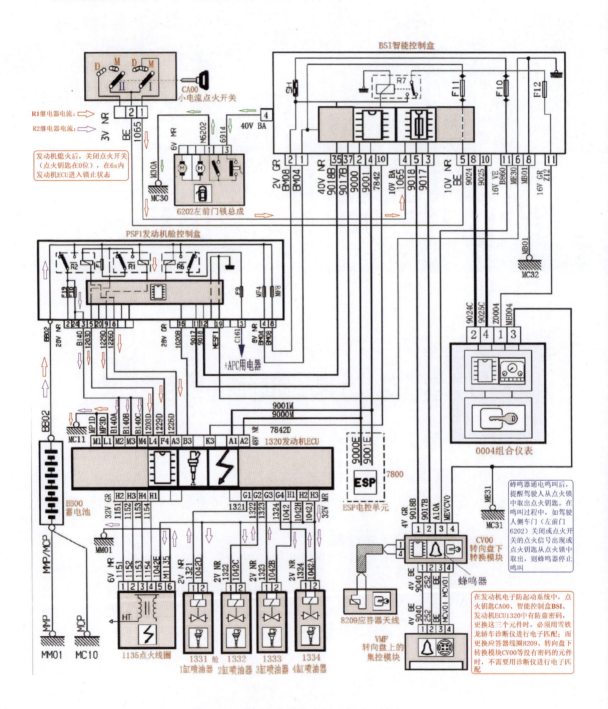

图 6-1　C5 轿车发动机电子防起动系统原理

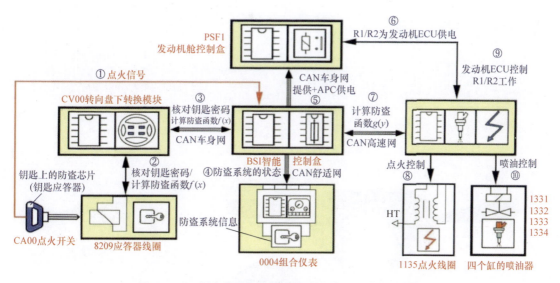

图 6-2　C5 轿车发动机电子防起动系统工作过程示意图

表 6-1　C5 轿车发动机电子防起动系统工作过程示意图说明

连接序号	信号	信号性质	发送和接收的元件	电路图中对应的导线编号	故障说明
①	点火信号	开关信号	CA00/BSI	1065	导线 1065 断路，发动机不能起动，组合仪表黑屏
②	1）核对钥匙密码 2）计算防盗函数 $f(x)$	模拟信号	CA00/CV00	CV00 插头 1、4 脚的导线	插头 1 或 4 脚上的导线断路，不能传递防盗密码和函数，发动机不能起动
③	1）核对钥匙密码 2）计算防盗函数 $f(x)$	CAN 车身网信号	CV00/BSI	9017/9018	网线 9017/9018 两根断路，不能传递防盗密码和函数，发动机不能起动
④	防盗系统状态	CAN 舒适网信号	BSI/0004	9024/9025	网线 9024/9025 两根断路，组合仪表上无发动机电子防盗系统的故障显示
⑤	提供 +APC 供电	CAN 车身网信号	BSI/PSF1	9017/9018	9017/9018 两根网线都断路，PSF1 不控制内部的 R6 继电器工作，不为 +APC 用电器供电
⑥	R1/R2 为发动机 ECU 供电	模拟信号	PSF1/1320	1203D/B140A/B140B/B140C	导线 1203D 断路，发动机 ECU 因缺主供电不能起动并与诊断仪无对话；导线 /B140A/B140B/B140C 断路，发动机 ECU 因缺功率供电不能起动
⑦	计算防盗函数 $g(y)$	CAN 高速网信号	BSI/1320	9000/9001	网线 9000 或 9001 断路，因防盗函数无法交流，发动机不能起动
⑧	点火控制信号	模拟信号	1320/1135	导线 1151/1152/1153/1154	四根导线 1151/1152/1153/1154 中，断几根就有几个缸不点火

167

（续）

连接序号	信号	信号性质	发送和接收的元件	电路图中对应的导线编号	故障说明
⑨	发动机 ECU 控制 R1/R2 工作	模拟信号	PSF1/1320	导线 1229D/1226D	导线 1229D/1226D 断路 PSF1 中的继电器 R1/R2 不工作，发动机 ECU 因缺主供电/功率供电，不能起动
⑩	喷油控制	模拟信号	1320/1331, 1332, 1333, 1334	导线 1331/1332/1333/1334	导线 1331/1332/1333/1334 中，断几根就有几个缸不喷油

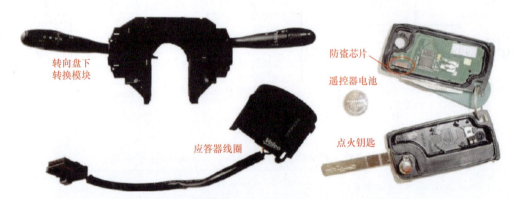

图 6-3　转向盘下转换模块、应答器线圈、钥匙应答器

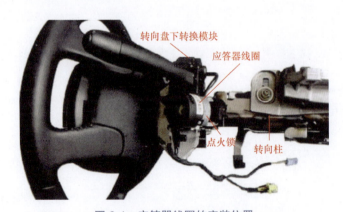

图 6-4　应答器线圈的安装位置

CV00 与 BSI 之间通过 CAN 车身网（图 6-1 中的网线 9017 和 9018）进行信息传递；BSI 与发动机 ECU 之间通过 CAN 高速网（图 6-1 中的网线 9000 和 9001）传递信息。钥匙应答器与 BSI 之间首先要核对钥匙密码（又称 ID 码）。每把点火钥匙的防盗芯片上都有一个唯一的、表示身份的 ID 码。BSI 最多可以存储同一辆车 5 把点火钥匙的 ID 码。在核对完 ID 码后，钥匙应答器与 BSI 之间要共同计算第一密码函数 $f(x)$。在计算第一密码函数 $f(x)$ 成功后，发动机 ECU 与 BSI 之间还要核对防起动码（又称 ECM 码），发动机 ECU 与 BSI 是通过共同计算第二密码函数 $g(y)$ 来核对 ECM 码的。

发动机电子防起动过程的实质是钥匙应答器、智能控制盒 BSI、发动机 ECU1320 三者之间，通过车载网络进行防盗对话，核对 ID 码、计算第一密码函数 $f(x)$ 和第二密码函数 $g(y)$，如防盗对话成功就控制发动机 ECU 解锁，发动机可以起动运行；如防盗对话不成功就控制发动机 ECU 闭锁，发动机不能起动运行。

> **注意**
>
> 可以通过诊断仪检测发动机 ECU 是处在闭锁还是处在解锁状态。

二、发动机防起动系统电路识读

1. 电源接通

接通点火开关 M 位（点火档），点火开关将点火信号通过导线 1065 传送到智能控制盒 BSI。BSI 收到点火信号（又称 +APC 信号）后，唤醒 CAN 高速网、CAN 车身网、CAN 舒适网等车载网络进入工作状态。

2. 网络信息传输

全车网络工作后，BSI 通过 CAN 车身网将"提供 +APC 供电"的指令通过 CAN 车身网线 9017、9018 传递给发动机舱控制盒 PSF1；PSF1 收到 BSI 的指令后，控制内部继电器 R6（又称正时继电器）工作，R6 继电器则通过内部触点和外部导线 C161 为 +APC 用电器供电。

全车网络工作后，钥匙应答器（在 CA00 的防盗芯片中）BSI 和发动机 ECU1320 就通过 CAN 车身网线 9017、9018 和 CAN 高速网线 9000、9001 进行防盗密码核对和计算防盗函数的工作（核对过程在不到 1s 的时间内就可完成）。只要核对防盗密码和计算防盗函数的工作有一项不成功，发动机 ECU 就会锁止，BSI 能将 CAN 舒适网线 9024、9025 将防盗系统的状态（发动机 ECU 锁止的信息）传递给组合仪表 0004，组合仪表显示"电子防盗系统故障"，如图 6-5 所示。只有当核对防盗密码和计算防盗函数的工作全部成功后，发动机 ECU 才能由闭锁状态转化为解锁状态。

图 6-5 发动机 ECU 锁止时组合仪表上的显示

3. R1 继电器线圈电流走向

当发动机 ECU1320 解锁后，会先后控制 PSF1 中的 R1 继电器（发动机 ECU 的主继电器）和 R2 继电器（发动机 ECU 的功率继电器）投入工作。

1）R1 继电器线圈电流的走向为：蓄电池 BB00+ →导线 BB02 → PSF1 中的 R1 继电器

线圈→导线 1229D →发动机 ECU1320 的 48V NR F4 脚→发动机 ECU 内的电子开关→ 48V NR 的 L1 脚→ MC11 搭铁点→ BB00-。R1 继电器线圈通电后，R1 继电器触点闭合，其触点通过导线 1203D 对发动机 ECU1320 进行"反馈"供电，电流走向为：BB00+ →导线 BB02 → PSF1 中的 F1 熔丝→ R1 继电器触点→导线 1203D →发动机 ECU 的 48V NR L4 脚。

2）发动机 ECU 得到 R1 继电器的反馈供电后，接着控制 R2 继电器工作，R2 继电器线圈电流的走向为：BB00+ →导线 BB02 → PSF1 中的 F1 熔丝→ R1 继电器触点→ R2 继电器线圈→导线 1226D →发动机 ECU1320 的 48V NR A3 脚→发动机 ECU 内的电子开关→ MC11 搭铁点→ BB00-。

4. R2 继电器线圈电流走向

R2 继电器线圈通电后，R2 继电器触点闭合，其触点通过导线 B140、B140A、B140B、B140C 为发动机 ECU 功率元件（点火线圈、喷油器等）供电。

1）点火线圈 1135 电流的走向为：蓄电池 BB00+ →导线 BB02 → PSF1 中的 R2 继电器触点→ PSF1 中的 F10 熔丝→导线 B140、B140A、B140B、B140C →发动机 ECU 内的电子开关→导线 1042、1042H、1042J →导线 1042E → 1 缸 /2 缸 /3 缸 /4 缸点火线圈的初级绕组→导线 1151/1152/1153/1154 →发动机 ECU 内的电子开关→ MC11 搭铁点→ BB00-。

2）喷油器的电流的走向为：蓄电池 BB00+ →导线 BB02 → PSF1 中的 R2 继电器触点→ PSF1 中的 F10 熔丝→导线 B140、B140A、B140B、B140C →发动机 ECU 内的电子开关→导线 1042、1042H、1042J →导线 1042D、1042C、1042B、1042A → 1 缸 /2 缸 /3 缸 /4 缸喷油器线圈→导线 1321/1322/1323/1324 →发动机 ECU 内的电子开关→ MC11 搭铁点→ BB00-。

当发动机 ECU1320 的主继电器 R1 和发动机 ECU 的功率继电器 R2 正常工作后，发动机就可正常起动了。

5. 防盗作用实现

发动机熄火后，关闭点火开关（点火钥匙在 0 位），在 6s 内发动机 ECU 进入锁止状态。值得注意的是，在发动机电子防起动系统中，点火钥匙 CA00、智能控制盒 BSI、发动机 ECU1320 中有防盗密码，更换这三个元件时，必须用雪铁龙轿车诊断仪进行电子匹配；而更换应答器线圈 8209、转向盘下转换模块 CV00 等没有密码的元件时，不需要用诊断仪进行电子匹配。

三、探测防盗点火钥匙的过程

点火钥匙 CA00 关闭使发动机熄火后，BSI 上的点火信号（导线 1065 没电）消失，如点火钥匙仍放在点火锁中，当驾驶人侧车门（左前门 6202）一打开时，该车门状态开关（该开关集成在门锁驱动器总成内）就闭合，于是传给 BSI 一个搭铁信号。该搭铁信号的路径为：搭铁点 MC30 →导线 M30A →左前门 6202 插头的 6V MR 1 脚→ 6202 的门状态开关→6202 插头的 6V MR 3 脚→导线 6914→智能控制盒 BSI 插头的 40V BA4 脚。

BSI 收到这一搭铁信号后，就通过转向盘下转换模块 CV00 和应答器线圈 8209 探测点火钥匙应答器中的旧码，如探测到的 ID 码与 BSI 中存储的 ID 码相同，BSI 则控制转向盘下转换模块 CV00 中的蜂鸣器鸣叫。CV00 中蜂鸣器电流的走向为：蓄电池 BB00+→导线 BB02→PSF1 中的 MF8 熔丝→BSI 的 SH 熔丝→BSI 的 F10 熔丝→导线 B860、A10A→CV00 的 4V GR3 脚→CV00 中的蜂鸣器→CV00 的 4V GR4 脚→导线 MEVCV0→MC31 搭铁点→BB00−。

蜂鸣器通电鸣叫后，提醒驾驶人从点火锁中取出点火钥匙。在鸣叫过程中，如驾驶人侧车门（左前门 6202）关闭或点火开关的点火信号出现或点火钥匙从点火锁中取出，则蜂鸣器停止鸣叫。

四、车身防盗系统典型故障分析

车身防盗系统典型故障分析，见表 6-2。

表 6-2　车身防盗系统典型故障分析

故障点	故障现象	故障说明
在左前门/右前门/左后门/右后门/行李舱门 5 个门中有一个没有关闭到位	按下遥控器的锁定键时，左前/右前/左后/右后 4 门驱动器锁定后立即反弹解锁，并且不能激活车身防盗报警器	在 5 个门中有门没有关闭到位时，报警系统用控制 4 门驱动器锁定后反弹解锁的形式，警示驾驶人将所有开启件关闭到位后，重新用遥控器激活防盗报警器
转向盘下转换模块 CV00 与 BSI 之间的 2 根 CAN 车身网线 9017A-9017、9018A-9018 断路	按下遥控器的锁定键时，4 个门驱动器无锁定动作，不能激活车身防盗报警器，且近光灯自动点亮、前风窗刮水器自动刮扫	2 根 CAN 车身网线断路后，遥控器的信号不能通过 CAN 车身网线传递给 BSI，所以 4 个门驱动器无锁定动作，不能激活车身防盗报警器；另外由于灯光开关和风窗刮水器开关都集成在 CV00 上，BSI 用自动点亮近光灯、控制刮水器自动刮扫这种报警方式警示驾驶人 CV00 与 BSI 之间的 CAN 车身网有故障
BSI 为防盗报警器控制盒 8600 供电的导线 BE10 断路	按下遥控器的锁定键时，左前/右前/左后/右后 4 门驱动器可以正常锁定，但不能激活车身防盗报警器	当 BSI 为防盗报警器控制盒 8600 供电的导线 BE10 断路后，报警器控制盒 8600 因缺供电而不工作，故不能通过遥控器激活防盗报警器
BSI 与组合仪表 0004 之间的 CAN 舒适网线 9039034A、9039035A 断路	当左前/右前/左后/右后 4 车门中，有门打开时，仪表板上没有门被打开的报警显示	因 BSI 与组合仪表之间的 CAN 舒适网线断路后，BSI 不能将 5 个门的状态信息传递给组合仪表显示
用车门机械钥匙锁门造成报警器不报警故障	用车门机械钥匙锁门后，有人用砸玻璃的方式将车门撬开后，车身防盗报警器不鸣叫报警	因用车门机械钥匙锁门时，BSI 无法识读合法钥匙遥控器的密码，故不激活车身防盗报警器
关闭发动机舱盖时，防盗报警器误报警	按下钥匙遥控器 30s 后，关闭发动机舱盖时，防盗报警器鸣叫报警	当发动机舱盖未关闭时，按下钥匙遥控器后，BSI 提供了 30s 的时间给人们关闭发动机舱盖；如超过了 30s，即使发动机舱盖仍未关闭到位，因 BSI 强制激活了防盗报警器，所以 30s 以后再关闭发动机舱盖时，防盗器鸣叫报警

第二节 世嘉车中控门锁系统电路识读

一、中控门锁的组成

汽车中控门锁系统最基本的功能是钥匙联动锁门和开锁。采用中控门锁系统的车辆，可以实现所有车门锁的集中控制，即驾驶人锁住车门时，其他几个车门能同时自动锁住，确保后排车门在行驶中不被误开；当打开驾驶人车门时，其他几个车门能同时打开，并且仍可用各车门的机械或弹簧锁打开或锁住车门。

中控门锁系统主要由控制部分和执行机构组成。其中控制部分主要包括门锁开关和门锁控制器。

二、世嘉车中控门锁系统电路识读

1. 中控锁系统的组成和主要元件的作用

世嘉轿车中控锁系统的组成和工作原理如图6-6所示，图中的说明见表6-3。其主要元件的外形如图6-7所示。

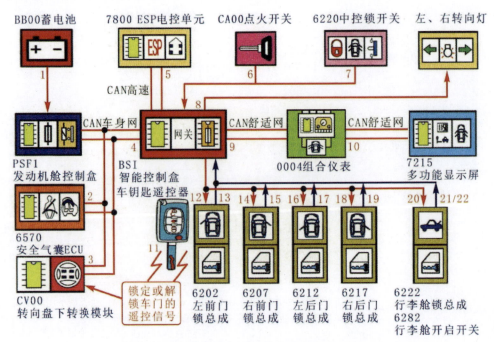

图6-6 世嘉轿车中控锁系统的组成和工作原理

表 6-3　世嘉轿车中控锁电控系统工作原理简图的说明

连接号	信号	信号性质	发送器/接收器	电路图中对应的导线
1	提供蓄电池供电	模拟信号	BB00/PSF1	B03
2	安全气囊起爆信号	车身 CAN 信号	6570/BSI	9017A、9018A
3	锁定和解锁的遥控信号	车身 CAN 信号	CV00/BSI	9017B、9018B
4	提供供电指令	车身 CAN 信号	BSI/PSF1	9017R、9018R
5	车速信号	高速 CAN 信号	7800/BSI	9000B、9001B
6	点火信号	模拟信号	CV00/BSI	1065
7	改变中控锁系统状态信号	模拟信号	6220/BSI	6217
8	控制转向灯信号	模拟信号	BSI/各转向灯	287、288、286、285、290、289
9	中控锁系统工作状态信号	舒适 CAN 信号	BSI/0004	9024P、9025P
10	中控锁系统工作状态信号	舒适 CAN 信号	0004/7215	9024S、9025S
11	锁定和解锁的遥控信号	无线信号	车钥匙遥控器 CV/00	无电路连接
12	锁定或解锁左前门指令	模拟信号	BSI/6202	620、6233
13	左前门开启/关闭状态；车钥匙锁定/解锁中控锁的请求	模拟信号	6202/BSI	6285、6207
14	锁定或解锁右前门指令	模拟信号	BSI/6207	620、6233
15	右前门开启/关闭状态	模拟信号	6207/BSI	6286
16	锁定或解锁左后门指令	模拟信号	BSI/6212	620、6233
17	左后门开启/关闭状态	模拟信号	6288	6288
18	锁定或解锁右后门指令	模拟信号	BSI/6207	620A、6233A
19	右后门开启/关闭状态	模拟信号	6217/BSI	6288A
20	解锁行李舱门指令	模拟信号	BSI/6282	6216
21	行李舱门开启/关闭状态	模拟信号	6222/BSI	6283
22	开启行李舱门请求信号	模拟信号	6282/BSI	6282

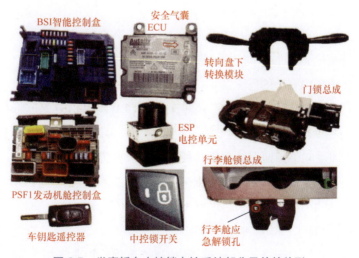

图 6-7　世嘉轿车中控锁电控系统部分元件的外形

1）智能控制盒（BSI）。BSI 装在仪表台左下方，其在中控锁系统中的主要作用是接收车钥匙遥控器发出的锁定和解锁信息、ESP 电控单元（7800）发出的车速信息及安全气囊 ECU（6570）发出的气囊起爆信息，并根据这些信息控制中控锁系统（包括 4 个车门和行李舱门）锁定或解锁，并在电子配钥匙的过程中存储车钥匙的密码。

2）门锁总成和行李舱锁总成。4 个门锁总成（6202、6207、6212、6217）和行李舱锁总成（6222）分别装在左前门、右前门、左后门、右后门和行李舱门上。门锁总成由电控模块、门锁驱动器、机械锁装置等组成；电控模块可将反映车门开启和关闭的状态通过导线传递给 BSI；门锁驱动器为直流电动机，可驱动机械锁装置动作；机械锁装置可在门锁驱动器的驱动下锁定和解锁车门。左前门的机械锁装置还可在车钥匙的旋转驱动作用下锁定或解锁车门。

3）车钥匙遥控器。车钥匙遥控器可将锁定和解锁中控锁的无线遥控信息，先传递给转向盘下转换模块（CV00），然后由 CV00 通过车身 CAN 传递给 BSI；车钥匙还可插入左前门锁总成内的钥匙孔旋转，通过导线将锁定或解锁中控锁系统的请求信号传递给 BSI。

4）中控锁开关（6220）。中控锁开关装在仪表台中部，驾驶人可通过按压中控锁开关，将请求改变中控锁系统状态的信号传递给 BSI（即如在中控锁系统为锁定状态时，按压中控锁开关一次，表示请求 BSI 将中控锁系统改变为解锁状态，再按一次则又锁定）。

5）转向盘下转换模块（CV00）。CV00 装在转向盘下方，其在中控锁系统的主要作用是接收车钥匙发送的锁定和解锁中控锁系统的遥控信息，并将车钥匙发送的遥控信号解调后传送给 BSI。

6）左、右转向灯。左、右转向灯可用不同的点亮方式配合表达中控锁系统的状态：当按遥控器的锁定键时，中控锁系统锁定，且转向灯常亮 2s 左右；当按遥控器的解锁键时，中控锁系统解锁，且转向灯闪亮 2s 左右。

7）ESP 电控单元（7800）。ESP 电控单元（7800）装在发动机舱左下方，其在中控锁系统的主要作用是将车速信号通过高速 CAN 传递给 BSI，当车速达到一定值时 BSI 控制中控锁系统锁定，以保证车内乘员的安全。

8）安全气囊 ECU（6570）。安全气囊 ECU（6570）装在车内变速杆后方的中轴线上，其在中控锁系统的主要作用是在撞车安全气囊起爆时，通过车身 CAN 将气囊起爆信号传递给 BSI，由 BSI 立即控制中控锁系统解锁，便于车内乘员打开车门迅速逃生。

9）发动机舱控制盒（PSF1）。PSF1 装在发动机舱左侧，其在中控锁系统的作用是为中控锁系统的 BSI、CV00 等供电。

10）组合仪表（0004）和多功能显示屏（7215）。组合仪表通过舒适 CAN 获得 BSI 传递过来的中控锁系统的工作状态，并通过舒适 CAN 将中控锁系统的工作状态传递给多功能显示屏显示出来，以告知或警示车内乘员。

2. 中控锁系统的电路分析

世嘉轿车中控锁系统电路原理如图 6-8 所示，经过分析可将世嘉轿车中控锁系统的电路原理简化成图 6-6 所示的简图，下面根据图 6-8 和图 6-6，对世嘉轿车中控锁系统电路进行识读。

1）由遥控器实现对中控锁的控制。按车钥匙遥控器上的锁定或解锁按键，车钥匙上的遥控器发送高频信号到 CV00；CV00 将解锁或闭锁信号通过车身 CAN（9017B-9017P 和 9018B-9018P）传送到 BSI；BSI 通过控制集成在其内部的 2 个继电器（R4A 和 R5A），由继电器（R4A 和 R5A）控制导线 6024P，6025P 为左前门锁总成（6202）、右前门锁总成（6207）、左后门锁总成（6212）、右后门锁总成（6217）的门锁驱动器双向供电，实现 BSI 对这 4 个车门的锁定与解锁控制；BSI 通过控制导线 6216 为行李舱门锁总成（6222）单向供电，实现 BSI 对行李舱门的解锁控制（行李舱门锁定不用供电）。

2）由车钥匙实现对中控锁的控制。左前门锁总成上留有车钥匙孔，当车钥匙插入左前门锁孔，可用钥匙拨动左前门锁总成（6202）内的触点，通过左前门锁总成（6202）导线插接器上的导线 6207 将解锁或闭锁请求信号传送到 BSI，由 BSI 用上述相同的方法实现对 4 个车门和行李舱门的控制。

3）由中控锁开关实现对中控锁的控制。按压仪表台上的中控锁开关（6220），通过导线 6217 传给 BSI 一个搭铁信号，此信号为改变中控锁系统状态的请求信号，当 BSI 收到该信号后，立即控制翻转中控锁系统的状态，即将"锁定"变为"解锁"状态，或将"解锁"变为"锁定"状态。

4）由 4 个车门的内拉手实现对中控锁的控制。4 个车门都有一个反映车门"开启"或"关闭"状态的触点在门锁导线插接器的端子 1 与端子 3 之间（行李舱总成反映门状态的触点在导线插接器的端子 2 与端子 3 之间）。当车门打开时，该触点闭合；当车门关闭时，该触点断开。BSI 通过检测 4 个车门导线插接器的端子 3 和行李舱门导线插接器的端子 3 是否有搭铁信号，便可知各个车门的状态，如 5 个门中有一个未关好，为安全起见，当 BSI 控制中控锁系统锁定时，各门锁驱动器就会反弹，使 5 个门都无法锁定。

另外，4 个车门内部有一个内拉手，当 5 个门由 BSI 控制锁定后，任一车门的内拉手都可拨动车门锁导线插接器端子 1 与端子 3 之间的触点，使该触点闭合将搭铁信号传给 BSI，由 BSI 控制中控锁系统解锁。

5）行李舱门锁的解锁条件。当 BSI 控制中控锁锁定后，行李舱门锁的解锁条件为：先由 BSI 控制中控锁系统解锁；然后按压行李舱开启开关（6282），该开关内的触点闭合后，通过导线插接器端子 2 上的导线 6282 将搭铁信号传给 BSI，请求 BSI 控制内部继电器 R5B 工作并通过导线 6202 为行李舱门锁总成供电，解锁行李舱。

6）车速达到一定值时 BSI 控制中控锁系统锁定。汽车行驶过程中，ESP 电控单元不断接收 4 个轮速传感器的信号，并将该信号换算成车速信号通过高速 CAN 线（9000B-9000 和

9001B-9001）传送给BSI，当车速超过5km/h时，BSI控制锁定中控锁系统，以保证车内乘员安全。

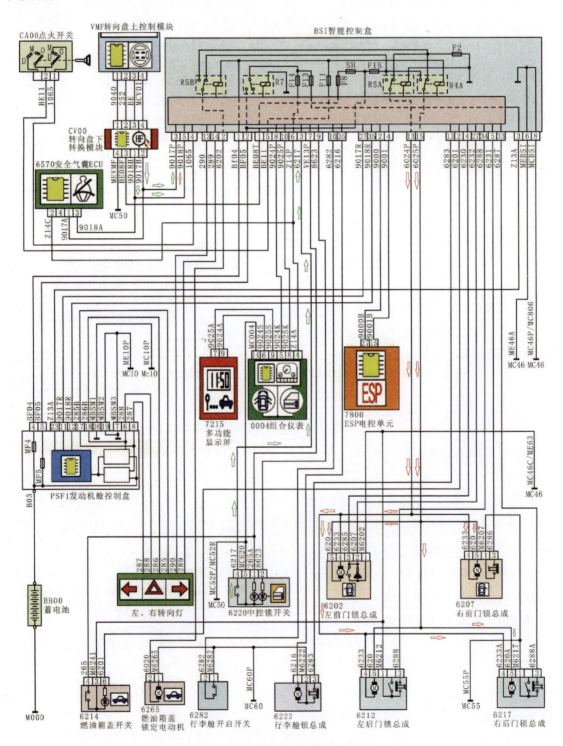

图6-8 世嘉轿车中控锁系统电路原理

7）安全气囊起爆时 BSI 控制中控锁系统解锁。接通点火开关（CA00）至点火档 M，通过端子 1 上的导线 1065，将点火信号传递给 BSI；BSI 唤醒所有车载网络投入工作，同时 BSI 控制 R7 继电器（管理 + CAN 的继电器）工作，R7 继电器工作后，BSI 通过 + CAN 线（Z14P-Z14C）为安全气囊 ECU 供电。在汽车行驶过程中，如车辆发生碰撞造成安全气囊起爆，安全气囊 ECU 将通过车身 CAN 线（9017A-9017P 和 9018A-9018P）将安全气囊起爆信号传递给 BSI，BSI 则立即控制中控锁系统解锁，以方便车内乘员逃生和车外人员施救。

3. 中控锁系统的其他功能

1）寻车功能。夜间寻车时，按压车钥匙上的闭锁按键，车钥匙遥控器发射的"寻车"信号传送到 CV00，CV00 将此信号通过车身 CAN 线（9017B-9017P）和（9018B-9018P）传递到 BSI，BSI 则控制本车所有转向灯快速闪烁（此时中控锁系统仍为锁定状态），方便驾驶人根据闪烁的转向灯找到车。

2）30s 后自动再锁定功能。停车并按遥控器锁定中控锁后，在驾驶人离开停车场过程中，如果不小心按了遥控器的解锁键，中控锁解锁的车辆在 30s 内没有车门被打开，BSI 会重新控制锁定中控锁，以防遥控器的误操作，造成车辆被盗。

3）门锁驱动器热保护功能。门锁驱动器频繁动作会造成驱动器电动机因过热而烧损。为此，当门锁驱动器在一定时间内连续动作一定次数后，BSI 会在 30s 内禁止起动门锁驱动器，以实现门锁驱动器的热保护。

4. 可控锁系统典型电路故障分析

1）车钥匙上的遥控器失灵。遥控器不能控制 5 车门锁定或解锁（即为遥控器失灵）的常见原因包括：一是遥控器电池电量不足或电池与集成电路板接触不良，此时应检修或更换电池，该遥控器使用的电池型号为 3V CR1620（图 6-9）；二是遥控器受到电磁干扰导致遥控信息丢失。以上两种情况都需要对遥控器进行初始化操作，世嘉轿车遥控器初始化方法为：①接通点火开关，按住遥控器上的锁止按钮 10s 以上；②断开点火开关并拔出钥匙等待 1min 左右。特别提醒：有时以上操作需要反复进行几次才能唤醒遥控器。

2）门锁驱动器烧损。门锁驱动器采用永磁直流电动机，如果驱动器附近脏物过多或车门机械变形，将造成门锁驱动器工作时阻力过大，驱动器电动机工作电流过大而烧损。因此，当发生门锁驱动器烧损的故障时，应注意清除门锁驱动器附近的脏物，并检查车门是否发生了机械变形。

3）行李舱门闭锁后无法打开。当行李舱开启开关（6282）导线插接器端子 2 上的导线 6282 断路后，BSI 便无法收到该开关传递给 BSI 请求开启行李舱门的搭铁信号，行李舱门闭锁后便无法打开，此时可用螺钉旋具拨动行李舱门下方的应急解锁孔将行李舱门打开。

4）车钥匙和遥控器都无法锁定车门。车钥匙和遥控器都无法锁定车门的主要原因包括：

一是 BSI 损坏，此时应更换 BSI；二是在 BSI 的设置中错误地将中控锁的锁止类型设置为"无锁止"，此时可通过故障诊断仪进入 BSI，将中控锁的锁止类型设置为"简单锁止"。

5）用遥控器控制中控锁有效，但用车钥匙锁门中控锁无效。当左前门锁总成（6202）导线插接器端子 6 上的导线 6207 断路时，BSI 就无法收到车钥匙插入左前门锁孔拨动内部触点时通过导线 6207 传递给 BSI 请求"锁定"或"解锁"中控锁的信号，于是当车钥匙插入有故障的左前门锁孔时，只能拨动机械锁止装置将左前门锁住，而不能让 BSI 控制中控锁的锁定和解锁。因左前门

图 6-9　遥控器的电池

锁总成导线插接器端子 6 上的导线 6207 断路后，并不影响遥控器的工作，故此时遥控器仍可正常控制中控锁。

6）某一车门打开时，BSI 仍可控制其他车门锁定。当反映 4 个车门和行李舱门或开启或关闭的信号线（如左前门锁总成导线插接器内的导线 6285）断路后，BSI 就无法收到通过该导线传递的该车门"开启"状态的搭铁信号。此时用故障诊断仪检测可以发现，有信号线断路故障的车门无论是关闭还是开启，BSI 始终认为该车门是"关闭"状态（图 6-10）。因此即使该车门处于打开状态，当 BSI 控制中控锁锁定时，其他车门仍可正常锁定，而不会出现门锁驱动器反弹的现象。

右前车门锁发出的锁止请求	否
右前车门锁发出的解锁请求	是
车锁锁止控制	未激活
锁住接通控制	未激活
锁死控制	未激活
打开后行李舱的请求	否
行李舱锁止控制	未激活
儿童安全系统启用请求	否
童锁启用开关	未激活
儿童安全系统停用请求	否
发动机舱	开启
左前车门	关闭
右前车门	打开
右后车门	关闭
左后车门	关闭
行李舱	关闭
油箱盖	关闭

当反映左前门开启或关闭状态的信号线 6285 断路时，无论左前门是关闭，还是开启，BSI 检测到的结果均为"左前车门：关闭"

图 6-10　BSI 检测左前彻车门始终为"关闭"

第三节 丰田卡罗拉中控门锁系统电路识读

一、丰田卡罗拉中控门锁系统电路识读

丰田卡罗拉电动门锁控制电路如图 6-11 所示，电动车窗升降器主开关和门控开关发送"锁止/解锁"请求信号至主车身 ECU，主车身 ECU 向每个门锁电动机发送这些请求信号，并对输入立即做出响应，锁止/解锁所有车门。

1. 供电电路

蓄电池电压经 10A ECU-B 熔丝后供电给主车身 ECU 的 6 脚；蓄电池电压经 25A 车门熔丝后供电给主车身 ECU 的 4 脚；当点火开关位于 ON 位置时，经点火开关后的蓄电池电压经 10A ECU-IG No.1 熔丝后供电给主车身 ECU 的 5 脚；当点火开关位于 ACC 位置时，经点火开关后的蓄电池电压经 7.5A ACC 熔丝后供电给主车身 ECU 的 21 脚。

2. 车门锁止操作

当按下电动车窗升降器主开关 I3 的"锁止"按钮时，主车身 ECU 的 12 脚搭铁，此时主车身 ECU 判断为锁止请求，于是从 ECU 的 2 脚输出锁止信号。该信号分四路：第一路到驾驶人车门门锁总成的 4 脚→驾驶人车门门锁电动机→驾驶人车门门锁总成的 1 脚→主车身 ECU 的 3 脚；同样，另外三路分别到右前车门门锁总成的 4 脚、右后车门门锁总成的 4 脚、左后车门门锁总成的 4 脚。当四个车门门锁接收到控制信号后，驾驶人车门门锁、右前车门门锁、右后车门门锁、左后车门门锁锁止。

用驾驶人侧车门钥匙也可以锁止所有车门，当锁芯转到"锁止"位置时，驾驶人车门门锁总成 I5 上的"锁止"开关闭合，主车身 ECU 的 14 脚搭铁，此时主车身 ECU 也判断为锁止请求。

3. 车门解锁操作

当按下电动车窗升降器主开关 I3 的"解锁"按钮时，主车身 ECU 的 10 脚搭铁，此时主车身 ECU 判断为解锁请求，于是从 ECU 的 3 脚输出解锁信号。该信号也分四路：第一路到驾驶人车门门锁总成的 1 脚→驾驶人车门门锁电动机→驾驶人车门门锁总成的 4 脚→主车身 ECU 的 2 脚；另外三路也分别到右前车门门锁总成的 1 脚、右后车门门锁总成的 1 脚、左后车门门锁总成的 1 脚。当四个车门门锁接收到控制信号后，驾驶人车门门锁、右前车门门锁、右后车门门锁、左后车门门锁解锁。

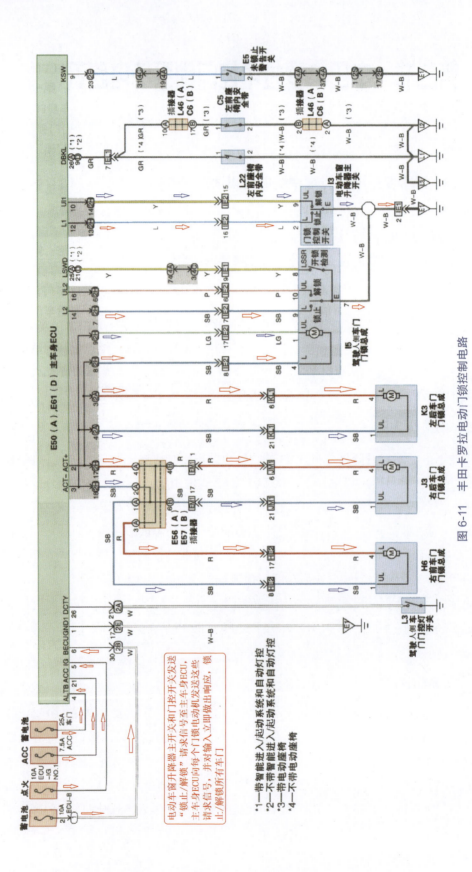

图6-11 丰田卡罗拉电动门锁控制电路

第六章 中控与防盗系统电路识读

用驾驶人侧车门钥匙也可以解锁所有车门,当锁芯转到"解锁"位置时,驾驶人车门门锁总成巧上的"解锁"开关闭合,主车身 ECU 的 16 脚搭铁,此时主车身 ECU 也判断为解锁请求。

二、中控门锁电路故障检修

中控门锁电路常见故障及故障部位见表 6-4(以卡罗拉轿车为例)。

表 6-4 中控门锁电路常见故障及故障部位

故障现象	故障部位
全部门锁都不能工作:通过主开关、驾驶人侧车门锁芯不能操作所有车门的锁止解锁功能	① 熔丝断路 ② 前门门锁总成内部开关触点烧蚀(驾驶人侧) ③ 主门控开关触点烧蚀 ④ 主车身 ECU ⑤ 搭铁点锈蚀或松动 ⑥ 连接线路断路
驾驶人侧车门门锁不能工作:仅驾驶人侧车门锁止解锁功能不工作,其他车门门锁工作正常	① 前门门锁总成(驾驶人侧)内部电动机损坏 ② 主车身 ECU ③ 线束和插接器
前排乘客侧车门门锁不能工作:仅乘客侧车门锁止解锁功能不工作,其他车门门锁工作正常	① 前门门锁总成(前排乘客)内部电动机损坏 ② 主车身 ECU ③ 线束和插接器
仅左(或右)后车门门锁不能工作:仅左(或右)后车门锁止解锁功能不工作,其他车门门锁工作正常	① 左(或右)后车门门锁总成内部电动机损坏 ② 主车身 ECU ③ 线束和插接器

三、故障诊断:丰田凯美瑞车显示屏显示"未检测到钥匙"

故障现象 一辆广汽丰田凯美瑞轿车,车辆型号为 ACV40L,发动机型号为 2AZ-FE,行驶里程 23.3 万 km。驾驶人反映该车无法遥控打开车门,用机械钥匙打开车门后在仪表板多功能显示屏上一直显示"未检测到钥匙";驾驶人更换另外一把钥匙试验,发现两把钥匙都会在仪表板多功能显示屏上显示"未检测到钥匙";驾驶人使用应急起动方法起动车辆,但车辆还是在仪表板的多功能显示屏上显示"未检测到钥匙"。

故障诊断 接车后试车验证故障现象,故障现象和驾驶人反映的一致,即使是采用应急起动方法起动车辆,车辆还是在仪表板的多功能显示屏上一直显示"未检测到钥匙",踩下制动踏板发现起动开关上的起动指示灯没有任何反应;检查车辆相关熔丝,没有发现异常。根据故障现象分析其可能故障原因有遥控钥匙故障、发动机起动开关故障、车门控制接收器故障、防盗及智能控制系统线路故障、防盗及智能控制系统 ECU 故障。

根据维修手册检查车门控制接收器控制线路,未见短路或断路现象;用 IT-Ⅱ使用手动模式进入智能及起动系统检测故障码,发现存储有故障码:B2784——天线线圈开路/短路;

B278A——锁定器充电故障 VC5 搭铁短路。记录并尝试清除故障码后试车，故障依旧，故障码无法清除。

查阅维修手册发现，故障码 B2784 表示发动机点火开关内部钥匙天线线圈开路/短路，根据该车电路图（图 6-12）测量电源开关（E52）导线插接器的端子 10（CODE，内部钥匙天线线圈）与认证 ECU（E58）导线插接器的端子 9（CODE）之间的控制线路，未见短路或断路现象；测量电源开关（E52）导线插接器的端子 9（TXCT）与认证 ECU（E58）导线插接器的端子 B（TXCT）之间的控制线路，没有短路或断路；再测量电源开关（E52）内部的接通情况，未见异常。根据上述检测结果确定电源开关（E52）良好。

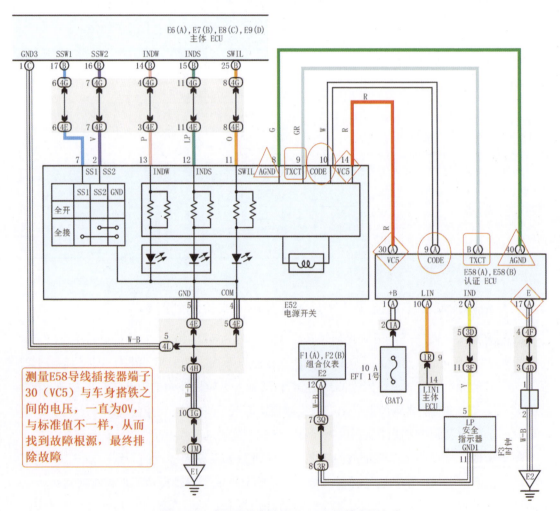

图 6-12　电源开关和认证 ECU 之间的连接电路

查阅维修手册，当电源开关（E52）的电源线路开路或短路时会出现故障码 B278A，测量电源开关（E52）导线插接器端子 14（VC5）与认证 ECU（E58）导线插接器的端子 30（VC5）之间的控制线路，未见短路或断路现象；测量认证 ECU（E58）导线插接器的端子30（VC5）与车身搭铁之间的电压，发现不管是在什么状态该端子的电压都为0V，而正常情况下，在按下电源开关（E52）时该端子的电压应为4.6～5.4V，当钥匙不在车内时该端子的电压应低于1V；再测量电源开关（E52）导线插接器端子8（AGND）与认证ECU（E58）导线插接器的端子40（AGND）之间的控制线路，未见短路或断路现象；测量认证ECU（E58）导线插接器的端子17（E）与车身搭铁之间的电阻，搭铁良好。根据以上检测结果分析，应该是认证ECU（E58）内部VC5电源电路损坏，导致认证ECU（E58）没有电源供应给电源开关（E52）进而导致故障发生的。

故障排除 更换认证ECU并重新注册登记钥匙后试车，故障排除。

维修总结 认证ECU在没有任何线路改动的情况下损坏有点蹊跷，推测可能是车辆受外界原因破坏过原车防盗系统，导致认证ECU损坏。对于该故障，在维修手册中没有提供太多相关测量数据标准及元件检测的数据，通过认真分析检查及了解其控制原理，结合修理时常用的换件排除法，也能快速有效地排除故障。该案例中，维修人员通过查阅维修手册，测量每根线的短路或断路情况，关键是测量E58导线插接器端子30（VC5）与车身搭铁之间的电压，一直为0V，与标准值不一样，从而找到故障根源，最终排除了故障。

第七章

安全气囊系统电路识读

第一节 安全带电路识读

如图 7-1 所示,通用汽车安全带系统电路一般包括驾驶人侧安全带开关、乘客侧安全带开关、前乘客感知传感器、安全气囊系统传感和诊断模块(SDM)、驾驶人安全带指示灯、乘客安全带指示灯等。

如图 7-1 所示,驾驶人侧安全带开关和乘客侧安全带开关都是一个 2 线开关,通过一个信号电路和一个低电平参考电路连接到安全气囊系统传感和诊断模块(SDM)上。安全带未系好时,开关关闭,安全带系好时,开关打开。传感和诊断模块通过串行数据向仪表板组合仪表发送驾驶人安全带状态。接收到信息后,仪表板组合仪表控制驾驶人和乘客安全带指示灯的点亮和驾驶人信息中心信息的显示。

安全带有助于将乘员保持在乘员舱内,并在正面冲击型碰撞、后部冲击型碰撞、侧面冲击型碰撞、翻车型碰撞等事件中逐渐减少碰撞冲击力。所有的安全带卷收器都有紧急锁紧保护。正常情况下卷收器是解锁的,以便各乘员的上身能自由移动。摆动体将安全带锁定到位,当安全带从卷收器中迅速收缩、车速突然改变、车辆行驶方向突然改变、操作车

第七章 安全气囊系统电路识读

辆上陡坡、操作车辆下陡坡等情况下,摆动体可使锁杆与卷收器机构卷轴上的嵌齿啮合。安全带具有自动锁紧(锁止)功能,该锁紧功能在安全带完全从卷收器中拉出时启用,可防止安全带拉出的幅度超过规定的卷收位置。当使安全带完全卷回到卷收器中时,可取消该锁紧功能。取消该锁紧功能后,安全带即解锁,安全带可从卷收器中拉出。

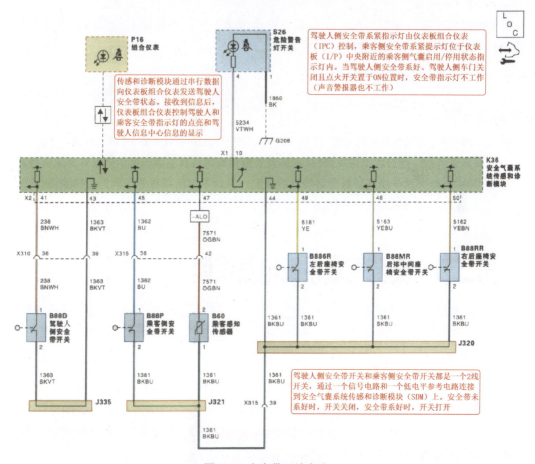

图 7-1 安全带系统电路

1. 前排座椅安全带系统

前排座椅安全带系统包括驾驶人和乘客座椅安全带预紧器卷收器。两个前排座椅安全带预紧器都有安全带开关,该开关位于座椅锁扣中,用于控制安全带提示灯和声音警报器。

2. 安全带系紧指示灯

别克某些车型配有2个安全带系紧指示灯。驾驶人侧安全带系紧指示灯由仪表板组合仪表(IPC)控制,乘客侧安全带系紧提示灯位于仪表板(I/P)中央附近的乘客侧气囊启用/停用状态指示灯内。当驾驶人侧安全带系好、驾驶人侧车门关闭且点火开关置于ON位置时,安全带指示灯不工作(声音警报器也不工作)。

当有乘客坐在前排乘客座椅上、乘客侧安全带系好、乘客侧车门关闭,且点火开关置于 ON 位置时,位于乘客座椅的乘客感知系统状态指示灯内的安全带指示灯将不会点亮(声音警报器也不工作)。当驾驶人侧安全带未系好、驾驶人侧车门关闭且点火开关置于 ON 位置时,安全带系紧指示灯将持续点亮 20s,直到系好驾驶人侧安全带(声音警报器会鸣响 4~8s,然后关闭)。

当有乘员坐在前排乘客座椅上、乘客侧安全带未系好、乘客侧车门关闭,且点火开关置于 ON 位置时,位于乘客座椅的乘客感知系统状态指示灯内的安全带指示灯将会点亮(声音警报器会鸣响 4~8s,然后关闭)

注意

前排乘客座椅装备有乘客感知系统(PPS),用于检测是否有乘客。如果乘客感知系统检测到前排乘客座椅空位,则禁用乘客侧安全带系紧指示灯。

第二节 安全气囊系统电路识读

安全气囊(Safe Air Bag)系统的全称是辅助防护系统(Supplemental Restrain System)或辅助防护安全气囊系统,英文缩写为 SRS。它是一种当汽车遭到冲撞而急剧减速时能很快膨胀的缓冲垫,通常它与座椅安全带配合使用,可以为乘员提供十分有效的防撞保护。当汽车发生碰撞时,迅速在乘员和汽车内部构造之间打开一个充满气体的袋子,使乘员撞在气袋上,避免或减缓碰撞,从而达到保护乘员的目的。

一、安全气囊电路识读

1. 电源、搭铁、指示灯和停用开关电路识读

如图 7-2 所示,传感和诊断模块(SDM)是一个微处理器,它是安全气囊系统(SIR)的控制中心。传感和诊断模块包含有多个内部传感器和外部传感器(如配备),安装在车辆的关键位置处。如果发生碰撞,传感和诊断模块将来自内部和外部传感器的信号与存储器中的存储值进行比较。当产生的信号超过存储值时,传感和诊断模块就使电流流经相应的展开回路,从而展开安全气囊。

第七章 安全气囊系统电路识读

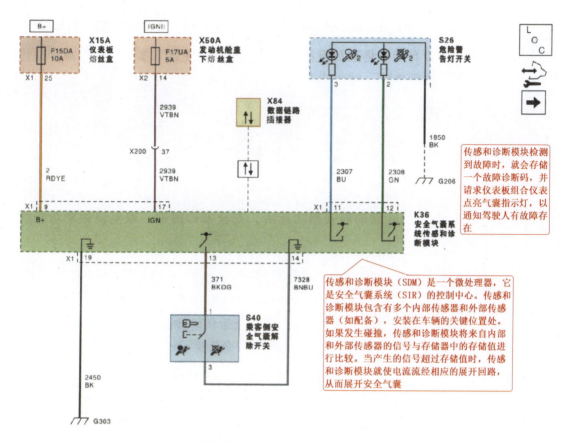

图 7-2 安全气囊系统示意图（电源、搭铁、指示灯和停用开关）

传感和诊断模块记录气囊展开时的安全气囊系统状态，并点亮位于仪表板组合仪表上的气囊指示灯。将点火开关置于 ON 位置时，传感和诊断模块会对安全气囊系统的电气部件和电路进行连续诊断监测。传感和诊断模块检测到故障时，就会存储一个故障诊断码，并请求仪表板组合仪表点亮气囊指示灯，以通知驾驶人有故障存在。如果在碰撞过程中失去了点火正极电压，传感和诊断模块将维持 23V 的回路储备电源（23 VLR），以使安全气囊能够展开。

在解除安全气囊系统以进行维修或营救工作时，应先将 23V 储备电源放电（该过程将持续达 1min），这一点非常重要。

2. 正面碰撞模块电路识读

如图 7-3 所示，转向盘模块线圈连接在转向柱上并位于转向盘下面。转向盘模块线圈由两个或多个载流线圈组成，这些线圈可以在转向盘转动时，使驾驶人展开回路和转向盘展

187

开模块之间保持连续的电接触。如果装备了双级安全气囊，转向盘模块展开回路会使用两个或四个线圈。根据不同车型，如果转向盘上连接了其他附件，会使用更多的线圈。转向盘模块线圈插接器位于转向柱底座附近。当维修充气模块时，短路棒将短接充气模块展开回路，以防止安全气囊意外展开。

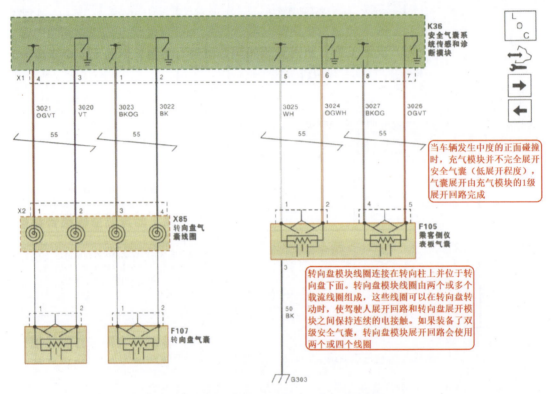

图 7-3　安全气囊系统示意图（正面碰撞模块）

双级充气模块包括一个壳体、充气式安全气囊、两个点火引爆装置以及装有气体发生材料的容器，在某些情况下还有储存的压缩气体。两个点火器属于正面安全气囊展开回路的一部分。正面展开回路的作用是使电流流过转向盘和仪表板（I/P）充气模块，从而展开安全气囊。充气模块有两个展开级别，可根据碰撞的严重程度来选择对乘员的保护程度。当车辆发生中度的正面碰撞时，充气模块并不完全展开安全气囊（低展开程度），气囊展开由充气模块的 1 级展开回路完成。

当车辆发生较严重的正面碰撞时，安全气囊将完全展开，整个过程由充气模块的 1 级和 2 级展开回路共同完成。电流流过点火器，引爆气体发生罐中的材料，从而迅速产生大量气体，在某些情况下还会释放压缩气体。该反应生成的气体使安全气囊迅速充气膨胀。安全气囊一旦充入气体，就会通过气囊通气孔和/或气囊纤维快速放气。每个双级充气模块都装备有一个短接棒，位于模块插接器上。当插接器断开时，短路棒将短接充气模块展开回路，以防止安全气囊意外展开。

第七章　安全气囊系统电路识读

3. 侧碰撞和车顶纵梁模块电路识读

如图 7-4 所示，侧碰撞模块位于座椅靠背的外侧部分内。车顶纵梁模块位于车顶内衬下，从前风窗玻璃立柱延伸到后风窗玻璃立柱。它们包括壳体、气囊、点火引爆装置和一个装有气体发生材料的容器。点火器属于展开回路的一部分。当车辆遇到冲击力足够大的侧面碰撞时，侧碰撞传感器检测到该碰撞，并向传感和诊断模块发送一个信号。

传感和诊断模块将来自侧碰撞传感器的这一信号与存储器中的设定值进行比较。当生成的计算值超过存储值时，传感和诊断模块就使电流流经侧面展开回路，使侧气囊和车顶纵梁安全气囊展开。侧面展开回路由传感和诊断模块、侧碰撞模块和接线组成。传感和诊断模块持续不断地检测展开回路是否有故障，一旦出现故障，就点亮安全气囊指示灯。

每个侧碰撞模块和每个车顶纵梁模块都在其插接器上装有短接棒。短接棒可使两个展开回路短路，以防止安全气囊在维修充气模块时意外展开。

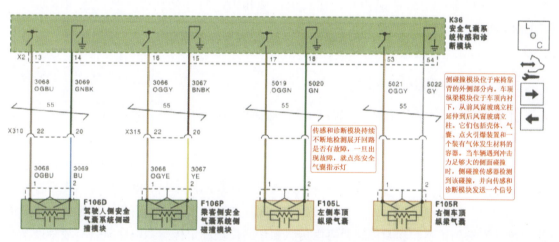

图 7-4　安全气囊系统示意图（侧碰撞和车顶纵梁模块）

4. 安全带预紧器电路识读

如图 7-5 所示，安全带卷收器预紧器由一个外壳、一个安全带卷收器、安全带、一个点火器和一个装有气体发生材料的容器组成。点火器属于安全带预紧器展开回路的一部分。当车辆发生冲击力足够大的碰撞时，传感和诊断模块（SDM）会使电流通过安全带展开回路流至点火器。电流流过点火器，引爆气体发生罐中的材料，从而迅速产生大量的气体。该反应生成的气体使安全带预紧器展开并收缩安全带，以消除安全带上的所有松弛。

根据碰撞的严重程度，在正面充气模块不展开的情况下，安全带预紧器可能展开，或在正面充气模块展开之前安全带预紧器会立即展开。每个安全带预紧器的插接器上都装有

189

一个短接棒。短接棒可使安全带预紧器电路短路，以防止在插接器断开时安全带预紧器意外展开。

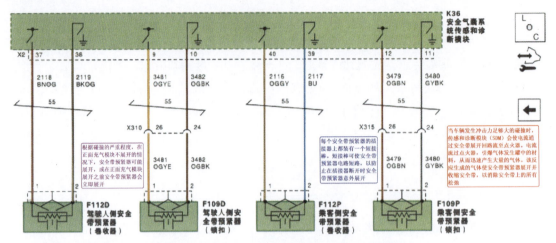

图 7-5　安全气囊系统示意图（安全带预紧器）

安全气囊系统安全带锁扣开关在安全带锁扣内，向安全气囊系统传感和诊断模块（SDM）提供输入信号。传感和诊断模块提供低电平参考电压电路和安全带开关信号电路，以确定系好或未系好状态。

5. 正面碰撞传感器电路识读

如图 7-6 所示，安全气囊系统前端和侧面碰撞传感器采用了双向 2 线电路。传感器调节接口电流，将识别号、健康状态和展开指令发送到安全气囊系统传感和诊断模块（SDM）。传感和诊断模块为传感器提供电源和搭铁。点火开关置于 ON 位置，并且首次检测到来自传感和诊断模块的输入电源时，传感器将执行内部诊断并向传感和诊断模块发送识别号，以此作为响应。如果响应时间小于 5s，传感和诊断模块则认为识别号有效。传感器将状态信息不断地发送到传感和诊断模块，再由传感和诊断模块确定传感器电路是否有故障。当检测到故障时，传感和诊断模块通过断电和重新通电的方式对传感器进行 2 次复位。如果故障仍存在，传感和诊断模块将设置一个故障诊断码。

6. 侧面碰撞传感器电路识读

如图 7-7 所示，侧面碰撞传感器（SIS）包括一个检测车辆加速度和速度变化的传感装置，以检测侧面碰撞的严重程度是否需要展开安全气囊。侧面碰撞传感器不属于展开回路，但向传感和诊断模块（SDM）提供输入信号。传感和诊断模块包含一个微处理器，该处理器利用测得的加速度值进行计算，并将这些计算值与存储器中的值进行比较。当生成的计算值超过存储值时，传感和诊断模块就使电流流经展开回路，从而展开气囊。

第七章 安全气囊系统电路识读

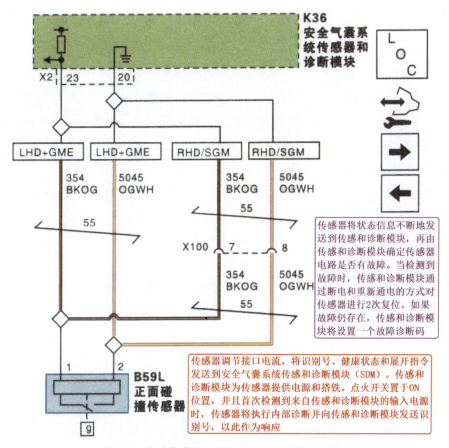

图 7-6 安全气囊系统示意图（正面碰撞传感器）

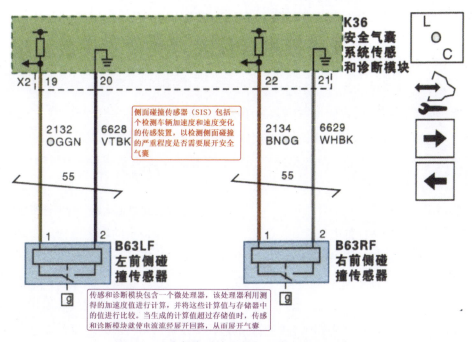

图 7-7 安全气囊系统示意图（侧面碰撞传感器）

191

7. 安全气囊系统电路综合识读

安全气囊系统（SIR）为乘员提供了安全带系统之外的附加保护。安全气囊系统可以包括多个充气保护模块，遍布全车，如转向盘模块、仪表板（I/P）模块或车顶纵梁模块。除充气模块之外，车辆还包括安全带预紧器，预紧器在相撞时拉紧安全带，在充气模块展开时就能减少乘员与安全带之间的距离。每个充气模块都有一个展开回路，该回路由车内的传感和诊断模块（SDM）控制。

传感和诊断模块根据位于车辆关键点的各种传感器输入来判断碰撞的严重程度。当传感和诊断模块检测到碰撞时，将处理传感器所产生的信息，以进一步帮助气囊或预紧器展开。如果检测到冲击力足够大的碰撞时，传感和诊断模块将会展开正面气囊和预紧器。如果碰撞力不足以使充气模块展开，传感和诊断模块仍可以展开安全带预紧器。传感和诊断模块对安全气囊系统的电气部件进行连续诊断监测。

当检测到电路故障时，传感和诊断模块就设置一个故障诊断码，并点亮气囊指示灯，以通知驾驶人。转向柱和膝垫均采用吸能式设计，在发生正面碰撞时可以收缩，从而限制了腿部的移动，减小对驾驶人和乘客造成伤害的机会。

（1）正面安全气囊系统

当正面冲击力足够大时，正面气囊和/或预紧器就会展开。传感和诊断模块（SDM）包括一个感测装置，该装置能够将车速变化转换为电信号。传感和诊断模块将此信号与存储器中的存储值进行比较。如果信号超过存储值，传感和诊断模块将判断冲击的严重程度，或者使电流流经正面展开回路，从而展开正面气囊和预紧器，或者只展开预紧器。正面展开回路由传感和诊断模块、仪表板模块、转向盘模块、转向盘模块线圈、安全带卷收器预紧器及接线组成。传感和诊断模块持续不断地监测展开回路是否有故障。一旦检测到故障，就点亮整个气囊指示灯。

（2）安全气囊系统乘客感知系统

乘客感知系统用于监视前排右侧乘客座椅上的乘客重量，并将状态信息发送至传感和诊断模块（SDM），以确定是启用还是停用仪表板（I/P）充气模块的展开。乘客感知系统包括电子控制模块、传感器垫、加热型座椅元件（若装备）、线束和"乘客侧气囊启用/停用"指示灯。

传感器由几个置于座垫饰件下的挠性导电金属片组成。这些传感器片传输和接收低电平的电场。根据传感器垫内的电流变化，测量坐在前排乘客座椅上的乘客重量。如果传感器确定乘客重量小于规定值，则乘客感知系统模块将向传感和诊断模块发送抑制信号，停用仪表板模块。如果传感器确定乘客重量大于规定值，乘客感知系统模块将向传感和诊断模块发送启用信号。通过点亮位于仪表板组合仪表（IPC）中央的一个"乘客侧气囊启用/停用"指示灯，乘客感知系统模块将告知乘客侧气囊的启用/停用状态。乘客感知系统也会将故障告知于传感和诊断模块，并且传感和诊断模块将点亮位于仪表板组合仪表上的气囊指示灯。

二、故障诊断：别克昂科雷仪表气囊灯报警

故障现象　一辆别克昂科雷的行驶里程为 152310km，驾驶人反映仪表气囊灯报警。

故障诊断　连接故障诊断仪检测到 B101D 3B ECU 硬件性能内部自检失败，如图 7-8 所示。本着先易后难的原则，首先从外观上检查了熔丝与气囊模块的插头状况，未发现异常。根据故障分析，可能存在以下几方面故障：①线路系统存在故障；②传感器与执行器存在故障；③相应的模块存在故障。

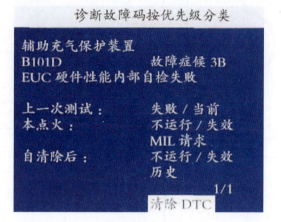

图 7-8　故障码

查阅电路图（图 7-9），测量 X1 的 9 号脚与 X1 的 17 号脚，电压正常，X1 的 19 号脚接地正常。由于模块的电源与接地都正常，建议更换安全气囊模块。

更换安全气囊模块的操作过程中，在编程中系统显示停止，无法编程（图 7-10）。联系相关技术部门后确认，需在模块内部添加数据才可以编程。通过数据添加及与主机厂相应部门联系，重新编程与配置后，气囊灯仍点亮且故障现象仍存在。

由于无法清除故障码，再次查询维修手册中的电路/系统说明——在控制模块内进行故障检测，故障诊断码说明中所列的症状字节只作工程参考，不涉及外部电路诊断；诊断与帮助内部说明——故障现象为历史故障码时不要更换安全气囊模块与乘客感知检测模块。因为存在当前故障现象，结合先前的线路图，确认故障现象可能是与乘客感知检测模块相关。

于是检查了副驾驶座椅的乘客感知模块插头，发现插头有腐蚀现象（图 7-11），清洁腐蚀部位后检测，故障现象仍存在。

故障排除　测量感知模块与气囊模块的线路正常，怀疑已造成内部故障。后与同款车型对换乘客感知模块，故障排除。

故障总结　该车辆曾经进过水，而且停放时间过长，维修人员在维修完成后才了解到这个情况。如果能提前掌握这样的信息，或许在维修中能进一步理清思路，辨明诊断的方向。

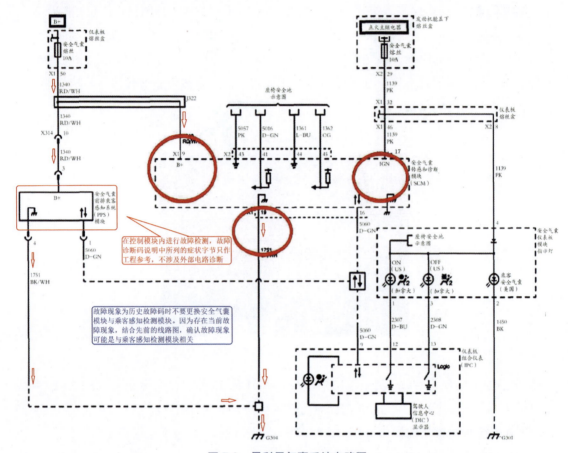

图 7-9 昂科雷气囊系统电路图

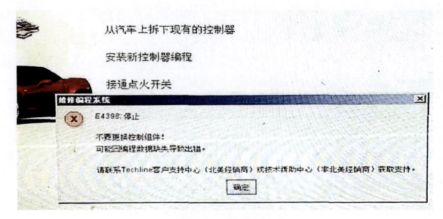

图 7-10 无法编程

图 7-11 插头有腐蚀

第三节 现代轿车安全气囊系统电路识读

一、现代轿车安全气囊（SRS）电路识读

2016 款现代索纳塔轿车安全气囊系统电路如图 7-12~图 7-14 所示。

1. SRS 模块供电电路

当点火开关打到 ON 或 START 档位时，通过智能接线盒一个 15A 的熔丝向 SRS 模块供电。如图 7-12 所示。电流流向为：ON 或 START 输入→15A 熔丝→I/P-E 4#→SRS 控制模块 M06-A 的 7#。

2. 传感器电路

传感器用于检测、判断汽车发生事故后的撞击信号，以便及时起动安全气囊。

（1）碰撞传感器

正面碰撞传感器负责检测碰撞的强度，看气囊是否需要打开。如果汽车以 40km/h 的车速撞到一辆正在停放的同样大小的汽车上，或者以不低于 22km/h 的车速迎面撞到一个不可变形的固定障碍物上，碰撞传感器便会动作，接通接地回路。

2016 款现代索纳塔有驾驶人正、侧面碰撞传感器和助手席（前排乘客）正、侧面碰撞传感器共 4 个碰撞传感器。其电路如图 7-12、图 7-14 所示。当汽车发生碰撞时，传感器把感知到的高速碰撞的信息传给 SRS 控制模块，引爆气囊传爆管，打开安全气囊。

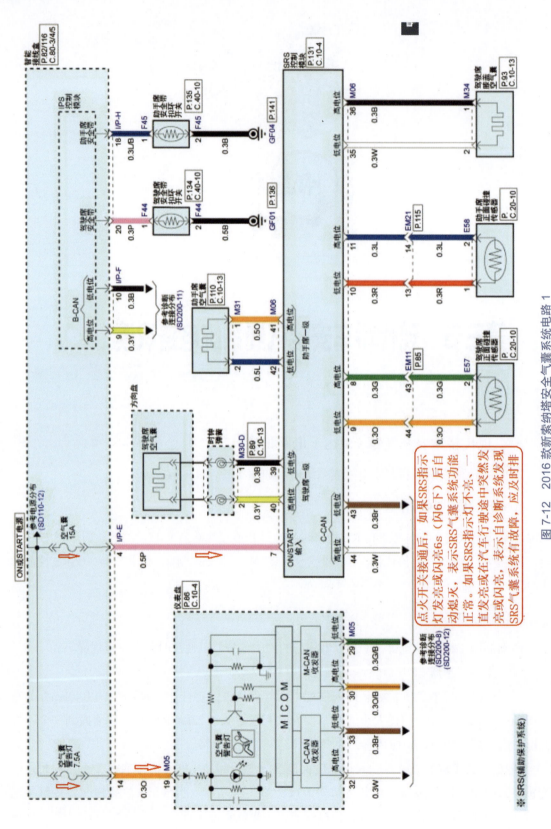

图 7-12 2016 款新索纳塔安全气囊系统电路 1

第七章 安全气囊系统电路识读

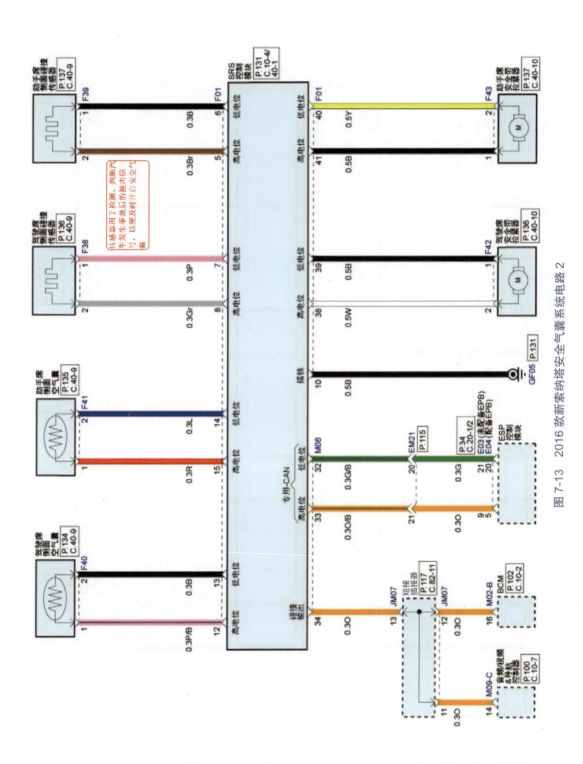

图7-13 2016款新索纳塔安全气囊系统电路2

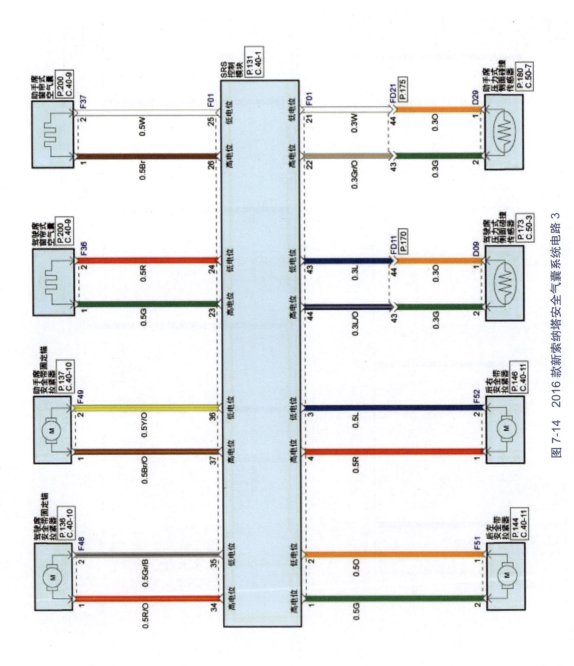

图 7-14　2016 款新索纳塔安全气囊系统电路 3

第七章 安全气囊系统电路识读

(2) 安全气囊警告灯

安全气囊警告灯装在仪表板上,用图形或 SRS、AIR BAG 等字样表示。SRS 指示灯用来指示 SRS 气囊系统功能是否处于正常状态。当点火开关接通"ON"或"ACC"位置后,如果 SRS 指示灯发亮或闪亮 6s(闪 6 下)后自动熄灭,表示 SRS 气囊系统功能正常。如果 SRS 指示灯不亮、一直发亮或在汽车行驶途中突然点亮或闪烁,表示自诊断系统发现 SRS 气囊系统有故障,应及时排除。指示灯电路如图 7-12 所示。

3. 诊断电路

诊断电路如图 7-12 所示,可诊断电路系统内的任何故障,当故障被检测出来后,点亮组合仪表上的故障警告灯以提醒驾驶人。这一电路可监视的情况包括:造成点火失效的故障、造成意外点火的故障、传感器的故障、引爆装置的故障、点火和驱动电路的故障以及诊断电路本身的故障。

诊断电路由电控单元将信息通过 CAN 总线传递数据,并有专门的诊断接口供维修时使用(诊断接口参照诊断连接分布)。

二、故障诊断:伊兰特安全气囊警告灯点亮

故障现象 一辆北京现代伊兰特 1.8L 轿车,行驶里程 8.3 万 km。车辆正常行驶中仪表板上的安全气囊警告灯经常点亮,有时将发动机熄火后再重新起动,安全气囊警告灯又可以自然熄灭,最近一次行驶中安全气囊警告灯突然点亮后再也不能熄灭。

故障诊断 安全气囊在汽车的配置中是比较特殊的重要部件,当车辆发生碰撞事故导致气囊引爆后,必须要按照维修要求更换气囊控制单元和转向盘线圈等相关配件,否则维修后很可能会出现气囊警告灯点亮的现象。该车一直正常保养且没有碰撞事故维修记录,仔细检查实车也没有发现维修过的痕迹,这说明安全气囊警告灯点亮与碰撞事故没有关系。

首先使用故障诊断仪检查安全气囊系统,存储有故障码:B1462——感知乘客侧无装置电路开放,即乘客座椅 PPD 传感器断路或短路。PPD 传感器(图 7-15)是安装在前排乘客座椅上的压力传感器,它的作用是检测座椅上面的负载质量,当负载质量达不到标准要求(≥15kg),在碰撞事故中乘客侧的气囊将不会被引爆,这样可以避免气囊对儿童的伤害并减少车辆的维修费用。

1)相关端子和插接器的检查。电气系统中的许多故障是由接触不良的线束和端子引起的,故障也可能是由其他电气系统的干涉以及机械或化学损坏导致的。彻底检查 PPD 传感器线束的插接器(图 7-16),没有发现松动、不良连接以及损坏等情况。

2)PPD 传感器的检查。检查 PPD 传感器内的短路及断路情况,将点火开关置于 OFF,从蓄电池上分离蓄电池极桩线束并至少等待 1min。从安全气囊控制单元 SRSCM 处分离 PPD 传感器插接器,将质量约 15kg 的物品放到座椅上,以便验证 PPD 传感器的功能。测

量 PPD 传感器插接器的端子 1 和端子 2 之间的电阻，电阻显示"1"无穷大，而标准规定座椅上没有物品（≤0.6kg）时电阻为 50kΩ 以上，座椅上有物品（≥15kg）时电阻为 5～45kΩ。因此，测量结果说明 PPD 传感器部件本身电路断路。

图 7-15　PPD 传感器

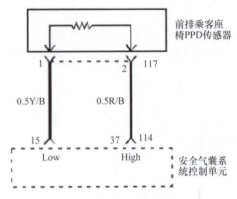

图 7-16　PPD 传感器线路连接

分解前排乘客座椅，拆卸座套，发现 PPD 传感器线束中的蓝色线断路（图 7-17）。因为座椅是海绵材料制作且弹性非常好，前部经常受到乘客挤压而翘起，再加上线束过紧没有足够的活动空间，从而造成 PPD 传感器线束的折断。

故障排除　更换 PPD 传感器并清除故障码，安全气囊指示灯熄灭，故障诊断仪检测系统正常。

维修总结　在日常的维修过程中必须了解部件的结构原理，严格按照标准流程维修作业，这样不但可以缩短诊断时间，提高诊断故障的准确性，而且可以提高工作效率、减少误判。

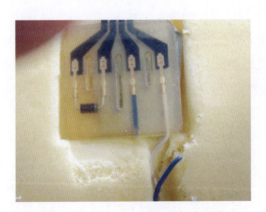

图 7-17　PPD 传感器的蓝色线断路

第八章

照明、仪表及报警电路识读

第一节 照明系统控制电路识读

一、前照灯电路识读

前照灯的控制方式一般分为开关直接控制和继电器控制两种。当灯的功率较小时，灯的电流直接受灯光总开关控制，如桑塔纳、捷达、奇瑞等车型的前照灯控制电路没有经过继电器控制。当灯的数量多、功率大时，为减少开关热负荷，减少线路压降，则采用继电器控制，同时，分路熔丝的个数也多，如上海通用、日产、丰田等车型的前照灯都采用继电器控制。下面以别克英朗前照灯电路为例进行讲解。图 8-1 所示为别克英朗灯光开关和输入电路图。

1）前照灯开关 S30：车身控制模块 K9 的 X1-11、X1-16 端外接前照灯开关 S30。前照灯开关实物如图 8-2 所示。旋转前照灯开关至下列位置，可以实现相应的控制。

AUTO：自动照明控制，前照灯根据车外光照条件自动开启和关闭。

⏻：启用或断开自动照明控制系统，开关返回或至 AUTO 位置。

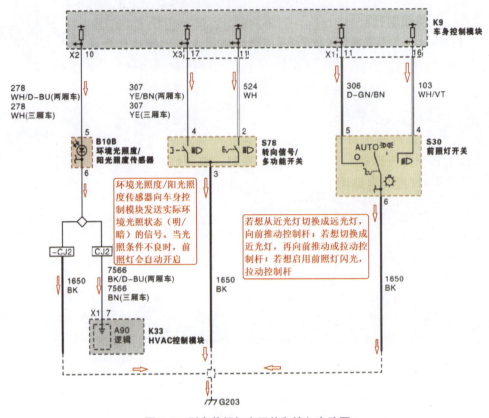

图 8-1 别克英朗灯光开关和输入电路图

⊃O⊂：驻车灯、仪表板灯、牌照灯点亮。

⊃D：前照灯及上述所有车灯点亮。

当前照灯开关位于 ⊃D 位置时，前照灯开关 S30 的 4 端与 6 端导通，搭铁信号输入到 K9 的 X1-16 端，K9 判断为前照灯开关点亮信号，表明驾驶人想接通近光。

当前照灯开关位于 ⏻ 位置时，S30 的 5 端与 6 端导通，搭铁信号输入到 K9 的 X1-11 端，K9 判断为前照灯熄灭信号。

2）转向信号/多功能开关：车身控制模块 K9 的 X3-11、X1-17 端外接转向信号/多功能开关 S78。实物如图 8-3 所示。

图 8-2 前照灯开关

图 8-3 转向信号/多功能开关（近光与远光的切换）

若想从近光灯切换成远光灯,向前推动控制杆;若想切换成近光灯,再向前推动或拉动控制杆;若想启用前照灯闪光,拉动控制杆。

当拉动控制杆时,S78 的 4 端与 3 端导通,K9 的 X3-17 端搭铁,车身控制模块接收到前照灯开关闪光超车信号。当从近光灯切换成远光灯时,S78 的 2 端与 3 端导通,K9 的 X3-11 端搭铁,车身控制模块接收到前照灯变光器开关远光信号。

3)环境光照度/阳光照度传感器:在装有环境光照度/阳光照度传感器的车上,可以实现自动前照灯控制。环境光照度/阳光照度传感器向车身控制模块发送实际环境光照状态(明/暗)的信号。K9 的 X10 端外接环境光照度/阳光照度传感器,当光照条件不良时,前照灯会自动开启。图 8-4 所示为别克英朗前照灯控制电路图。

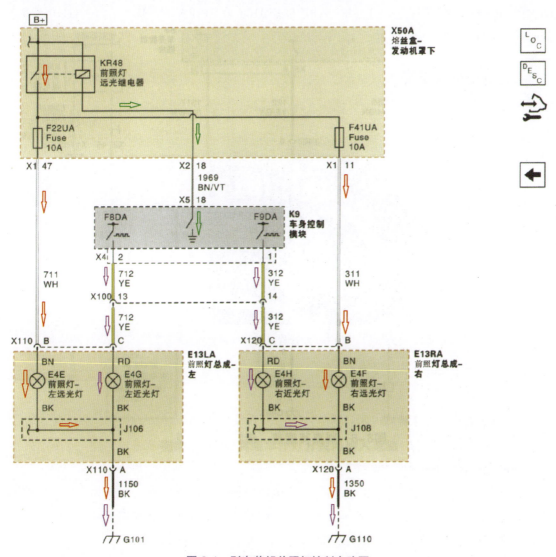

图 8-4 别克英朗前照灯控制电路图

车身控制模块 K9 根据前照灯开关和输入信号控制前照灯,当 K9 接收到近光请求后,K9 的 X4-2 端、X4-1 端分别输出高电平的脉冲信号,供电给左近光灯和右近光灯。此时近光灯点亮。

当 K9 接收到远光请求后,K9 的 X5-18 端搭铁,前照灯远光继电器控制电路形成通路:蓄电池 B+→前照灯远光继电器线圈→发动机罩下熔丝 X50A 的 X18 端→K9 的 X5-18 端→K9 内部搭铁。远光继电器的线圈通电,使继电器开关闭合。蓄电池 B+→前照灯远光继电器开关后分两路:一路通过左远光灯熔丝 F22UA → X50A 的 X1-47 端→左前照灯总成 E13LA 的 X110-B 端→左前照灯远光灯 E4E →插接器 J106 → E13LA 的 X110-A 端→ G101 搭铁;另一路通过右远光灯熔丝 F41UA → X50A 的 X1-11 端→右前照灯总成 E13RA 的 X120-B 端→右前照灯远光灯 E4F →插接器→ J108 → E13RA 的 X120-A 端→ G110 搭铁。此时左、右远光灯点亮。

二、雾灯电路识读

车身控制模块 K9 的 X1-9 端外接前雾灯与后雾灯开关,实物如图 8-5 所示。

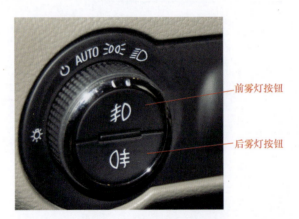

图 8-5　前雾灯与后雾灯开关

按下 雾灯 按钮,可开启或关闭前雾灯。当照明开关在 AUTO 位置,开启前雾灯时也将会自动开启前照灯。

按下 雾灯 按钮,可开启或关闭后雾灯。当照明开关在 AUTO 位置,开启后雾灯时也将会自动开启前照灯。照明开关在 位置时,后雾灯只能与前雾灯一起开启。图 8-6 所示为别克英朗前、后雾灯电路图。

1)前雾灯电路。前雾灯继电器始终由蓄电池电压供电。当按下前雾灯开关时,车身控制模块 K9 接收到雾灯开关信号。K9 的 X5-13 端输出搭铁信号,前雾灯继电器线圈通电,电流回路为蓄电池电压→前雾灯继电器线圈→ X50A 的 X46 端→ K9 的 X5-13 端,经 K9 内部搭铁。

第八章　照明、仪表及报警电路识读

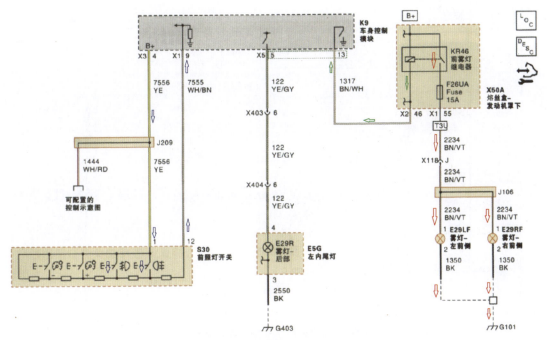

图 8-6　别克英朗前、后雾灯电路图

当前雾灯继电器线圈通电时，前雾灯继电器开关触点闭合，接通前雾灯主电路：蓄电池电压→前雾灯继电器开关触点→熔丝 F26UA → X50A 的 X1-55 端→插接器 X118-J 端→插头 J106 后分两路，一路经左前雾灯 E29LF → G110 搭铁；另一路经右前雾灯 E29RF → G110 搭铁。此时，左、右前雾灯点亮。

2）后雾灯电路。当后雾灯开关置于接通位置时，车身控制模块向后雾灯提供蓄电池电压。电流回路为 K9 的 X5-5 端→插接器 X403-6 端→插接器 X404-6 端→左内尾灯内的后部雾灯 E29R → G403 搭铁。此时，后雾灯点亮。

三、车外灯电路识读

别克英朗的车外灯除前照灯、雾灯外，主要还有驻车灯、尾灯、牌照灯和示廓灯、转向信号灯、制动灯、倒车灯。图 8-7 所示为车外灯开关与输入电路。制动踏板位置（BPP）传感器用于感测驾驶人操作制动踏板的动作。制动踏板位置传感器提供一个模拟电压信号，当踩下制动踏板时该信号将增大。车身控制模块的 X1-19 端和 X13 端分别向制动踏板位置传感器提供一个低电平参考电压信号和一个 5V 参考电压。当可变信号达到电压阈值（即制动器接合）时，车身控制模块将向制动灯控制电路和中置高位制动灯控制电路提供蓄电池电压，控制电路通电时制动灯点亮。

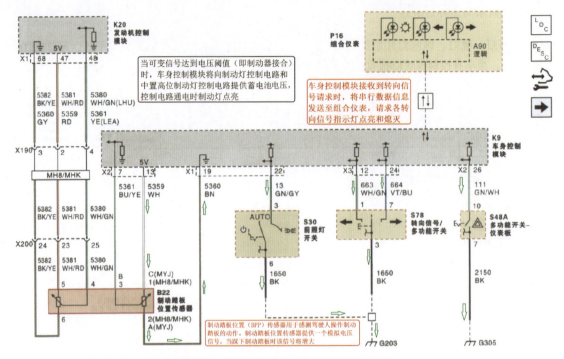

图 8-7 别克英朗车外灯开关与输入电路

车身控制模块 K9 的 X3-12 端和 X3-24 端外接转向信号 / 多功能开关（图 8-8）。当转向信号 / 多功能开关置于右转或左转位置时，通过右转向或左转向信号开关信号电路向车身控制模块提供搭铁。随后，K9 通过相应的电源电压电路向前转向和后转向信号灯提供脉冲电压。车身控制模块接收到转向信号请求时，将串行数据信息发送至组合仪表，请求各转向信号指示灯点亮和熄灭。

图 8-8 转向信号 / 多功能开关

车身控制模块 K9 的 X26 端外接危险警告开关（图 8-9），当危险警告开关置于 ON（开）位置时，通过危险警告开关信号电路向 K9 提供搭铁。K9 以 ON（打开）和 OFF（关闭）占空比形式向所有转向信号灯提供蓄电池电压。同时，K9 向组合仪表发送一个串行数据信息，请求转向信号指示灯循环点亮和熄灭。

图 8-10、图 8-11 所示为车外灯电路。

1）驻车灯、尾灯、牌照灯和示宽灯。当前照灯开关置于驻车灯或前照灯位置时，驻车灯、尾灯 /LED 和牌照灯点亮。当车身控制模块 K9 接收到前照灯开关点亮驻车灯的请求时，K9 的 X4-6 端和 X4-5 端发送脉宽调制信号点亮驻车灯、尾灯和牌照灯。

2）转向信号灯。当转向信号 / 多功能开关置于右转或左转位置时，K9 检测到转向灯

图 8-9 危险警告开关

开关信号，然后通过相应的电源电压电路向前转向和后转向信号灯提供脉冲电压。其中 K9 的 X5-1 端为左后转向灯提供电源；K9 的 X5-2 端为左前转向灯提供电源；X4-4 端为右后转向灯提供电源；X4-3 端为右前转向灯提供电源。

3）危险警告闪光灯。当在紧急情况下，可按下危险警告开关，K9 检测到危险警告开关信号时，将以占空比形式从 X5-1 端、X5-2 端、X4-4 端、X4-3 端向所有转向信号灯输出蓄电池电压。同时 K9 向组合仪表发送一个串行数据信息，请求转向信号指示灯循环点亮和熄灭。

4）制动灯。当驾驶人踩下制动踏板时，K9 检测到制动信号，当可变信号达到电压阈值（即制动器接合）时，K9 将向制动灯控制电路和中置高位制动灯控制电路提供蓄电池电压。其中 X4-7 端、X4-6 端和 X4-11 端将提供蓄电池电压，控制电路通电时制动灯点亮。

5）倒车灯。在变速器挂倒档后，发动机控制模块（ECM）向车身控制模块发送串行数据信息。该信息指示变速杆挂倒档。车身控制模块 K9 向倒车灯提供蓄电池电压，电流回路为 K9 的 X7-3 输出蓄电池电压→插接器 X405 端→插头 J901→分别供电给左倒车灯 E5A 和右倒车灯 E5B → G401 搭铁。此时倒车灯点亮。一旦驾驶人将变速杆移出倒档位置，发动机控制模块通过串行数据发送信息，请求车身控制模块从倒车灯控制电路上撤销蓄电池电压。

四、故障诊断：别克英朗前照灯故障

故障现象 一辆 2015 年的上海通用别克英朗轿车，行驶里程 4 万 km。该车在夜间行驶时，制动时前照灯会出现闪烁。

故障诊断 维修人员查阅电路图得知，该车的前照灯继电器是由车身控制单元控制的。踩下制动踏板后，能够听到前照灯继电器的触点在跳动，说明问题出在控制方面。将故障车与正常车的车身控制单元互换后，试车故障依旧。

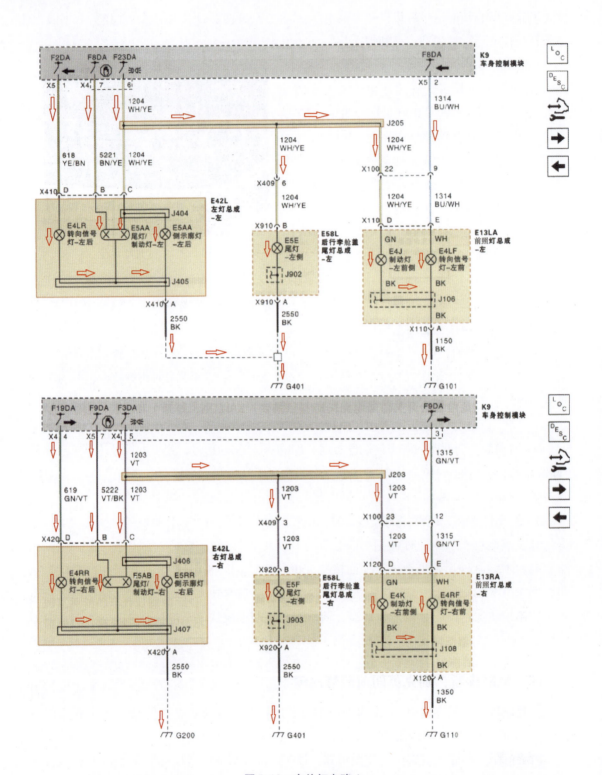

图 8-10 车外灯电路 1

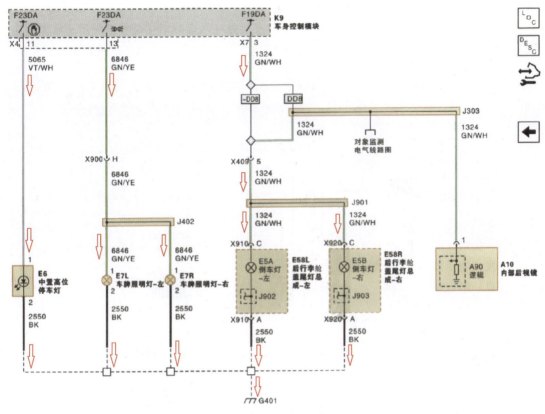

图 8-11　车外灯电路 2

断开左后尾灯的插接器试车，故障依旧，进一步断开右后尾灯的插接器，即两个尾灯都被断开了，故障现象消失，说明问题出在尾灯内部。检查制动灯泡，发现其功率过大，这会导致车身控制单元的电源电压不稳定，因此出现控制异常。

故障排除　更换标准功率的制动灯泡，故障排除。

第二节　组合仪表电路识读

一、宝马组合仪表电路识读

1. 组合仪表控制框图与原理

组合仪表以指示灯或文字信息的形式将汽车行驶过程中的各种动态指标显示在仪表板上，并向驾驶人发出警告的信息。组合仪表控制框图如图 8-12 所示。

组合仪表直接检测车外温度传感器、左/右侧燃油油位传感器、冷却液液位开关、清洗液液位开关、驻车制动报警开关的信号。组合仪表通过 PT-CAN 或 K-CAN 与下列控制单元进行通信。

1）动态稳定控制（DSC）：DSC 出现故障时，相应的指示灯和警告灯亮起。DSC 上还连接了制动摩擦片磨损传感器。当制动摩擦片磨损时，普通制动警告灯亮起。

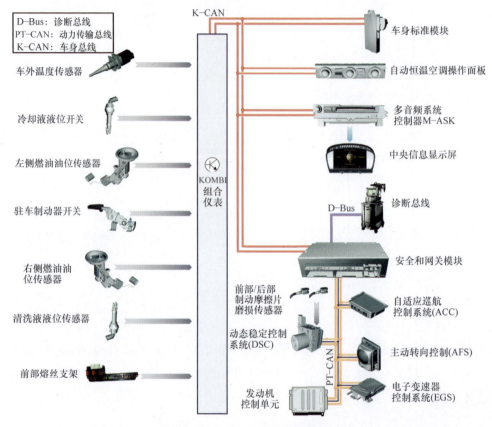

图 8-12　组合仪表控制框图

2）自适应巡航控制系统（ACC）：ACC 在组合仪表上有用于控制 ACC 的指示灯和警告灯。

3）主动转向控制（AFS）：AFS 出现故障时，通过相应的指示灯和警告灯亮起来显示。

4）发动机控制单元：发动机控制单元出现故障时，通过相应的指示灯和警告灯亮起来显示。

5）电子变速器控制系统（EGS）：EGS 向组合仪表提供挂入档位的信号。挂入的档位在液晶显示器的变速杆和档位显示器中显示。

6）安全和网关模块：被动式安全系统（安全气囊）出现的故障将通过控制相应的指示灯和警告灯来显示。安全和网关模块是数据总线 byteflight、PT-CAN 和 K-CAN 之间的网关，安全和网关模块上还连接了诊断总线。

2. 组合仪表的分区

组合仪表分为指针式仪表、指示灯和警告灯、液晶显示屏等几个显示区。组合仪表内的显示区如图 8-13 所示。

1）指针式仪表。组合仪表内的指针式仪表主要有车速表、转速表、燃油表、燃油消耗表，如图 8-13 所示。

图 8-13　组合仪表内的显示区

2）指示灯和警告灯。指示灯和警告灯由组合仪表内的处理器进行控制，接通点火开关或起动发动机时这些灯会亮起，但亮起的时间各不相同。如果某个系统内出现故障，则发动机起动后相应的灯不熄灭或在行驶期间又重新亮起。

3）液晶显示屏。液晶显示屏位于车速表和转速表之间，如图 8-13 中的上部窗口显示区和下部窗口显示区。上部窗口显示时间日期、车外温度，也可显示 ACC 设定车速、定速控制的速度；下部窗口显示变速器的变速杆位置、车载电脑功能、行驶里程数、存在检查控制信息（如图 8-14 所示）。

图 8-14　液晶显示屏

3. 组合仪表电路分析

组合仪表电路如图 8-15 所示。

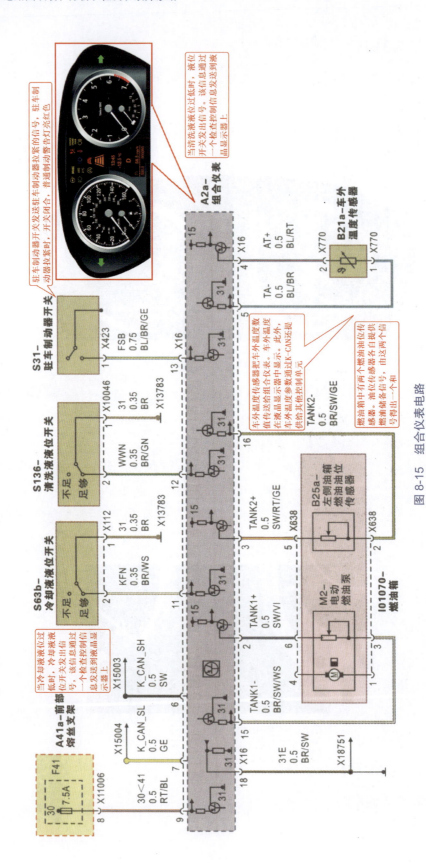

图8-15 组合仪表电路

1）组合仪表供电电路：到达前部熔丝支架 A41a 的蓄电池电压经熔丝 F41 后供电给组合仪表 A2a 的 X16-9 脚；A2a 的 X16-18 脚为接地脚，经 X18751 搭铁。

2）车外温度传感器电路：组合仪表 A2a 的 X16-5 脚、X16-4 脚外接车外温度传感器。车外温度传感器把车外温度数值传送给组合仪表。其中，车外温度传感器 B21a 的 X770-2 为信号输出脚，接 A2a 的 X16-4 脚；B21a 的 X770-1 脚为车外温度传感器接地脚，接 A2a 的 X16-5 脚。车外温度在液晶显示器中显示。此外，车外温度参数通过 K-CAN 还提供给其他控制单元。

3）左/右侧燃油油位传感器电路：燃油箱中有两个燃油油位传感器。油位传感器各自提供燃油储备信号，由这两个信号得出一个和。燃油箱 101070 的 X638-2 脚为左侧油箱燃油油位传感器接地脚，接 A2a 的 X16-16 脚；101070 的 X638-3 脚为右侧油箱燃油油位传感器接地脚，接 A2a 的 X16-15 脚；101070 的 X638-5 脚为左侧油箱燃油油位传感器信号输出脚，接 A2a 的 X16-3 脚；101070 的 X638-6 脚为右侧油箱燃油油位传感器信号输出脚，接 A2a 的 X16-2 脚。

4）冷却液液位开关电路：当冷却液液位过低时，冷却液液位开关发出信号，该信息通过一个检查控制信息发送到液晶显示器上。冷却液液位开关 S63b 的 X111 脚为接地脚，经 X13783 搭铁；S63b 的 X112 为冷却液液位开关信号输出脚，接 A2a 的 X16-11 脚。

5）清洗液液位开关电路：当清洗液液位过低时，液位开关发出信号。该信息通过一个检查控制信息发送到液晶显示器上。清洗液液位开关 S136 的 X10046-1 为接地脚，经 X13783 搭铁；S136 的 X10046-2 脚为清洗液液位开关信号输出脚，接 A2a 的 X16-12 脚。

6）驻车制动器开关电路：驻车制动器开关发送驻车制动器拉紧的信号，驻车制动器拉紧时，开关闭合，普通制动警告灯亮红色。驻车制动器开关 S31 的 X423-1 脚接 A2a 的 X16-13 脚。

二、故障诊断：宝马 740Li 中央信息显示屏黑屏

故障现象 一辆宝马 740Li，型号是 F02，行驶里程 9 万 km。车辆的中央信息显示屏一直呈黑屏状态，车辆的信息娱乐系统失效。

故障诊断 接车后首先验证驾驶人反映的故障现象，车辆的中央信息显示屏是黑屏状态，按压控制器没有反应，按压收音机的开关按钮，没有声音输出。连接 ISID 进行诊断检测，ISID 诊断测试树状图显示 MOST 系统中的控制模块除 ZGM 外都呈黄色，表示控制模块没有通信，诊断测试结束，读取的故障内容包括：①301——无法与下列装置通信：后座区视听设备；②271——无法与下列装置通信：DVD 机；③123——无法与下列装置通信：DVD 机；④315——无法与下列装置通信：视频模块；⑤112——无法与下列装置通信：ULF-SBX-H；⑥386——无法与下列装置通信：组合仪表；⑦273——无法与下列装置通信：主机。

选择故障内容执行检测计划，首先执行 MOST 系统分析。MOST 总线（多媒体传输系统）实现了控制模块和环形结构之间的数据交换，信号传输是通过光缆实现的。这种情况下，环内的传输只能向一个方向进行，当环形结构闭合且功能良好时，才能在 MOST 环形结构中传送信息。在开环情况下，仅能通过诊断系统与中央网关模块（ZGM）进行通信。因为控制模块直接连接在 K-CAN 上，所以能够做到这点。主机也有 K-CAN 连接，但是没有网关功能。出于这个原因，在 MOST 总线中断时，将无法再与主机进行通信。由于 MOST 所采用的环形结构，组件故障常会对整个系统产生影响，由此，组件故障将会在多个控制模块中产生故障记录。MOST 系统分析已进行了结构重组及简化。通过 MOST 系统分析，MOST 内的所有相关故障都将显示在车辆测试中（不再像原来那样合并为一个虚拟控制模块）。稳定性（MOST 环形结构闭合或中断）和控制模块在 MOST 环形结构内的顺序将在检测过程"MOST 系统分析"中进行评判。环形结构断裂诊断集成在 MOST 系统分析中（从 F01 起）。为此，将读取 MOST 控制模块在环内的顺序，并显示环形结构断裂位置。

MOST 系统分析结果，车辆任务与保存的 MOST 环形结构配置之间存在不一致。RSE、DVDC、视频模块、接口盒等控制模块都参与了，分析结果显示没有正确存储的 MOST 环形结构配置，则不能对 MOST 环形结构的状态做出可靠的判断。MOST 总线分析结果 ZGW 是唯一存在通信的 MOST 控制模块，可能存在环形结构断裂。执行 MOST 系统环形结构断裂诊断，诊断结果显示除了主机外无控制模块应答，这表明存在环形结构断裂，但环形断裂诊断未发现环形结构断裂，必须手动查找环形断裂位置。MOST 控制模块沿光缆方向的顺序如下：主机（CIC、CHAMP、收音机）、DVDC、组合仪表（KOMBI）、网关（ZGM）、后部娱乐系统控制模块（RSE）、接口盒（COMBOX）、视频模块（VM）。MOST 网络通信电路如图 8-16 所示。接下来进行手动查找环形断裂位置，根据 MOST 控制模块沿光缆方向的顺序分别断开各个控制模块，并使用一个 MOST 光缆的短接器进行跨接，替代被断开的控制模块。

由于主机是信息娱乐系统的主控单元，断开主机进行环形断裂测试没有实际意义。在逐个断开了除主机外的 MOST 系统上所有控制模块跨接 MOST 光缆端插接器后，显示屏仍然处于黑屏状态，车辆的信息娱乐系统处于失效状态。这说明除了主机外的其他控制模块可能不是造成故障的原因。根据 MOST 控制模块沿光缆方向的顺序直接断开主机下面一个控制模块 DVDC 的 MOST 接口，观察发现 MOST 接口红色光源只是在总线端切换到 KL.15 后短暂闪烁几秒钟，然后就一直没有红色的光发出。分析 MOST 系统的环形断裂位置很有可能是主机里面出了问题。与其他车辆对调主机进行测试，中央信息显示屏立即可以正常显示图像，车辆的信息娱乐系统功能也恢复了正常，证实故障点就在上面。

故障排除 更换主机，对车辆进行编程设码，故障排除。

第八章 照明、仪表及报警电路识读

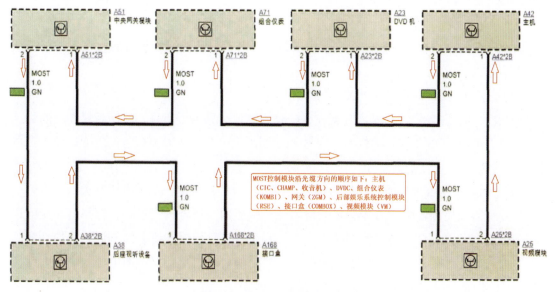

图 8-16 MOST 网络通信电路

第三节 仪表与报警系统电路识读

汽车仪表用于指示汽车行驶过程中的各种动态指标，以便驾驶人随时了解各系统的工作情况，保证汽车安全可靠地行驶。汽车仪表板上还有一些对工况进行监控并向驾驶人发出指示或警告的信息，这些信息一般以指示灯的形式显示在仪表板上或以文字信息的形式显示在液晶显示屏上。图 8-17 所示为 2017 款起亚 K2 轿车仪表板。

图 8-17 2017 款起亚 K2 轿车仪表板

215

一、汽车仪表与报警电路识读

识读汽车仪表与报警电路时，应以仪表板为中心，分步进行识读，通常仪表与报警系统电路具有如下特点：

1）所有电气仪表都受点火开关控制。

2）指示灯、警告灯常与仪表装配在一个总成内或在其附近布置，它们与仪表一同受点火开关的工作档（ON）和起动档（ST）控制。当点火开关位于ON档时，应能检验大多数仪表、指示灯、警告灯是否良好。

3）指示灯和警告灯按照电路接法可分为两种：一种是灯泡一端接点火开关，灯泡另一端外接传感器或检测开关，若传感器或检测开关接通则与搭铁构成通路，灯亮，如充电指示灯、驻车制动警告灯、制动液面警告灯、门未关警告灯、机油压力警告灯、冷却液液位过低警告灯等；另一种接法是指示灯泡接地，控制信号来自其他开关的电源线端，如远光指示灯、转向指示灯、雾灯指示灯、巡航控制指示灯等。

二、起亚K2仪表与报警系统电路识读

下面以起亚K2轿车仪表与报警系统电路为例进行分析，电路如图8-18~图8-20所示。起亚K2轿车仪表为组合式仪表，包括表示车辆状况的各种仪表和测量仪、监视车辆出现不正常情况并告知驾驶人的各种警告灯、告知驾驶人车辆各部分状况的指示灯，并具有仪表照明功能，主要有车速表、冷却液温度表、燃油表、发动机转速表、车门未关警告灯、发动机警告灯、发动机机油警告灯、驻车制动警告灯、ABS警告灯、EPS警告灯、安全气囊警告灯、安全带警告灯、蓄电池充电指示灯、转向信号指示灯、危险警告闪光指示灯、前照灯远光指示灯、雾灯指示灯等功能。

常电源电压经10A室内灯熔丝，供电给仪表的M08 27端，该电压分别供电给钥匙防盗指示灯、车门/行李舱盖开启指示灯、刻度照明灯、指针照明灯。刻度照明灯与指针照明灯的负极通过仪表板内部搭铁，当这两个照明灯接收到高电压时，即点亮照明；钥匙防盗指示灯负极受发动机控制系统（或智能钥匙控制模块）输出信号的控制，车门/行李舱盖开启指示灯受车门灯控制开关、行李舱开关的控制，当这两个指示灯的负极分别接收到低电压信号时，即点亮。

经过点火开关后的ON或START电源电压经10A熔丝IGN1供电给仪表的M01-A/29端，该电压进入仪表板后分两路：一路供电给LCD照明灯，点亮LCD照明；另一路供电给安全带警告灯、EPS警告灯、发动机故障警告灯、冷却液温度高警告灯、燃油量低警告灯、机油压力警告灯、ABS警告灯、充电指示警告灯、驻车制动系统警告灯等，这些指示灯的另一端接仪表MICOM控制单元的接口电路，当接口电路输出低电位时，相应的指示灯点亮。

第八章 照明、仪表及报警电路识读

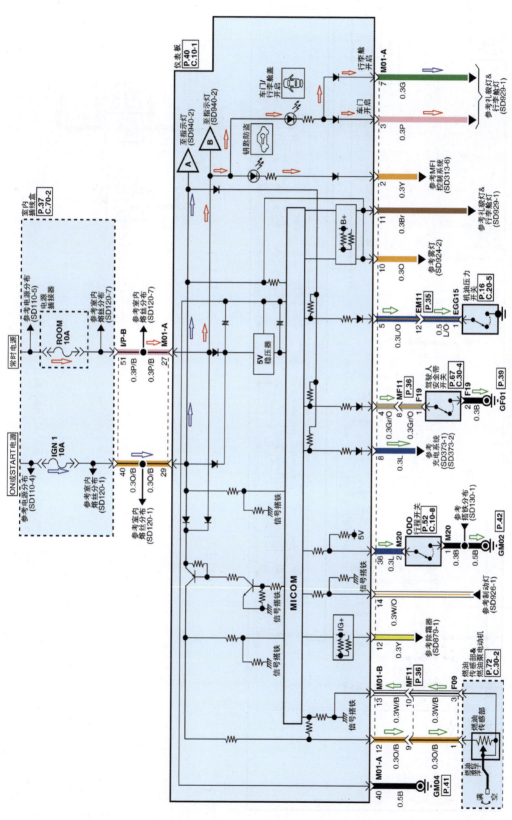

图 8-18 起亚 K2 轿车组合仪表电路 1

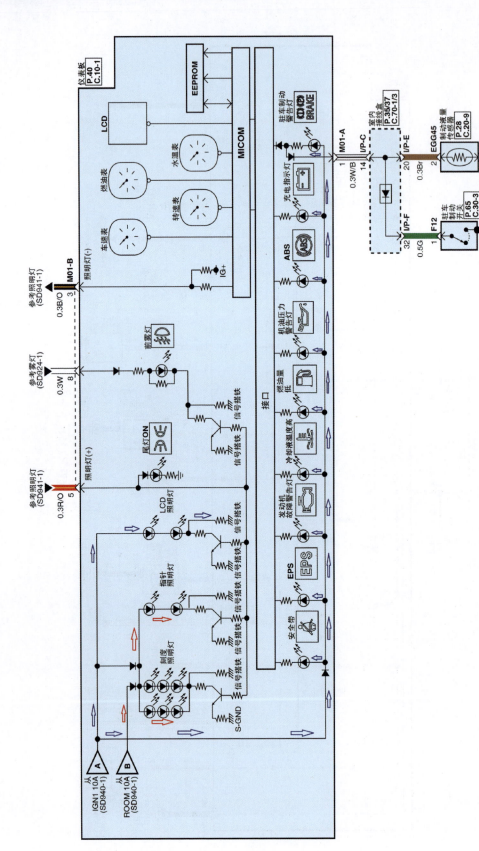

图 8-19 起亚 K2 轿车组合仪表电路 2

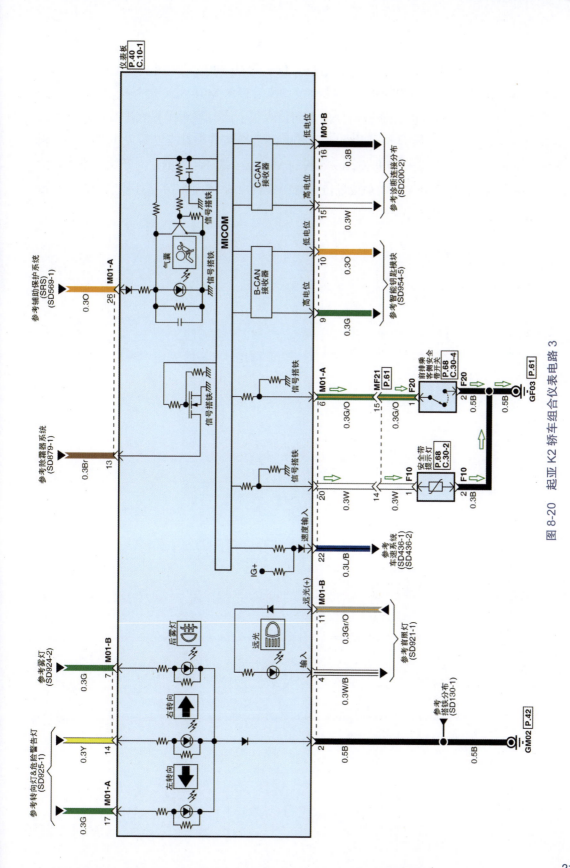

图 8-20 起亚 K2 轿车组合仪表电路 3

仪表板接收各传感器、开关信号输入，最后由 MICOM 控制单元分别输出控制信号到各相应的仪表及 LCD，显示各种状态信息。仪表板的 M01-A/12 端、M01-B/13 端外接燃油传感器，由该传感器检测油箱中的燃油量。仪表板的 M01-A/36 端外接 ODO 行程开关，当按下 ODO 行程开关时，搭铁信号输入到仪表板，此时可对里程表进行设置。仪表板的 M01-A/8 端是充电指示灯信号输入端，充电指示灯信号来自于交流发电机。仪表板的 M01-A/4 端外接驾驶人安全带开关；仪表板的 M01-A/5 端外接机油压力开关；仪表板的 M01-A/1 端外接驻车制动开关和制动液量传感器；仪表板的 M01-A/20 端外接安全带提示传感器；M01-A/6 端外接前排乘客安全带开关。

第九章

汽车常规电器系统电路识读

第一节 电动车窗控制电路识读

一、科鲁兹轿车电动车窗电路分析

1. 科鲁兹轿车驾驶人侧电动车窗电路原理

雪佛兰科鲁兹轿车驾驶人侧电动车窗电路图如图9-1所示,中间靠左虚线框表示的是驾驶人侧车窗开关(S79D),右下侧虚线框表示的是驾驶人侧车窗电动机(M74D),S79D共有6根线,4号端子为电源线,1号端子为搭铁线,2、3及6号端子是向M74D发送搭铁信号的信号线,5号端子是在车身控制单元(K9)、S79D和M74D之间传递数据的数据线。以此类推,M74D各端子也是如此。车窗升降的具体工作过程分为车窗上升、快速上升、车窗下降和快速下降。

1)驾驶人侧电动车窗上升。将S79D的左前车窗开关部分提升(保持提升动作),开关内的6号端子向M74D传送搭铁信号,如图9-1中红色线所示。M74D内部的逻辑模块(A90)

经计算后通过数据线向 K9 传送请求信号，如图 9-1 中蓝色线所示。控制单元经计算后，再通过数据线向 M74D 内的逻辑模块传送许可信号。于是 M74D 控制内部的继电器将车窗上升触点闭合，如图 9-1 中紫色线所示，车窗上升。

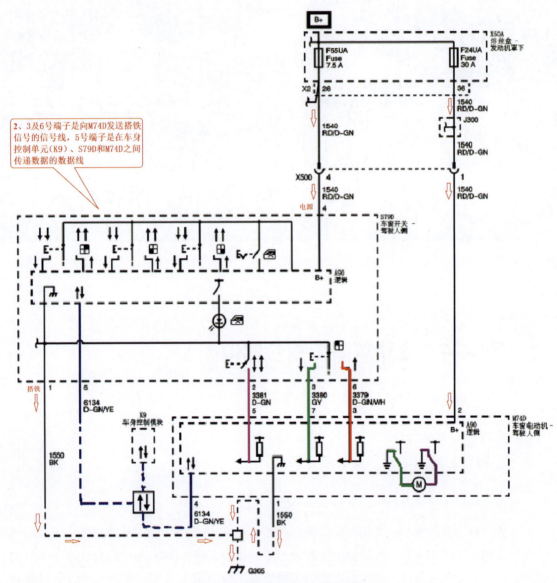

图 9-1　驾驶人侧电动车窗电路图

2）驾驶人侧电动车窗快速上升。将 S79D 的左前车窗开关全部提升（提升一次后松开），开关内的 2 号端子与 6 号端子同时向 M74D 传送搭铁信号，如图 9-1 中粉色线与红色线所示。M74D 内部的逻辑模块经计算后通过数据线向 K9 传送请求信号，如图 9-1 中蓝色线所示。控制单元经计算后，再通过数据线向 M74D 内的逻辑模块传送许可信号。于是

M74D控制内部的继电器将车窗上升触点闭合,如图9-1中紫色线所示,车窗快速上升。

3)驾驶人侧电动车窗下降。将S79D的左前车窗开关部分按下(保持按下动作),开关内的3号脚向M74D传送搭铁信号,如图9-1中浅绿色线所示。M74D内部的逻辑模块经计算后通过数据线向K9传送请求信号,如图9-1中蓝色线所示。控制单元经计算后,再通过数据线向M74D内的逻辑模块传送许可信号,于是M74D控制内部的继电器将车窗下降触点闭合,如图9-1中深绿色线所示,车窗下降。

4)驾驶人侧电动车窗快速下降。将S79D的左前车窗开关全部按下(按下一次后松开),开关内的2号端子与3号端子同时向M74D传送搭铁信号,如图9-1中粉色线与浅绿色线所示。M74D内部的逻辑模块经计算后通过数据线向K9传送请求信号,如图9-1中蓝色线所示。控制单元经计算后,再通过数据线向M74D内的逻辑模块传送许可信号。于是M74D控制内部的继电器将车窗下降触点闭合,如图9-1中深绿色线所示,车窗快速下降。

2. 科鲁兹轿车其余电动车窗电路原理

科鲁兹轿车的其余车窗开关不存在一次上升或下降功能,只有上升或下降功能,其内部的逻辑模块通过数据线将请求信号传送给K9。控制单元经计算后,通过数据线向相应的车窗开关传送许可信号,相应的车窗开关控制内部的继电器将上升或下降触点闭合,实现车窗的上升或下降。

1)前排乘客侧电动车窗上升。如图9-2所示,将前排乘客侧车窗开关(S79P)向上提升,开关内的5号端子通过数据线向K9传送请求信号。控制单元经计算后,通过数据线向S79P内的逻辑模块传送许可信号。于是S79P控制内部的继电器将车窗上升触点闭合,车窗上升。

2)前排乘客侧电动车窗下降。将S79P向下按,开关内的5号端子通过数据线向K9传送请求信号。控制单元经计算后,通过数据线向S79P内的逻辑模块传送许可信号。于是S79P控制内部的继电器将车窗下降触点闭合,车窗下降。

3)左后与右后车窗的上升与下降原理,和前排乘客侧车窗的上升与下降控制原理相同,如图9-3与图9-4所示,这里不再叙述。

电器元件中每个端子接线的作用,在电路图中可以比较容易地看出来,但是将各电器元件置于某个系统电路中时,相关电器元件之间的电路控制原理并不容易清晰地看出来。而这些恰恰又是维修人员最为需要的,在这种情况下,怎样才能了解系统电路原理呢?一是通过资料了解,二是有条件的话,可以将系统电路中某一电器元件的各端子连线逐一断开,然后观察故障现象,对故障现象不断进行梳理,逐步理清思路。之后将另一电器元件的各端子连线逐一断开,同样观察故障现象,对故障现象不断梳理,理清电器元件之间的线路关系。以此类推,进而反推出系统电路原理。这样就可以不必了解电器元件内部原理,而通过掌握电器元件各端子连线的作用,达到检修汽车电器故障的目的。

3. 故障案例分析

以下通过一个故障案例来说明如何通过掌握电器元件各端子连线的作用,达到检修电器故障的目的。一辆科鲁兹轿车,其右前电动车窗不能升降,特来服务站维修。电器故障的解决重在故障分析,故障分析重在观察故障现象。因此,对车辆故障现象的观察务必仔细、认真及全面。

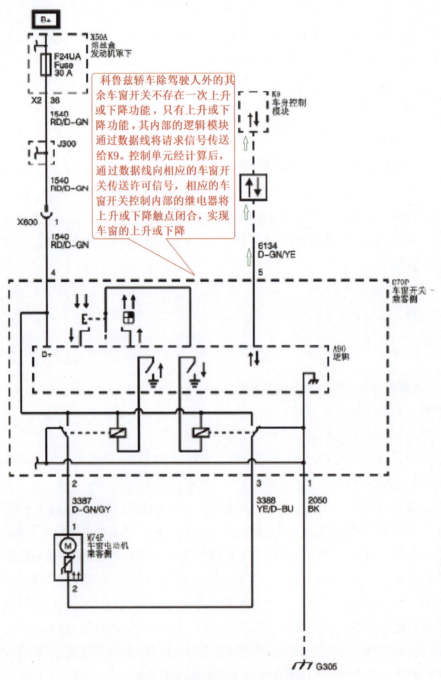

图 9-2 前排乘客侧电动车窗电路图

第九章 汽车常规电器系统电路识读

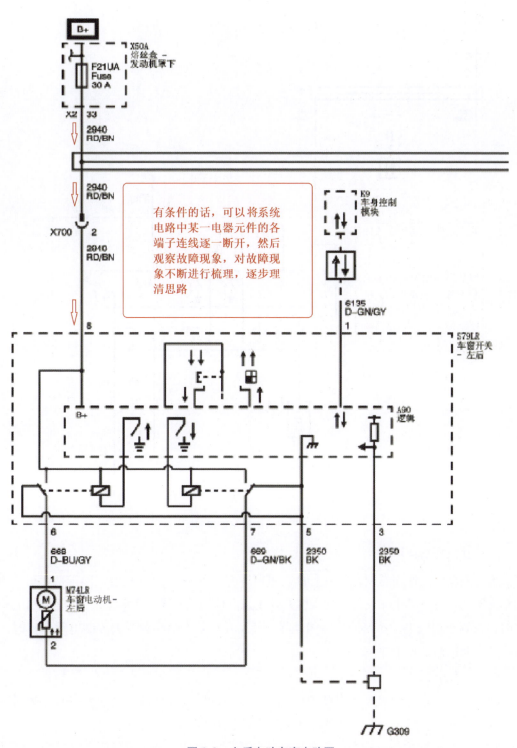

图 9-3 左后电动车窗电路图

225

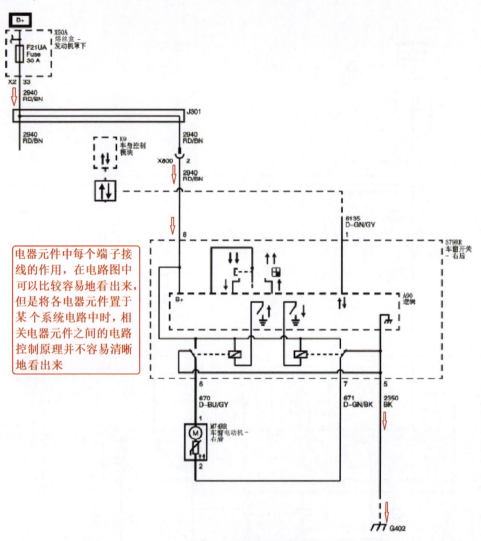

图 9-4 右后电动车窗电路图

（1）观察故障现象

操作测试时，使用驾驶人车门上的 S79D 控制各车门的电动车窗时，前排乘客车门的电动车窗不能升降，其余车门的电动车窗升降正常。使用前排乘客车门上的 S79P 控制电动车窗时，该侧车门的电动车窗同样不能升降。使用左后与右后车窗开关控制电动车窗时，各车门的电动车窗升降正常。

（2）故障分析

故障分析实质就是将系统电路中可能发生故障的电器元件或线路列举出来，所列电器元件或线路发生故障时，应与观察到的故障现象相符合。

检查汽车电器故障应遵循先简单后复杂的原则，因此，分析故障原因时，均假设系统电路中只存在一个故障点，如果存在多个故障点，并不影响故障分析，可在之后的故障验证阶段逐一排除。

从上述电动车窗控制原理可知，S79D 控制前排乘客侧的电动车窗时，其开关需将信号通过图 9-1 中的 6134 号数据线传给 K9。经控制单元处理后，再通过 6134 号数据线将控制信号传给 S79P。此时 S79P 内的继电器动作，电动车窗工作。而直接通过前排乘客车门上的 S79P 控制该侧电动车窗时，其开关需先将信号通过 6134 号数据线传给 K9。经控制单元处理后，再将信号通过 6134 号数据线传回 S79P，随后 S79P 内的继电器动作，电动车窗工作。

通过分析，如果只有一处故障点，将所怀疑损坏的电器元件或线路列出，见表 9-1。

表 9-1　故障部位及原因

电器元件或线路	是否损坏	原因
S79D	不能	该元件损坏，不影响 S79P 的正常工作
K9	概率较低	其他车门电动车窗工作正常，表明 K9 工作正常
数据线 6134	能	该线损坏点应靠近 S79P，且不影响 S79D 与 K9 的通信
S79P 的电源线与搭铁线	能	S79P 内部的逻辑模块（A90）没有电源或搭铁无法正常工作
S79P	能	右前电动车窗的动作均需要通过该开关来实现
M74P	能	电动机损坏，车窗无法升降
M74P 前后连线	能	只要有一根导线断路，电动机就无法正常工作

（3）故障验证

根据故障分析，选取一处作为检测位置，原则上先选取不用进行拆装的部位进行检测。需要拆装的部位应选择最有可能是故障点的地方，而且能够兼顾到整个电动车窗系统电路，从此处检测基本上能够断定故障部位或故障点。

在具体检测过程中，有两种方法，一是断开电器元件与线束插接器进行检测，二是不断开电器元件与线束插接器进行检测。从实际检测效果来看，采取第二种方法比较好，直观易懂。但是有些电器元件必须断开测量，如继电器。因此检测时，应从实际状况出发。

从上述故障现象可知，应先检查前排乘客车门上的 S79P 的供电熔丝。如果供电熔丝正常，再选取 S79P 作为检测位置为宜。具体检测位置与结果见表 9-2。

经过测量，K9 与 S79P 之间的数据线确实存在断路处。维修后，故障解除。

表 9-2　故障验证

检测位置	检测条件	测量连接（万用表电压档）	结果	结果分析
24 号熔丝	无	一只表笔接搭铁，另一只表笔分别接触熔丝的两端	电压均为 12V	熔丝正常
S79P 的 4 号端子	车窗开关与插接器不断开	一只表笔接右前车窗开关 4 号端子，另一支接搭铁	电压 12V	供电线路正常
S79P 的 1 号端子	车窗开关与插接器不断开	一只表笔接右前车窗开关 1 号端子，另一支接蓄电池正极	电压 12V	搭铁线路正常
S79P 的 2 号端子与 3 号端子	车窗开关与插接器不断开，打开点火开关，按下车窗开关	一只表笔接右前车窗开关 2 号端子，另一支表笔接右前车窗开关 3 号端子	电压 0V	若电压为 12V，说明车窗电动机损坏。若电压为 0V，说明故障应在 S79P 或是 6134 号数据线断路
S79P 的 5 号端子	车窗开关与插接器不断开，打开点火开关	一只表笔接右前车窗开关 5 号端子，另一支表笔接搭铁	电压 0V	5 号端子线路为 6134 号数据线，对搭铁应有 6V 左右的参考电压。经过实际检测，发现电压为 0V，断定该线路存在断路。如果参考电压存在，说明 S79P 损坏

二、故障诊断：别克 GL8 电动车窗、天窗不工作

故障现象　一辆别克 GL8，配置 3.0L LW9 发动机，行驶里程 187397km。该车在行车过程中车窗与天窗突然不工作。

故障诊断　接车后，试车发现故障现象确如驾驶人所述，其左前门总控制开关与右前门分控制开关均无法控制玻璃升降，操作天窗没有任何反应。

于是将电动车窗总开关拆掉，发现开关由电动后视镜开关、中控锁开关和电动车窗总开关三部分组成。当闭合点火开关后，使用试灯测试左前车窗开关各端子的情况，发现左前车窗开关的 6 个端子中均没有电，开关中没有电源线，这或许是电动车窗不能正常工作的主要原因。找到相应的电动车窗电路图（图 9-5），由图可知，电动车窗开关的 C 号端子为电动车窗电动机提供电源，此端子实车上为较粗的黄色导线，找到右前电动车窗开关，同样有一根较粗的黄色导线，为插接器的 A 号端子，用试灯测量同样也没有电。根据较粗的线径和电路图可以判断出此线为电动车窗电动机的电源线，黄色电源线从位于右侧车门边的熔丝盒过来。

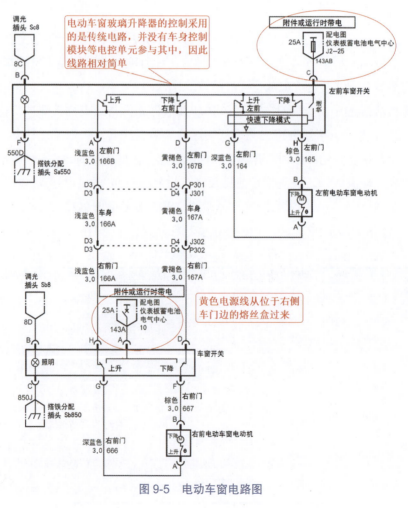

图 9-5　电动车窗电路图

同时分析图9-6所示电动天窗电路图，此图中电动天窗插接器中也有一根较粗的黄色导线，与电动车窗导线规格及颜色相同，是否电动天窗的电源与电动车窗的电源是一起控制的？

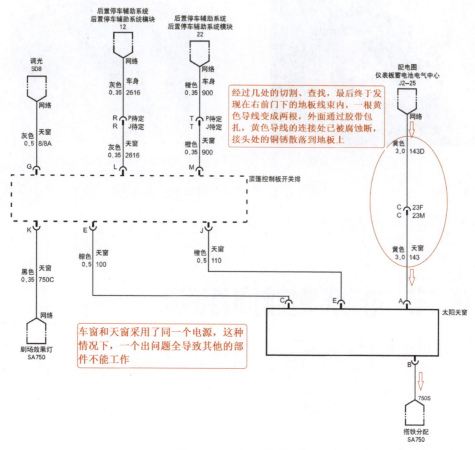

图9-6 电动天窗电路图

由此，检测位于熔丝盒上方的三个标注为30A的较大的熔丝，找到熔丝盒后方，发现中间熔丝中有黄色导线引出，发动机运行过程中检测熔丝是有电的。熔丝盒有12V电源输出，但电流却不能到达开关，于是另外从熔丝盒接一根电源线到左前门开关的黄色导线，此时控制开关动作，两侧的玻璃可以正常升降。单独引电源线到右前门开关，右前门玻璃也可以正常升降，同时，测试电动天窗的工作，电动天窗也可正常工作。由此可以说明，故障出现在共同电源的中间线路中可能有断路的地方，但具体是哪个地方断路，这正是我们需要接下来解决的。

由电动车窗电路分析，电动车窗玻璃升降器的控制采用的是传统电路，并没有车身控制模块等电控单元参与其中，因此线路相对简单。于是将两车门间以及两前排地板胶全部拆掉，露出由车身两侧通往车后的线束以及在驾驶人和前排乘客座椅下互相连接的线束。将线束分叉处及连接处用壁纸刀割开包裹的胶带，查找黄色粗电源线的去向。经过几处的切割、查找，最后终于发现在右前门下的地板线束内，一根黄色导线变成两根，外面通过胶带包扎，黄色导线的连接处已被腐蚀断（图9-7），接头处的铜锈散落到地板上（图9-8）。

图9-7 导线连接处已被腐蚀断

图9-8 车内地板上散落的铜锈

故障排除 将断裂的黄色导线连接好，并将连接部位用焊锡焊接牢固，各部位安装到位，电动车窗工作正常，电动天窗也可以正常工作了，故障排除。

第二节 电动天窗控制电路识读

一、奔驰电动天窗控制电路识读

1. 电动天窗控制框图与工作原理

奔驰车电动天窗为组合式倾斜和滑动天窗，通过操纵车顶控制板控制单元中的倾斜/滑动天窗开关可以开启和关闭倾斜/滑动天窗。滑动天窗功能可将倾斜/滑动天窗放下，并将其向后移入车顶内衬中，倾斜天窗功能从后部将倾斜/滑动天窗升起。电动天窗控制框图如图9-9所示。由车顶控制板控制单元检测倾斜/滑动天窗开关的位置，并根据开关的请求要求的促动方向控制倾斜/滑动天窗驱动单元中的倾斜/滑动天窗电动机工作。

对于配雨量传感器的车辆，还具有雨天关闭天窗的功能。如果雨量/光线传感器在风窗玻璃上识别出湿气，则通过刮水器/车内局域互联网LIN2将雨量/光线传感器的信号传送至带熔丝和继电器模块的前SAM/SRB控制单元N10/1，N10/1通过车内CAN将信号发送至车顶控制板控制单元，车顶控制板控制单元控制倾斜/滑动天窗电动机，从而将倾斜/滑动天窗调节至倾斜位置。

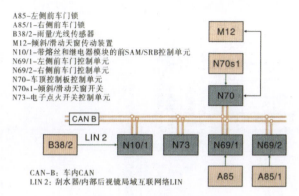

图9-9 电动天窗控制框图

2. 电动天窗电路分析

电动天窗电路如图9-10所示。倾斜/滑动天窗开关N7051位于车顶控制板控制单元N70上,位置如图9-11所示。操作天窗开关可以开启、升起、关闭或放下天窗。

(1) 天窗的开启

1) 手动开启:沿开启箭头的方向按下开关至压力点并保持住,直到倾斜/滑动天窗到达所需位置。

2) 完全开启:沿开启箭头的方向点按开关超过压力点,然后松开,天窗将完全开启。

(2) 天窗的升起

倾斜/滑动天窗的后部可以升起,从而为车内提供适宜的通风。

1) 手动升起:沿升高后部箭头的方向按下开关至压力点并保持住直到天窗到达所需位置。

2) 完全升起:沿升高后部箭头的方向点按开关超过压力点,然后松开,天窗将完全升起。

(3) 放下或关闭

1) 手动放下:沿关闭箭头的方向拉动开关至压力点并保持住,直到倾斜/滑动天窗到达所需位置。

2) 完全放下:沿关闭箭头的方向轻拉开关越过压力点,然后松开,天窗将完全放下或关闭。

车顶控制板控制单元N70的A-9端为供电端,由带熔丝和继电器模块的前SAM/SRB控制单元N10/1为N70供电;N70的A-10端为接地端,接N10/1的3D-4端;N70的A-8端为刮水器/内部后视镜局域互联网络LIN2端,通过LN2,N10/1与雨量/光线传感器B38/2进行通信;N70的D-3端为雨量/光线传感器信号输入端,接B38/2的3端;N70的D-2端为雨量/光线传感器供电端,接B38/2的1端;N70的D-1端雨量/光线传感器接地端,接B38/2的2端。

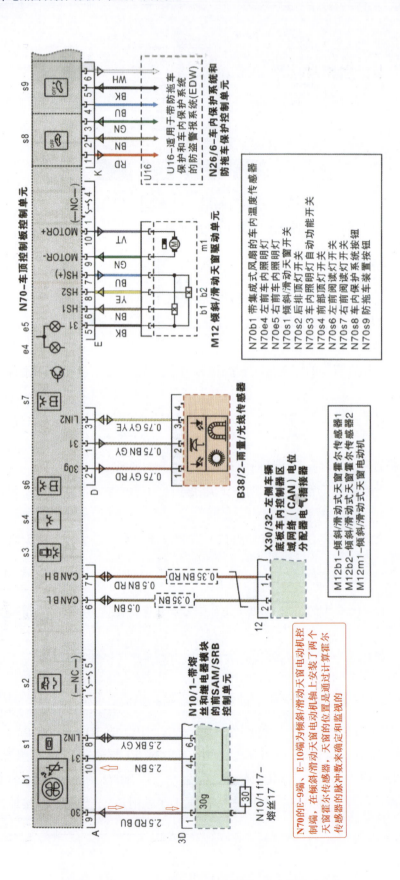

图9-10 电动天窗电路

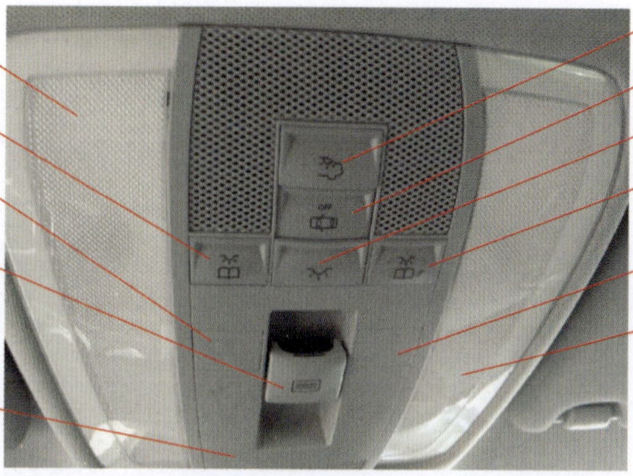

第九章　汽车常规电器系统电路识读

图 9-11　车顶控制板控制单元及各开关的位置

（图中标注）
- N70e4—左前车内照明灯
- N70s6—左前阅读灯开关
- N70s8—车内保护系统按钮
- N70S1—倾斜/滑动天窗开关
- N70b1—带集成式风扇的车内温度传感器
- N70s2—后排顶灯开关
- N70s3—车内照明灯自动功能开关
- N70s4—前部顶灯开关
- N70s7—右前阅读灯开关
- N70s9—防拖车装置按钮
- N70e5—右前车内照明灯

N70 的 E-9 端、E-10 端为倾斜/滑动天窗电动机控制端，在倾斜/滑动天窗电动机轴上安装了两个天窗霍尔传感器，天窗的位置是通过计算霍尔传感器的脉冲数来确定和监视的。N70 的 E-6 端为霍尔传感器 1 信号输入端；N70 的 E-8 端为霍尔传感器 2 信号输入端；N70 的 E-5 端为接地端；N70 的 E-7 端为霍尔传感器供电端。

二、故障诊断：奔驰 E260 车天窗不工作

故障现象　一辆奔驰 E260 轿车，行驶里程 1 万 km，底盘号为 LE42121479，装配滑动式全景天窗。该车天窗无法工作。

故障诊断　接车后，首先试车验证故障，发现天窗的遮阳帘处在半开位置，但操作天窗开关，遮阳帘和天窗均无动作。

查阅相关资料可知，该车装配的滑动式全景天窗由电动天窗和电动遮阳帘两部分组成。当操作天窗打开开关（集成在车顶控制单元上）时，遮阳帘先卷起，然后天窗才会打开；当操作天窗关闭开关时，天窗先关闭，然后遮阳帘才会展开。只要连续促动天窗开关的时间超过 40ms，就能够检测到促动信号。在天窗电动机和遮阳帘电动机上各装有 2 个霍尔传感器，且 2 个霍尔传感器偏置 90°，全景滑动天窗控制单元（集成在天窗电动机上）通过监控霍尔传感器的脉冲数，计算天窗电动机和遮阳帘电动机的转速，从而判断天窗和遮阳帘的位置。

此外，该系统还具有过热保护、防阻塞和防夹等功能。全景滑动天窗控制单元通过监控天窗电动机和遮阳帘电动机的电压、电流、促动时间及车外温度来估算电动机的温度，以起到保护电动机的作用。在接收到天窗的促动请求期间，全景滑动天窗控制单元会监控天窗电动机和遮阳帘电动机的转速，并将其与示教模式的相关参数进行比较，如果比对结果超过特定的限值，就视为全景滑动天窗或遮阳帘存在阻塞（全景滑动天窗控制单元能自动适应由于不灵活程度增加，如机械系统中存在污垢而造成的转速变化）。如果在天窗或遮阳帘的关闭过程中检测到阻塞，天窗电动机或遮阳帘电动机的促动将被中断，并开始反向运动（防夹功能起动）；如果在开启过程中检测到阻塞，则只是中断促动遮阳帘电动机或天

窗电动机。

了解了该车所配备的全景滑动天窗特点后,便可有针对性地进行故障排查。连接故障检测仪,对车辆进行快速测试,读取到全景滑动天窗控制单元中存储的故障码如图9-12所示。

PSD — "全景滑动天窗"控制模块 Name Bauteil			— F —
梅赛德斯—奔驰硬件号	212 901 86 02	梅赛德斯—奔驰软件号	212 902 31 03
梅赛德斯—奔驰软件号	212 903 26 00	诊断标识	00000A
硬件版本	07/42 00	软件状态	10/28 00
软件状态	10/32 00	引导程序软件版本	07/42 00
硬件供应商	Webasto	控制单元型号	D_Muster_10_0
生产商专门的序列号	0000524695		
故障	文本		状态
9E7546	车顶 遮阳卷帘存在故障。校准存储器或参数设置存储器内存在故障。		A+S
984946	"车顶系统"伺服电动机存在故障。校准存储器或参数设置存储器内存在故障。		S
9E7671	车顶 遮阳卷帘存在故障。促动器已抱死。		A+S

S=已存储,A+S=当前并且已存储

图9-12 全景滑动天窗控制单元中存储的故障码

查阅3个故障码的故障引导程序,均建议执行滑动天窗及遮阳帘的标准化操作。于是对全景滑动天窗及其遮阳帘执行标准化操作,发现遮阳帘及天窗均无法动作,故障检测仪提示"防夹保护传感器学习未成功进行"。用故障检测仪的激活功能对天窗进行激活,天窗可以动作。但对遮阳帘进行激活时,遮阳帘没有任何反应。由于该车的遮阳帘处于半开位置,所以首要任务就是试图打开或关闭遮阳帘。

查阅相关电路(图9-13)可知,天窗开关将信号传递给全景滑动天窗控制单元,然后由全景滑动天窗控制单元控制遮阳帘和天窗的开启或关闭。根据故障码关于遮阳帘促动器已抱死的提示,推断是遮阳帘电动机损坏。尝试与正常车辆调换遮阳帘电动机后试车,发现遮阳帘依然不会动,且故障码依旧。

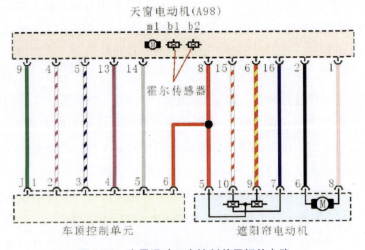

图9-13 全景滑动天窗控制单元相关电路

天窗电动机内集成有全景天窗控制单元，用于监测遮阳帘电动机的情况，怀疑是天窗电动机上集成的全景滑动天窗控制单元存在故障，误以为遮阳帘电动机抱死了。于是又调换了天窗电动机后试车，遮阳帘恢复正常了。

故障排除 根据上述检测结果，可以确定是天窗电动机内部损坏导致故障产生。更换天窗电动机后，故障彻底排除。

三、故障诊断：雪铁龙 C5 天窗打开后无法关闭

故障现象 一辆东风雪铁龙 C5 轿车，配备 V6 3.0L 发动机，行驶里程 5 万 km。该车突然出现天窗打开后无法再关闭的故障。

故障分析 C5 轿车天窗控制电路如图 9-14 所示，从电路图可知天窗电控单元（6811）上没有车载网络的网线和诊断 K 线，不能用故障检测仪诊断天窗电控系统的故障。经过分析和研究，可将 C5 轿车天窗电控系统的工作（或运行）原理用图 9-15 所示的简图来描述。通过对天窗电控系统电路图和运行原理的分析可知，造成天窗不能关闭的原因主要包括：天窗电控单元供电有故障；天窗电控单元中控制关闭的电路部分有故障；天窗开关或相关连接电路有故障。但在本案例中，天窗能打开，可以判定天窗电控单元供电正常。在故障检测过程中发现，按钥匙遥控器时天窗能正常关闭，这说明天窗电控单元中控制关闭的电路正常。因此造成天窗不能关闭的原因只能是天窗开关或连接电路有故障。

故障排除 天窗开关（6800）将打开和关闭天窗的请求信号发送给天窗电控单元（6811），天窗电控单元（6811）控制天窗的打开和关闭，可见天窗电控单元（6811）是天窗电控系统的核心元件，现将天窗电控单元（6811）上各导线的作用分析填写在表 9-3 中。根据对天窗电控单元（6811）上各导线的分析，用数字万用表检测天窗电控单元（6811）上的端子 10 和端子 5 的导线时，发现按压天窗开关（6800）时，端子 10 上的电位有变化，而端子 5 上的电位始终为 0V，由此判断端子 5 上的导线 6808 断路，将断路部位找到并修复后，该车故障排除。

表 9-3 天窗电控单元（6811）上的导线作用分析

导线编号	导线作用	分析说明
B6811	为天窗电控单元供电	供电路径是：蓄电池→导线 BB02 → PSFI 的 MF4 →导线 BM04 → BSI 的 F5 →导线 B051P → BH12 的 G34 →导线 B051/B6811
6807B	为天窗开关和照明二极管供电	照明二极管供电的走向是：天窗电控单元（6811）上的导线 6807B/6807C →开关 6800 中的发光二极管、电阻→导线 M02B/M03B/M03A →搭铁点 MC30
6809	天窗打开信号	由天窗开关（6800）发出的请求天窗电控单元（6811）打开天窗的信号
6808	天窗关闭信号	由天窗开关（6800）发出的请求天窗电控单元（6811）关闭天窗的信号
M681	搭铁线	天窗电控单元（6811）的电源负极

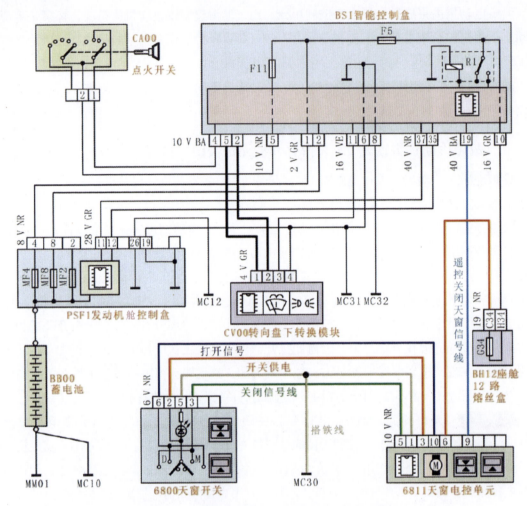

图 9-14　东风雪铁龙新 C5 轿车天窗控制电路图

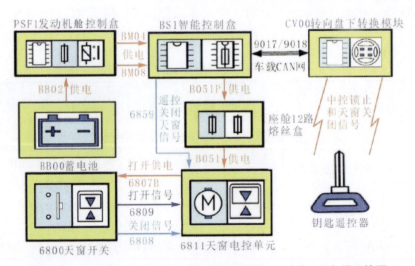

图 9-15　东风雪铁龙 C5 轿车天窗电控系统的工作（或运行）原理简图

第三节 电动座椅控制电路识读

一、电动座椅电路图识读

1. 电动座椅控制原理

奔驰车电动座椅可进行座椅前/后调节、座椅高度、座椅倾斜度、靠背倾斜度的调整，控制框图如图9-16所示。带熔丝和继电器模块的后SAM/SRB控制单元N10/2为驾驶人座椅调节开关组S22和前排乘客座椅调节开关组S23供电，驾驶人座椅调节开关组位于驾驶人座椅的外侧，前排乘客座椅调节开关组位于前排乘客座椅的外侧。如果操作相应局部电动座椅调节开关，则N10/2直接供电给相应的电动机，使驾驶人座椅和前排乘客座椅进行相应的调整。

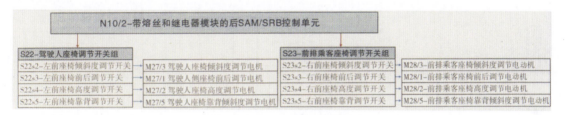

图9-16 电动座椅控制框图

2. 电动座椅电路分析

电动座椅电路如图9-17所示。

带熔丝和继电器模块的后SAM/SRB控制单元N10/2的31-5端为驾驶人座椅调节开关组S22供电输出端，该供电电压经插接板X55/3、结点Z61/18后分别供电给S22的1端和11端。S22的9端和5端外接驾驶人座椅前后调节电动机M27/1，操作驾驶人座椅前后调节开关，可使驾驶人座椅向前或向后移动；S22的3端和4端外接驾驶人座椅高度调节电动机M27/2，操作驾驶人座椅高度调节开关，可使驾驶人座椅向上或向下移动；S22的2端和8端外接驾驶人座椅倾斜度调节电动机M27/3，操作驾驶人座椅倾斜度调节开关，可调整驾驶人座椅座垫的角度；S22的6端和10端外接驾驶人座椅靠背倾斜度调节电动机M27/5，操作驾驶人座椅靠背调节开关，可使驾驶人座椅靠背向前或向后移动。

前排乘客座椅电路与驾驶人座椅电路相似，可参考驾驶人座椅电路自己进行分析。座椅调节开关如图9-18所示。

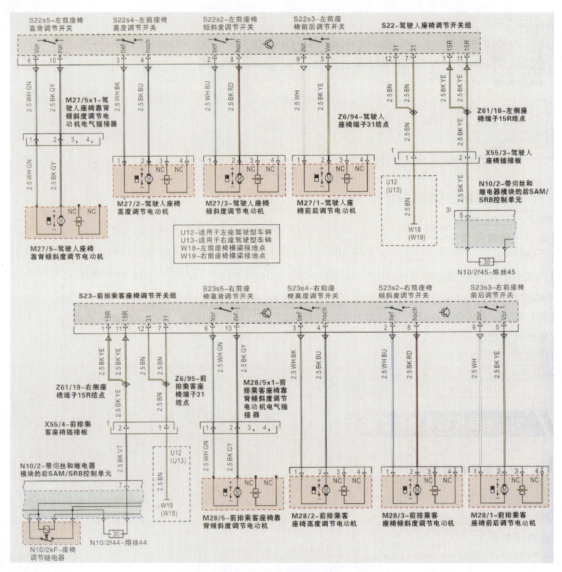

图 9-17　电动座椅电路

图 9-18　电动座椅调节开关

二、故障诊断：奔驰 S350 轿车驾驶人侧座椅不能加热

故障现象 一辆奔驰 S350 轿车，行驶里程 4.7 万 km，底盘号 WDD221182，装配 276 型发动机。该车因驾驶人侧座椅不能加热而进厂检修。

故障诊断 接车后首先试车验证故障现象，接通驾驶人侧座椅加热开关，指示灯正常点亮，等待一段时间，发现靠背加热正常，但座垫却不能正常加热。连接故障检测仪对车辆进行快速测试，得到 1 个当前故障码 "左前座垫加热垫存在功能故障低于电流极限值"。

原理分析 奔驰 S350 车装配的加热式座椅有 3 个加热等级，通过座垫和靠背内的加热器对座椅进行加热。操作相应车门镶板上的座椅加热开关，可开启或关闭加热式座椅的加热功能，并调节热量输出，座椅加热开关的信号由相应的车门控制单元通过 CAN B 将相关信息发送给相应的座椅控制单元（包括驾驶人侧座椅控制单元、前排乘客侧座椅控制单元和后排座椅控制单元）。

根据故障码的提示，维修人员首先检查了驾驶人侧座椅下方的导线插接器及线束，未见明显异常。查阅电路图（图 9-19）可知，驾驶人侧座椅加热垫通过导线插接器直接与驾驶人侧座椅控制单元相连。于是断开该导线插接器，用万用表测量驾驶人侧座椅加热垫的电阻，为 ∞，说明加热垫存在断路；对比测量前排乘客侧座椅加热垫的电阻，约为 2.9Ω。为了确认故障原因就是加热垫断路，维修人员又对加热垫的控制电压进行测量，在 3 级加热时实际测得电压为 11.5V，2 级加热时的电压为 7.1V，1 级加热时的电压为 3.5V，均在正常范围内。

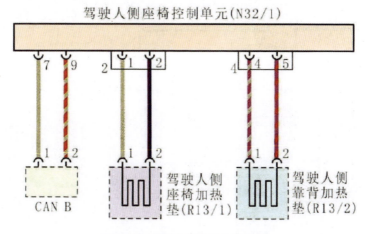

图 9-19 驾驶人侧座椅加热电路

故障排除 更换驾驶人侧座椅加热垫后试车，座椅加热功能恢复正常，故障彻底排除。

维修总结 促动座椅加热开关 1 次，激活加热式座椅的 3 级加热，加热式座椅的座垫和靠背以 100% 功率输出，车门控制单元控制座椅加热开关上的 3 个 LED 指示灯点亮；再次促动 1 次座椅加热开关可将加热式座椅的加热模式设置为 2 级加热，加热式座椅的座垫和

靠背以60%的功率输出，车门控制单元控制座椅加热开关上的2个LED指示灯点亮；继续促动1次座椅加热开关可将加热式座椅的加热模式设置为1级加热，加热式座椅的座垫和靠背以30%的功率输出，车门控制单元控制座椅加热开关上的1个LED指示灯点亮；要手动关闭加热式座椅，必须重复操作座椅加热开关直到所有LED指示灯熄灭。此外还可以通过定时器控制自动关闭加热式座椅功能，其控制顺序为：当加热式座椅定时器控制功能激活后，系统会保持开启3级加热5min，然后自动转换至2级加热；2级加热运行10min后，系统自动转换至1级加热；1级加热运行20min后，加热式座椅自动关闭。

三、故障诊断：丰田汉兰达车左前电动座椅无法调节

故障现象　一辆丰田汉兰达车，搭载3AR发动机，行驶里程12万km。该车左前电动座椅无法调节。

故障诊断　接车后试车，发现左前电动座椅上的所有开关均失灵。如图9-20所示，30A的熔丝P/SEAT向左前座椅可变座垫开关、左前腰部支撑开关及左前电动座椅开关供电，然后由各开关控制相应的调节电动机工作。分析至此，怀疑左前电动座椅的供电及搭铁线路存在故障。

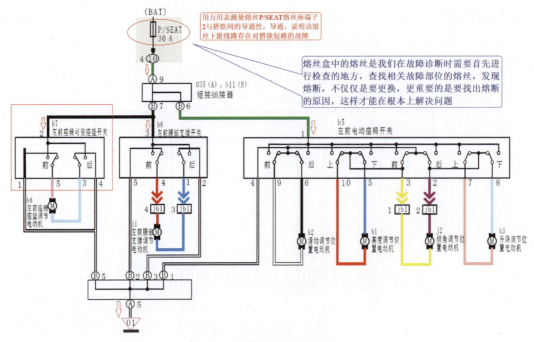

图9-20　左前电动座椅控制电路

检查左侧仪表板下熔丝盒中的熔丝P/SEAT，已熔断；更换熔丝P/SEAT，立即再次熔断。用万用表测量熔丝P/SEAT熔丝座端子2与搭铁间的导通性，结果导通，说明该熔丝下游线路存在对搭铁短路的故障。依次断开左前座椅可变座垫开关、左前腰部支撑开关

第九章 汽车常规电器系统电路识读

及左前电动座椅开关的导线插接器，发现当断开左前座椅可变座垫开关导线插接器 b7 时，熔丝 P/SEAT 熔丝座端子 2 与搭铁间断路，由此怀疑左前座椅可变座垫开关内部短路。进一步测量发现，左前座椅可变座垫开关端子 2（供电端子）和端子 1（搭铁端子）短路，由此确定左前座椅可变座垫开关损坏。

故障排除 更换左前座椅可变座垫开关和熔丝 P/SEAT 后试车，左前电动座椅各项调节均正常，故障排除。

维修总结 熔丝盒中的熔丝是我们在故障诊断时需要首先进行检查的地方，查找相关故障部位的熔丝，发现熔断，不仅仅是要更换，更重要的是要找出熔断的原因，这样才能在根本上解决问题。

第四节 电动后视镜控制电路识读

一、宝马电动后视镜电路识读

1. 宝马电动后视镜电路控制框图与原理

驾驶人和前乘客侧车门上安装了电动外后视镜。无车身网关模块的电动后视镜控制框图如图 9-21 所示。外后视镜由驾驶人车门模块或前乘客车门模块控制。这些车门模块通过 byteflight 互相通信。外后视镜集中由驾驶人侧车门中的开关盒调整。外后视镜具有水平和垂直调节、后视镜内折、后视镜加热、路沿自动识别、外后视镜记忆、自动防眩、安全等功能。

外后视镜的自动防眩功能直接由自动防眩车内后视镜控制。自动防眩车内后视镜具有两个传感器，它们分别测量前后的入射光。当后面的光源强于前面时，系统会自动发出一个电压信号使外后视镜镜面玻璃变暗。

带车身网关模块的电动后视镜控制框图如图 9-22 所示。驾驶人侧车门开关盒信号通过 LIN-Bus 总线输入车身网关模块，驾驶人侧外后视镜与前乘客侧外后视镜由车身网关模块控制。自动防眩车内后视镜识别前后入射光的强度，并将信号输入车身网关模块。

2. 电动后视镜电路分析

（1）无车身网关模块的电动后视镜电路

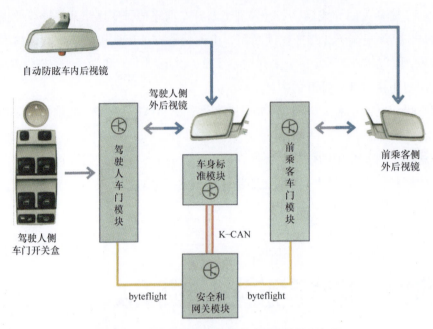

图 9-21　无车身网关模块的电动后视镜控制框图

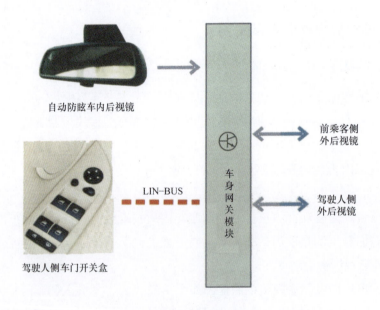

图 9-22　有车身网关模块的电动后视镜控制框图

无车身网关模块的电动后视镜电路如图 9-23、图 9-24 所示。

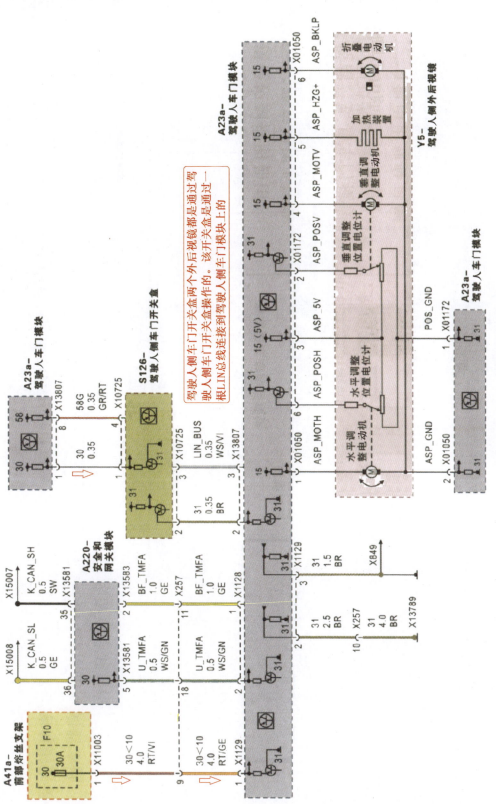

图 9-23 无车身网关模块的电动后视镜电路（驾驶人侧）

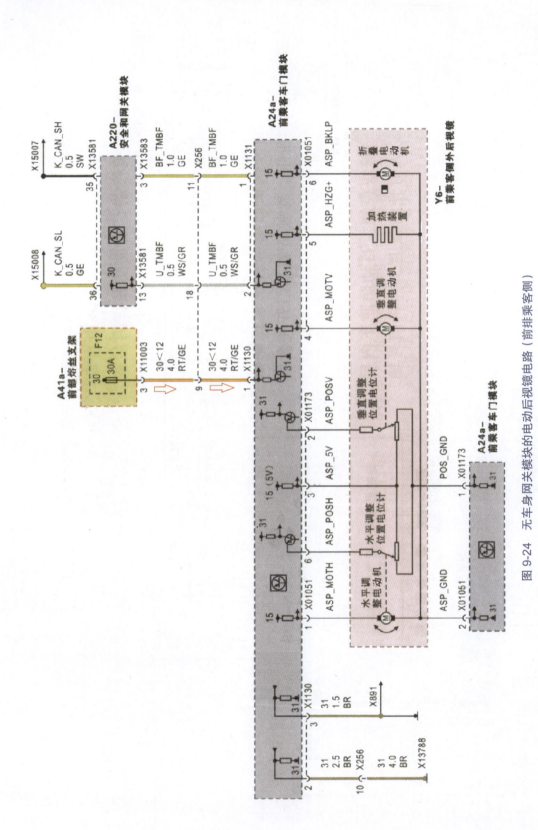

图 9-24 无车身网关模块的电动后视镜电路（前排乘客侧）

两个外后视镜都是通过驾驶人侧车门开关盒操作的。该开关盒通过一根LIN总线连接到驾驶人侧车门模块上。其中驾驶人侧车门开关盒S126的X10725-1脚是蓄电池电压供电脚，接驾驶人车门模块A23a的x13807-1脚；S126的X10725-4脚是58G（仪表和背景灯照明）电压供电脚，接A23a的X13807-2脚；S126的X10725-2脚是接地脚，接A23a的X13807-2脚；S126的X10725-3脚是开关信号输出脚，通过LIN总线，接A23a的X13807-3脚。

图9-25　驾驶人侧车门开关盒

驾驶人侧车门开关盒如图9-25所示。选择开关可选择驾驶人侧外后视镜或前乘客侧外后视镜；四方向调整按钮可对所选择的后视镜进行向上、向下、向左、向右的调节；折起和打开开关可对所选择的后视镜进行折起或打开的调节。

两个外后视镜结构相同，下面以驾驶人侧外后视镜为例进行分析。

1）水平和垂直方向上调节镜面玻璃的电动机：一个电动机在水平方向上调整镜面玻璃，另一个在垂直方向上调整镜面玻璃。调节通过颠倒电动机旋转方向来进行。其中驾驶人车门模块A23a的X01050-1脚和X01050-2脚外接驾驶人侧外后视镜Y5的水平调整电动机；A23a的X01050-4脚和X01050-2脚外接Y5的垂直调整电动机。

2）外后视镜中的位置电位计：驾驶人侧外后视镜内有两个电位计，一个识别电动机的水平位置，另一个识别电动机的垂直位置。检测到的位置信号被传送给驾驶人车门模块。其中驾驶人车门模块A23a的X01173脚为位置电位5V供电脚；A23a的X01171脚为接地脚；A23a的X01176脚为水平位置电位计信号输出脚；A23a的X01172脚为垂直位置电位计信号输出脚。

3）后视镜折叠电动机：外后视镜由镜脚和镜头组成，镜脚中安装了一只电动机来向内和向外弯折镜头。内折、外折是通过颠倒电动机旋转方向来进行的。其中A23a的X01050-6脚和X01050-2脚接Y5的折叠调整电动机。

4）后视镜加热装置：在点火钥匙位于ON位置时，自动加热两个外后视镜，加热功率自动控制且取决于车外温度和刮水器强度。其中A23a的X01050-5脚和X01050-2脚接Y5的加热装置。

（2）带车身网关模块的电动后视镜电路

带车身网关模块的电动后视镜电路如图9-26所示，带车身网关模块的自动防眩后视镜电路如图9-27所示。驾驶人侧外后视镜与前乘客侧外后视镜都是通过驾驶人侧车门开关盒操作的，开关盒通过一根LIN总线连接到车身网关模块上。驾驶人侧车门开关盒S126的X10725-1脚接前部熔丝支架A41a，到达A41a的蓄

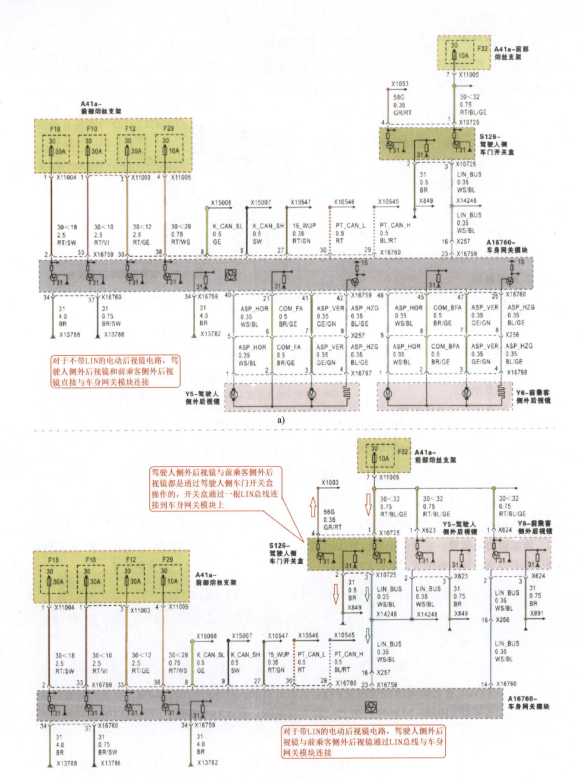

图 9-26 带车身网关模块的电动后视镜电路
a) 不带 LIN　b) 带 LIN

电池电压经熔丝 F32 后供电给 S126；S126 的 X10725-4 脚为仪表和背景灯照明供电脚，接插接器 X1033；S126 的 X10725-2 脚为接地脚，通过 X849 搭铁；S126 的 X10725-3 脚为开关信号输出脚，经插接器 X14248、插接器 X257-16 脚后，接车身网关模块 A16760 的 X16759-23 脚，它是以 LIN 总线方式进行数据传输的。

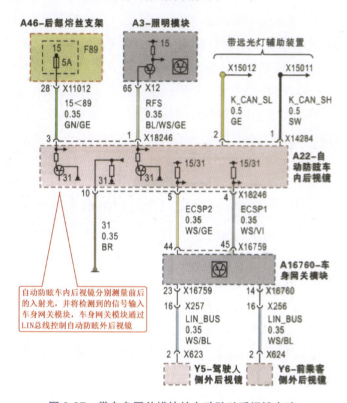

图 9-27　带车身网关模块的自动防眩后视镜电路

1）不带 LIN 的电动后视镜电路。驾驶人侧外后视镜和前乘客侧外后视镜直接与车身网关模块连接，其中车身网关模块 A16760 的 X16759-40 脚为水平调节信号输出脚，经插接器 X257-5 脚后，接驾驶人侧外后视镜 Y5 的 X16797-1 脚；A16760 的 X16759-21 脚经插接器 X257-6 脚后，接 Y5 的 X16797-2 脚；A16760 的 X16759-41 脚为垂直调节信号输出脚，经插接器 X257-7 脚后，接 Y5 的 X16797-3 脚；A16760 的 X16759-42 脚为加热信号控制脚，经插接器 X257-8 脚后，接 Y5 的 X16797-4 脚。车身网关模块 A16760 的 X16760-46 脚为水平调节信号输出脚，经插接器 X255 脚后，接前乘客侧外后视镜 Y6 的 X16798-2 脚；A16760 的 X16760-45 脚经插接器 X256 脚后接 Y6 的 X16798-2 脚；A16760 的 X16760-47 脚为垂直调节信号输出脚，经插接器 X257 脚后接 Y6 的 X16798-3 脚；A16760 的 X16760-25 脚为加热信号控制脚，经插接器 X258 脚后接 Y6 的 X16798-4 脚。

2）带 LIN 的电动后视镜电路。驾驶人侧外后视镜与前乘客侧外后视镜通过 LIN 总线与车身网关模块连接，经前部熔丝支架 A41a 内熔丝 F32 的蓄电池电压分别供电给驾驶人侧外后视镜 Y5 的 X623-1 脚和前乘客侧外后视镜 Y6 的 X621 脚;Y5 的 X623-3 脚为接地脚,经 X849 后搭铁;Y5 的 X623-2 脚为 LIN 总线信号脚,经插接器 X14248、插接器 X257-16 脚后,接 A16760 的 X16759-23 脚。Y6 的 X623 脚为接地脚,经 X891 后搭铁;Y6 的 X622 脚为 LIN 总线信号脚,经插接器 X2516 脚后,接 A16760 的 X16760-14 脚。

3)自动防眩车内后视镜分别测量前后的入射光,并将检测到的信号输入车身网关模块,车身网关模块通过 LIN 总线控制自动防眩外后视镜。其中,自动防眩车内后视镜 A22 的 X18245 脚为自动防眩目信号 2 输出脚,接车身网关模块 A16760 的 X16759-44 脚;A22 的 X18244 脚为自动防眩目信号 1 输出脚,接车身网关模块 A16760 的 X16759-45 脚;A16760 的 X16759-23 脚为 LIN 总线信号脚,经插接器 X257-16 脚后,接驾驶人侧外后视镜 Y5 的 X623-2 脚;A16760 的 X16760-14 脚为 LIN 总线信号脚,经插接器 X2516 脚后,接前乘客侧外后视镜 Y6 的 X622 脚。

二、故障诊断:2016 年宝马 730Li 车行车时内后视镜防眩光功能失效

故障现象 一辆 2016 年的宝马 730Li(G12),配置 B48 发动机,行驶里程 19352km。驾驶人反映晚上行车时车内后视镜防眩光功能失效。

故障诊断 在晚上进行试车,确实如驾驶人所说防眩光功能失效。连接诊断仪进行检测,发现存储有故障码:车内后视镜 LIN 组件缺失。产生故障的原因包括:① LIN 总线线路故障;②供电或搭铁缺失;③车内后视镜损坏。

自动防眩光控制机理是,自动防眩光车内后视镜在识别到来自后部的光源时自动遮暗镜面玻璃,自动防眩光车内后视镜有两个传感器,测量来自前方和后方的入射光;信号在车内后视镜电子模块中处理并评估,当后面的光源强于前面时系统会自动发出一个电压信号,电压信号越大镜面玻璃的遮暗程度越强。自动防眩光车内后视镜在车内照明灯接通的情况下不参与工作。自动防眩光车内后视镜通过 LIN 总线与车身域控制器(BDC)通信,通过 BDC 进行状态查询和故障存储。

根据图 9-28 所示电路图进行检测,测量插头 A60*1B 的 6 号 LIN 线电压为 10V 正常,测量 A60*1B 的 3 号脚供电没有电压,检查 F47 号熔丝已经熔断。更换熔丝后测量 A60*1B 的 3 号脚还是没有电压,说明供电线路有断路或虚接的情况。拆掉顶篷检查 X116 插头并没有发现问题,在晃动线束的同时 3 号脚有时有电有时没有,顺着线束往下查,在 A 柱饰板的位置发现了虚接的地方,如图 9-29 所示。

故障排除 更换烧掉的熔丝,重新焊接线路。

故障总结 此车是因为在事故后更换前风窗玻璃的时候把线拉断了,在接线的时候没有处理到位导致故障的产生。遇到此类故障要熟悉相关系统的工作原理并结合电路图,才能快速准确地找到故障点。

第九章　汽车常规电器系统电路识读

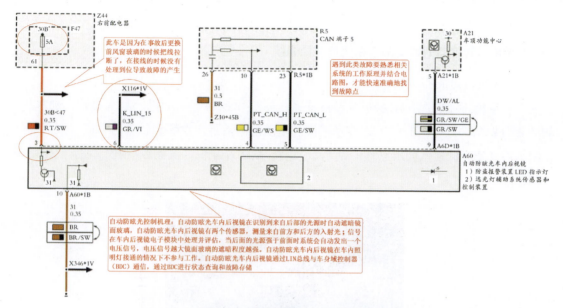

图 9-28　自动防眩光车内后视镜

图 9-29　虚接位置

第五节　刮水清洗系统电路识读

一、别克凯越风窗刮水及洗涤系统电路识读

别克凯越轿车配备的风窗刮水系统包括无雨量传感器和有雨量传感器两种。下面分别

介绍这两种风窗刮水系统及洗涤系统电路识读。

1. 无雨量传感器的风窗刮水系统及洗涤系统

（1）系统的组成和功能

无雨量传感器的风窗刮水系统及洗涤系统主要由刮水器电动机、刮水器臂、刮水片、刮水器/洗涤器开关（图9-30）、洗涤液罐、电动洗涤液泵、喷嘴和软管等组成。该系统具有刮水器高速、低速或间歇动作、刮水器关闭、刮水片复位、洗涤风窗和自动空调控制等功能。

图9-30 别克凯越刮水器/洗涤器开关

（2）系统的操作

通过刮水器/洗涤器开关可以实现刮水器的高速、低速或间歇动作，以及刮水器关闭和洗涤功能外，在刮水器/洗涤器开关关闭时，还可以实现刮水片的自动复位功能。通过间歇开关还可以实现刮水器动作时间间隔的调节。当风窗刮水系统处于工作状态，且自动空调系统处于自动控制时，自动空调系统能够自动切换至除雾模式。

（3）系统的控制原理

系统的控制电路如图9-31所示。系统各种功能的控制原理如下：

1）刮水器的高速控制。当把刮水器/洗涤器开关切换至高速位置时，即可实现刮水器的高速动作。刮水器的高速控制电路为：15号线→插接器C201的30号端子→熔丝F16→插接器C201的1号端子→刮水器/洗涤器开关的A8号端子→刮水器/洗涤器开关的A9号端子→插接器C202的67号端子→刮水器电动机的5号端子→刮水器电动机→刮水器电动机的3号端子→搭铁点G303。

2）刮水器的低速控制。当把刮水器/洗涤器开关切换至低速位置时，即可实现刮水器的低速动作。刮水器的低速控制电路为：15号线→插接器C201的30号端子→熔丝F16→插接器C201的1号端子→刮水器/洗涤器开关的A8号端子→刮水器/洗涤器开关的A5号端子→插接器C202的65号端子→刮水器电动机的1号端子→刮水器电动机→刮水器电动机的3号端子→搭铁点G303。

3）刮水器的间歇动作控制。当把刮水器/洗涤器开关切换至间歇位置时，即可实现刮水器的间歇动作。刮水器的间歇动作控制电路为：15号线→插接器C201的30号端子→熔丝F16→插接器C201的1号端子→刮水器/洗涤器开关的A8号端子→刮水器/洗涤器开关的A7号端子→刮水器/洗涤器开关的B1号端子→间歇开关→刮水器/洗涤器开关的B2号端子→插接器C202的8号端子→刮水器电动机的2号端子→间歇控制器→刮水器电动机的3号端子→搭铁点G303。

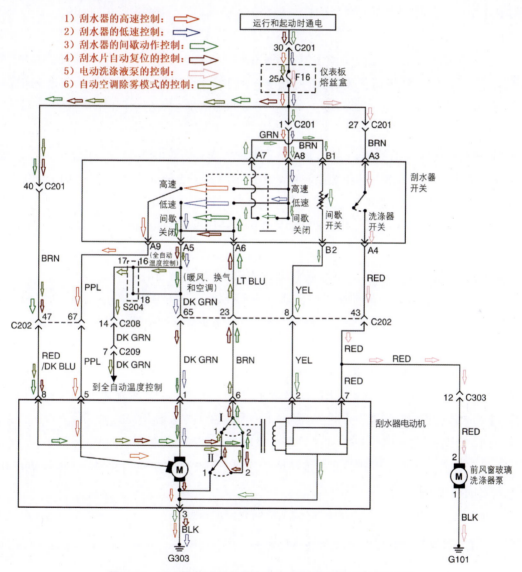

图9-31　无雨量传感器的风窗刮水系统及洗涤系统控制电路

间歇控制器通电动作，使刮水器电动机内的开关Ⅰ从位置1切换至位置2，刮水器电动机开始间歇动作。其控制电路为：15号线→插接器C201的30号端子→熔丝F16→插接器C201的40号端子→插接器C202的47号端子→刮水器电动机的8号端子→开关Ⅰ的2号

251

端子→刮水器电动机的 6 号端子→插接器 C202 的 23 号端子→刮水器 / 洗涤器开关的 A6 号端子→刮水器 / 洗涤器开关的 A5 号端子→插接器 C202 的 65 号端子→刮水器电动机的 1 号端子→刮水器电动机→刮水器电动机的 3 号端子→搭铁点 G303。

当改变间歇开关的电阻时，间歇控制器可以改变刮水器动作的时间间隔。

4）刮水片自动复位的控制。当把刮水器 / 洗涤器开关切换至关闭位置时，若刮水片没有复位，则刮水器电动机内的开关Ⅱ从位置 1 切换至位置 2。刮水器电动机将继续动作，直至刮水片复位。此时刮水器电动机的控制电路为：15 号线→插接器 C201 的 30 号端子→熔丝 F16→插接器 C201 的 40 号端子→插接器 C202 的 47 号端子→刮水器电动机的 8 号端子→开关Ⅱ的 2 号端子→开关Ⅰ的 1 号端子→刮水器电动机的 6 号端子→插接器 C202 的 23 号端子→刮水器 / 洗涤器开关的 A6 号端子→刮水器 / 洗涤器开关的 A5 号端子→插接器 C202 的 65 号端子→刮水器电动机的 1 号端子→刮水器电动机→刮水器电动机的 3 号端子→搭铁点 G303。

5）电动洗涤液泵的控制。当把刮水器 / 洗涤器开关切换至洗涤位置时，电动洗涤液泵动作，同时刮水器动作。电动洗涤液泵的控制电路为：15 号线→插接器 C201 的 30 号端子→熔丝 F16→插接器 C201 的 27 号端子→刮水器 / 洗涤器开关的 A3 号端子→刮水器 / 洗涤器开关的 A4 号端子→插接器 C202 的 43 号端子→插接器 C303 的 12 号端子→电动洗涤液泵→搭铁点 G101。

电动洗涤液泵动作的同时，刮水器电动机内的间歇控制器通电动作。

6）自动空调除雾模式的控制。在自动空调系统处于"AUTO"模式，且自动空调系统控制器接收到刮水信号 1min 后，自动空调系统控制器即自动切换至除雾模式（空调压缩机工作，空气循环处于外循环状态）。此时刮水信号电路为：15 号线→插接器 C201 的 30 号端子→熔丝 F16→插接器 C201 的 40 号端子→插接器 C202 的 47 号端子→刮水电动机的 8 号端子→开关Ⅱ的 2 号端子→开关Ⅰ的 1 号端子→刮水电动机的 6 号端子→插接器 C202 的 23 号端子→刮水器 / 洗涤器开关的 A6 号端子→刮水器 / 洗涤器开关的 A5 号端子→插接器 C208 的 14 号端子→插接器 C209 的 7 号端子→自动空调系统控制面板的 B7 号端子。

由于刮水器的动作，使开关Ⅱ有规律地在位置 1 与 2 之间切换。刮水信号电压也在 0V 与 12V 之间有规律地变化。

在刮水器停止动作 20s 后，自动空调系统回复至原来状态。

2. 有雨量传感器的风窗刮水系统及洗涤系统

（1）结构特点

该系统除常规风窗刮水系统及洗涤系统的组成和功能外，还有以下特点：刮水器电动机内间歇控制器由原来的 1 个增加为 2 个；刮水器 / 洗涤器开关的间歇位置由自动位置取代；刮水器 / 洗涤器开关内的间歇开关改为雨量传感器开关，并配置了雨量传感器。雨量传感器安装在风窗玻璃内侧，紧靠后视镜位置。雨量传感器能产生红外线，并以45°角照射到风窗玻璃上。若风窗玻璃干燥，则被反射回的红外线较多；若风窗玻璃上有水，则被反射回的红外线较少。风窗玻璃反射回的红外线随风窗玻璃上水的多少而相应变化，雨量传感器就是根据风窗玻璃反射回的红外线多少来感知雨量大小的。当刮水器／洗涤器开关置于"AUTO"位置时，刮水器能根据雨量传感器感知的雨量大小，自动改变动作速度的快慢。其控制电路如图9-32所示。

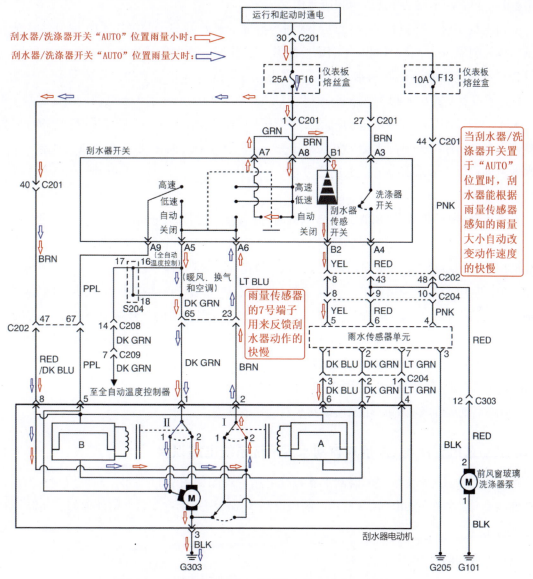

图9-32　有雨量传感器的风窗刮水系统及洗涤系统控制电路

（2）工作过程

当刮水器／洗涤器开关置于"AUTO"位置时，雨量传感器的控制电路为：15号线→插接器 C201 的 30 号端子→熔丝 F16→插接器 C201 的 1 号端子→刮水器/洗涤器开关的 A8 号端子→刮水器/洗涤器开关的 A7 号端子→刮水器/洗涤器开关的 B1 号端子→雨量传感器开关→刮水器/洗涤器开关的 B2 号端子→插接器 C202 的 8 号端子→插接器 C204 的 8 号端子→雨量传感器的 5 号端子→雨量传感器。

雨量传感器的 5 号端子上有电压时便处于工作状态。当改变雨量传感器开关的位置时，雨量传感器 5 号端子的电压也相应变化。而雨量传感器根据其 5 号端子电压的高低，在相同雨量时，控制刮水器动作速度也相应变化。

当雨量小时，雨量传感器通过控制刮水器电动机 6 号端子的电压（0V 或 12V）来控制间歇控制器 A 的间歇时间。当间歇控制器 A 工作时，开关Ⅰ从位置 1 切换至 2，刮水器以较慢的速度工作。此时刮水器控制电路为：15 号线→插接器 C201 的 30 号端子→熔丝 F16→插接器 C201 的 40 号端子→插接器 C202 的 47 号端子→刮水器电动机的 8 号端子→开关Ⅰ的 2 号端子→刮水器电动机的 2 号端子→插接器 C202 的 23 号端子→刮水器/洗涤器开关的 A6 号端子→刮水器/洗涤器开关的 A5 号端子→插接器 C202 的 65 号端子→刮水器电动机的 1 号端子→开关Ⅱ的 2 号端子→刮水器电动机→刮水器电动机的 3 号端子→搭铁点 G303。

当雨量大时，间歇控制器 A 工作的同时，雨量传感器通过控制刮水器电动机的 7 号端子的电压（0V 或 12V）来控制间歇控制器 B 的间歇时间。当间歇控制器 B 工作时，开关Ⅱ从位置 2 切换至 1，刮水器以较快的速度工作。此时刮水器控制电路为：15 号线→插接器 C201 的 30 号端子→熔丝 F16→插接器 C201 的 40 号端子→插接器 C202 的 47 号端子→刮水器电动机的 8 号端子→开关Ⅰ的 2 号端子→刮水器电动机的 2 号端子→插接器 C202 的 23 号端子→刮水器/洗涤器开关的 A6 号端子→刮水器/洗涤器开关的 A5 号端子→插接器 C202 的 65 号端子→刮水器电动机的 1 号端子→开关Ⅱ的 1 号端子→刮水器电动机→刮水器电动机的 3 号端子→搭铁点 G303。

雨量传感器的 7 号端子用来反馈刮水器动作的快慢。

二、东风雪铁龙 C5 前风窗刮水器清洗系统电路识读

东风雪铁龙 C5 轿车前风窗刮水器系统电路原理图如图 9-33 所示。前风窗刮水器清洗系统主要元件的布置如图 9-34 所示，前风窗刮水器清洗系统主要元件的外形如图 9-35～图 9-37 所示。

1. 部件结构

1）雨水阳光传感器的作用如下：

① 检测有无雨水和雨量的大小。

② 检测车外光线的强弱。

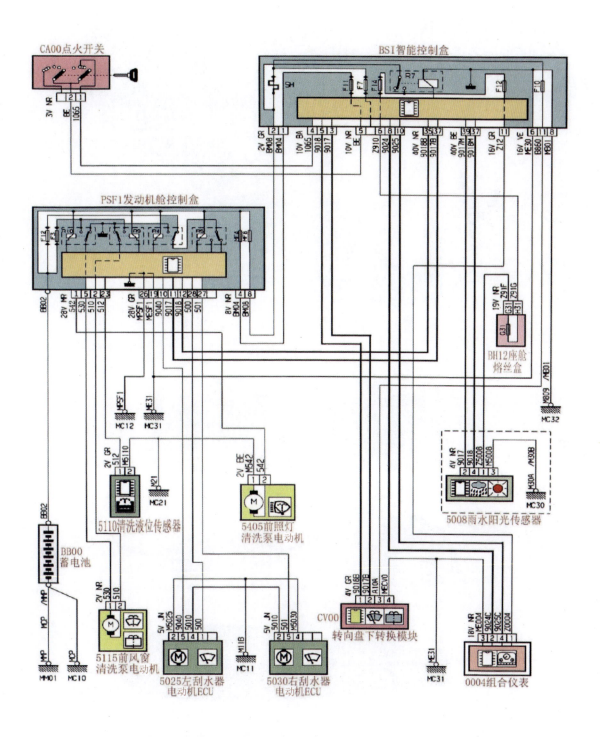

图 9-33　C5 轿车前风窗刮水器系统电路原理图

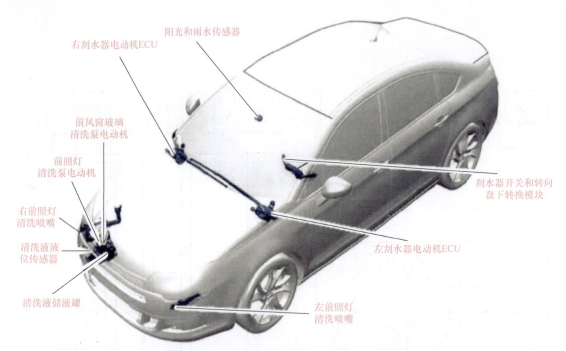

图9-34 前风窗刮水器清洗系统各元件的布置

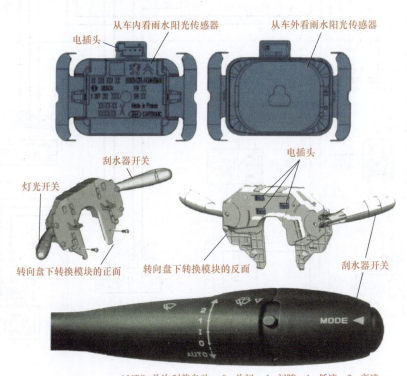

AUTO:单次刮兼自动；0:关闭；I:间隙；1:低速；2:高速

图9-35 雨水阳光传感器、转向盘下转换模块和刮水器开关的外形

第九章 汽车常规电器系统电路识读

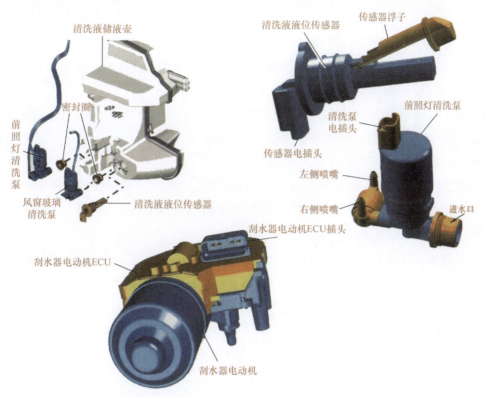

图 9-36 刮水器电动机 ECU、液位传感器、前照灯清洗泵等部件

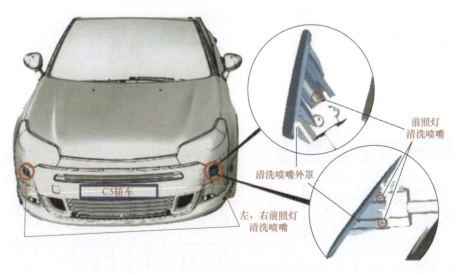

图 9-37 前照灯清洗喷嘴的布置和外形

③ 将雨水和阳光信号通过 CAN 车身网传递给智能控制盒 BSI，BSI 可根据该传感器的信号，控制刮水器电动机自动工作和前照灯自动点亮。

2）转向盘下转换模块的作用如下：

① 解读刮水器开关发送的自动刮扫、间歇刮扫、低速和高速刮扫、风窗玻璃和前照灯

257

清洗的请求信号。

②把刮水器开关的上述请求信号通过 CAN 车身网传递给智能控制盒 BSI。

3）风窗玻璃清洗泵的作用是在发动机舱控制盒 PSF1 的控制下，向前风窗玻璃喷水，清洗前风窗玻璃。

4）前照灯清洗泵的作用是在发动机能控制盒 PSF1 的控制下，向左、右前照灯灯罩表面喷水，清洗左、右前照灯灯罩表面上的灰尘、杂质等。

5）左、右刮水器电动机 ECU 的作用如下：

①解读从发动机舱控制盒 PSF1 通过 LIN 网传送过来的刮水器的控制指令。

②控制左、右刮水器电动机同步，并协调地进行自动刮扫、间隙刮扫、低速刮扫和高速刮扫。

6）清洗液液位传感器的作用是检测清洗液液位的高低，当清洗液液位过低时，发出报警信号。

7）前照灯清洗喷嘴的作用是在近光灯或远光灯点亮和前风窗玻璃清洗时，将前照灯清洗泵输送过来的清洗液喷向左、右前照灯罩外表面，清洗灯罩外表面。前照灯清洗喷嘴是一个机械元件，其工作压力为 200kPa 以上，无电路连接。

2. 刮水电路原理的识读

经过对 C5 轿车前风窗刮水器系统电路原理图的分析，可将该系统的工作原理简化成图 9-38 所示的框图，对框图的说明见表 9-4。现根据图 9-33 和图 9-38 将前风窗刮水器清洗系统的电路识读如下。

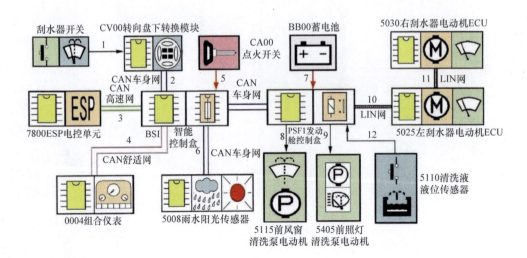

图 9-38 C5 轿车前风窗刮水器清洗系统的原理框图

表 9-4　C5 轿车前风窗刮水器清洗系统原理框图的说明

连接号	信号	信号性质	发生器/接受器	电路图中对应的导线编号
1	刮水器开关的刮扫和清洗请求	开关信号	刮水器开关/CV00	无
2	刮水器开关的刮扫和清洗请求	CAN 车身网信号	CV00/BSI	9017B、9018B
3	车速信息	CAN 高速网信号	7800/BSI	9000、9001（图中未画出）
4	刮水器系统的自动刮扫和清洗液液位报警信息	CAN 舒适网信号	BSI/0004	9024、9025
5	点火开关的点火信号	开关信号	CA00/BSI	1065
6	有无雨水和雨量小信号	CAN 车身网信号	5008/BSI	9017、9018
7	蓄电池的供电	模拟信号	BB00/PSFI	BB02
8	前风窗清洗指令	模拟信号	PSFI/5115	510、530
9	前照灯清洗指令	模拟信号	PSFI/5405	542
10	对左、右刮水器电动机的控制指令	LIN 网信号	PSFI/5025	9040
11	对右刮水器电动机的控制指令	LIN 网信号	5025/5030	5010
12	清洗液液位信号	开关信号	5110/PSFI	512

（1）刮水器开关的档位

1）将刮水器开关向后拨动一下（即从 0 位置扳向 AUTO 位置），松手后开关自动回位，进入刮水器开关的点动兼自动档，此时前刮水器在风窗玻璃上来回刮扫一次停在起始位置，同时组合仪表 0004 上显示："自动刮水器启用"，如图 9-39 所示。当前风窗刮水器清洗系统进入自动刮水器模式后，如雨水阳光传感器检测到前风窗玻璃上有雨水，自动起动左、右刮水器电动机工作。下小雨时，左、右刮水器电动机自动慢速工作；下大雨时，左、右刮水器电动机自动快速工作。

图 9-39　组合仪表上提示"自动雨刷启用"

2）将刮水器开关向前拨动到 ---- 位置，进入刮水器开关的间隙档，此时前刮水器按照以下循环工作：在风窗玻璃上来回刮扫一次→停几秒钟→在风窗玻璃上来回刮扫一次→停几秒钟。

3）将刮水器开关向前拨动到 1 位置，进入刮水器开关的低速档，此时刮水器在风窗玻璃上来回低速刮扫。

4）将刮水器开关向前拨动到2位置，进入刮水器开关的高速档，此时刮水器在风窗玻璃上来回高速刮扫。

（2）刮水器电动机的控制

将点火开关CA00旋至点火档，点火开关将点火信号通过导线1065传递给智能控制盒BSI，BSI接收到点火信号后，则唤醒CAN高速网、CAN车身网、CAN舒适网、LIN网进入工作状态，为在各电控单元之间传递信息做准备。当车载网络（CAN网和LIN网）唤醒后，发动机舱控制盒PSF1控制内部的继电器R5通过导线500和501分别为左、右刮水器电动机ECU提供工作供电。刮水器开关通过内部的触点将请求控制前刮水器点动刮、间歇刮、低速刮、高速刮等信号传递给转向盘下转换模块CV00，CV00将这些请求信号通过CAN车身网线9017B和9018B传递给智能控制盒BSI，BSI则将控制刮水器点动刮、间歇刮、低速刮、高速刮的指令通过CAN车身网线9017B和9018B传递给发动机舱控制盒PSF1，PSF1则通过LIN网线9040将BSI对刮水器的控制指令传递给左刮水器电动机ECU。在左、右刮水器电动机ECU构成的LIN网络中，左刮水器电动机ECU是主ECU，右刮水器电动机ECU是从ECU。左刮水器电动机ECU通过LIN网线接收从PSFI传递过来的刮水器的控制指令后，一方面通过LIN网线5010将对前刮水器的控制指令传递给右刮水器电动机ECU，另一方面它指挥并协调（因左、右刮水器电动机各自独立驱动一个刮水臂工作，如左、右刮水器电动机动作不能同步和协调，二者就会产生干涉碰撞）右刮水器电动机ECU一道实现对左、右刮水器电动机的点动兼自动、间隙、低速、高速等控制。

（3）刮水器的回位控制

为了不使刮水片停在前风窗玻璃的中间位置而影响驾驶人的视线，无论刮水器工作到什么位置关闭刮水器开关后，刮水器都应持续工作到它的起始位置才能停下来，这就叫刮水器的回位控制。为了实现回位控制，在左、右刮水器电动机ECU内置了一个回位位置传感器（通过东风雪铁龙的汽车专用诊断仪可检测到在刮水器电动机工作时该传感器的信号）。左、右刮水器电动机ECU根据回位位置传感器的信号，可实现对左、右刮水器的回位控制。

（4）前风窗玻璃和前照灯的清洗控制

将刮水器开关向上抬起（放下后刮水器开关自动回位），刮水器开关通过内部的触点将请求控制前风窗清洗的信号传递给转向盘下转换模块CV00，CV00这一请求信号通过CAN车身网线9017B和9018B传递给智能控制盒BSI，BSI则将控制前风窗清洗泵的指令通过CAN车身网线9017B和9018B传递给发动机舱控制盒PSF1，PSF1再通过内部继电器R9和R10控制清洗泵电动机5115工作，在电动机5115的驱动下，前风窗玻璃清洗泵向前风窗玻璃喷水。同时，PSF1还通过LIN网线9040将清洗前风窗的指令传递给左刮水器电动机ECU，于是在左刮水器电动机ECU的指挥下，左、右刮水器电动机驱动左、右刮水片来回刮扫三次。

在前风窗玻璃清洗泵电动机工作时，如通过车灯开关接通近光灯或远光灯，车灯开关通过内部触点将点亮近光灯或远光灯的请求传递给 CV00，CV00 将这一请求信号通过 CAN 车身网线 9017B 和 9018B 传递给 BSI，BSI 则将控制前照灯清洗泵工作的指令通过 CAN 车身网线 9017B 和 9018B 传递给发动机舱控制盒 PSF1，PSF1 再通过内部继电器 R11（原理图中未画出）和导线 542 控制前照灯清洗泵电机 5405 工作。

（5）清洗液液位过低时的报警

清洗液液位传感器检测清洗液液位的高低，当前风窗玻璃清洗泵电动机工作时，如清洗液液位不足时，传感器将报警信号（低电位搭铁信号）通过导线 512 传递给 PSF1，PSF1 通过 CAN 车身网线 9017 和 9018 传递给 BSI，BSI 通过 CAN 舒适网线 9024 和 9025 传递给组合仪表 0004，0004 在仪表板中显示"风窗洗涤液不足"，警示驾驶人添加风窗玻璃清洗液。

（6）其他功能

1）热保护功能。有时由于刮水器刮片老化、风窗玻璃脏污且无水等原因，刮水器在玻璃上刮刷时运行阻力很大，甚至刮水器被卡住不能运行，刮水器电动机因工作电流增大，而发热量增大。为了防止刮水器电动机过热烧损，在刮水器工作时，左、右刮水器电动机 ECU 始终监测回位位置传感器的信号（刮水器正常工作时，刮水器刮片在风窗玻璃上每来回刮扫一次，回位位置传感器就发送一个回位信号），如果左或右刮水器电动机 ECU 长时间收不到传感器的回位信号，就说明左或右刮水器运行受阻，此时左、右刮水器电动机 ECU 会同时切断左、右刮水器电动机的供电，实现左、右刮水器电动机的热保护功能。

2）根据车速自动调整前刮水器速度。为了使驾驶人集中注意力专心开车和将前风窗玻璃上的雨水刮扫干净，ESP 电控单元 7800 将车速信号通过 CAN 高速网线 9000、9001 传递给智能控制盒 BSI，BSI 通过回位位置传感器传递的回位信号检测刮水器的运行速度，当车速增加或降低时，BSI 将车速信息通过 CAN 车身网线 9017B 和 9018B 通知发动机舱控制盒 PSF1，PSF1 则通过 LIN 网线 9040 通知左刮水器电动机 ECU，由左、右刮水器电动机 ECU 根据车速信息控制，将左、右刮水器的刮扫速度自动调高或调低一个级别。

3）降级运行功能。当转向盘下转换模块 CV00 与智能控制盒 BSI 之间的 CAN 车身网线 9017B 和 9018B 都断路后，刮水器开关发出的所有刮扫和清洗请求信号 BSI 就无法收到了（这时灯光开关发出的信号 BSI 也收不到了）。此时前风窗刮水器清洗系统从最坏的角度设想，车辆仍需要行驶回家，且天黑在下雨，于是当发动机运行时，左、右刮水器电动机 ECU 控制左、右刮水器自动间隙运行，且自动点亮近光灯，以保证驾驶人仍有较好的视线，将车辆安全驾驶回家。这就是前风窗刮水器清洗系统的降级运行功能。

3. 前风窗刮水器清洗系统典型故障

前风窗玻璃刮水器清洗系统典型故障见表 9-5。

表 9-5 前风窗玻璃刮水器清洗系统典型故障

故障点	故障现象	故障说明
CV00 上 CAN 车身网线 9017B、9018B 都断路	刮水器和灯光开关失效,接通点火开关点火档后,左、右刮水器自动起动并在风窗玻璃上间隙刮扫	这是前风窗刮水器清洗系统的一种降级运行模式,目的是提供一定的视线,使驾驶人将车辆安全驾驶回家
BSI 至 PSF1 之间的 CAN 车身网线 9017B、9018B 都断路		
PSF1 为 5025 左刮水器电动机 ECU 的供电线 500 断路	无论接通刮水器开关的哪个档位,左、右刮水器都不工作	左刮水器电动机 ECU 因无供电不工作,同时它也不把 BSI 对刮水器的控制指令传递给右刮水器电动机 ECU
PSF1 为右刮水器电动机 ECU 供电的导线 501 断路	无论接通刮水器开关的哪个档位,右刮水器都不工作,左刮水器只在风窗玻璃左边的小范围内低速刮扫	右刮水器电动机 ECU 因无供电不工作,左刮水器电动机 ECU 不知道右刮水器的位置,为防止干涉,左刮水器在小范围刮扫
左刮水器电动机 ECU 为右刮水器电动机 ECU 传递指令的 LIN 网线 5010 断路		右刮水器电动机 ECU 因不能从 LIN 网线 5010 上获得刮水器的控制指令而不工作,为防止干涉,左刮水器在小范围各有刮扫
PSF1 向左刮水器电动机 ECU 传递刮水器控制令的 LIN 网线 9040 断路	接通点火开关的点火档后,左、右刮水器自行起动,且在风窗玻璃上间隙刮扫	LIN 网线 9040 断路后,无论刮水器开关发出什么档位的刮扫清求,左、右刮水器电动机 ECU 都接受不到刮水器的控制指令,此时刮水器系统为了提供一定的视线,使驾驶人将车辆安全驾驶回家,同时也为了警示驾驶人刮水器系统有故障,于是控制左、右刮水器在风窗玻璃上间隙刮扫
清洗液液位传感器上的导线 512 搭铁	尽管清洗液液位在报警液位之上,只要将刮水器开关扳到风窗玻璃清洗档,组合仪表 0004 上就显示报警信息	因当清洗液液位不足时,液位传感器就通过导线 512 传递给 PSF1 一个搭铁信号,此时组合仪表上就显示"风窗洗涤液不足"的报警信息
5405 前照灯清洗泵上的导线 542 断路	接通车灯开关的近光灯或远光灯档,同时将刮水器开关扳到风窗玻璃清洗档,前照灯清洗泵不工作	导线 542 断路后,前照灯清洗泵因供电电路被切断而不工作

三、故障诊断:别克凯越车刮水器自动工作

故障现象 一辆别克凯越车,搭载 F16D3 发动机,行驶里程 16 万 km。驾驶人反映,接通点火开关后刮水器就会自动工作。维修人员先后更换刮水器开关和刮水器电动机后试车,故障依旧。

故障诊断 接车后试车,接通点火开关,刮水器立即刮动 1 次,然后刮水器自动间歇刮动,类似启用了刮水器间歇档,但此时刮水器开关为 OFF 档。接着将刮水器开关分别置于 LO 档(低速档)、HI 档(高速档)及洗涤档,刮水器均能正常工作。在试车过程中发现维修人员更换上的新刮水器开关与更换下来的旧刮水器开关不一样(图 9-40),旧刮水器开关上为 AUTO 档(自动档),而新刮水器开关上为 INT 档(间歇档)。查看维修资料得知,带 AUTO 档的刮水器系统配有雨量传感器(安装在前风窗玻璃上,位于车内后视镜附近),将刮水器开关置于 AUTO 档,系统根据雨量大小可自动启用刮水器,并自动调节刮水器的

速度。经检查,并没有在车内后视镜附近发现雨量传感器,说明该车刮水器并没有 AUTO 档功能。那么为何旧刮水器开关上会有 AUTO 档呢?难道两种刮水器开关是通用的?

对比不带雨量传感器的刮水器控制电路(图 9-41)和带雨量传感器的刮水器控制电路(图 9-42)可知,两种刮水器开关内部结构一样,且端子也一样,区别在于,当刮水器开关为 INT 档时,旋转刮水器开关调节的是间歇时间,而当刮水器开关为 AUTO 档时,旋转刮水器开关调节的是雨量传感器的灵敏度。分析至此,说明两种刮水器开关是通用的,推断故障与刮水器开关无关。

重新整理维修思路,分析图 9-41 可知,接通点火开关,刮水器电动机端子 8 得到供电,若此时刮水器电动机端子 2 上也有供电,那么刮水器电动机便会间歇工作。脱开刮水器电动机导线插接器,接通点火开关,刮水器开关为 OFF 档,用 LED 试灯

图 9-40 新、旧刮水器开关对比
a)旧刮水器开关 b)新刮水器开关

测试刮水器电动机导线插接器端子 2 上的供电,LED 试灯微亮,异常。由于刮水器开关已更换过,暂时排除刮水器开关内部短路导致刮水器电动机导线插接器端子 2 上有供电的可能,推断刮水器开关端子 B1 与刮水器电动机端子 2 之间的导线与其他供电线路串电了,可能的原因包括:线束破损使导线之间短路;导线插接器进水使端子之间短路。

由图 9-42 可知,刮水器开关与刮水器电动机之间有 1 个导线插接器 C202,会不会是该导线插接器进水,导致其端子 47(供电端子)与端子 8(间歇档信号端子)短路了呢?脱开刮水器电动机导线插接器,用万用表测量刮水器电动机导线插接器端子 8 与端子 2 之间的电阻,用 200Ω 档、2kΩ 档、20kΩ 档测量时均显示超量程,用 200kΩ 档测量时电阻为 71.7kΩ,虽然电阻较大,但这是异常的(正常电阻应为 ∞),说明这两个端子之间并没有完全绝缘。

查看维修资料得知导线插接器 C202 位于驾驶人侧仪表板下,找到导线插接器 C202(图 9-43),检查发现导线插接器 C202 进水腐蚀(图 9-44),且导线插接器 C202 有点潮湿。虽然导线插接器 C202 端子 47 与端子 8 存在短路故障,但两个端子之间的电阻较大,是不可能使刮水器电动机导线插接器端子 2 上的供电点亮 LED 试灯的,这说明导线插接器 C202 其他端子上的供电串到了端子 8 上。查看导线插接器 C202 端子编号及作用说明,发现端子 8 旁边的端子 5 为空调压缩机继电器的 15 号供电端子,由此推断在接通点火开关时,导线插接器 C202 端子 5 上的供电串到了端子 8 上,以致刮水器电动机端子 2 得到供电,从而使刮水器电动机间歇工作。进一步询问驾驶人得知,之前下雨时,驾驶人侧车窗没关严,雨水打湿了驾驶人侧仪表板,推断雨水是那时渗入导线插接器 C202 内的。

汽车电路图识读、分析、检测、故障诊断

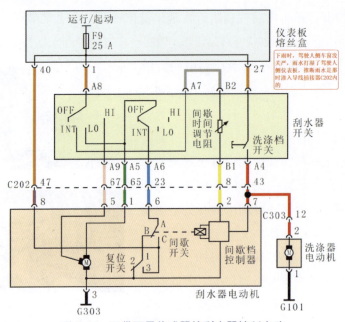

图 9-41　不带雨量传感器的刮水器控制电路

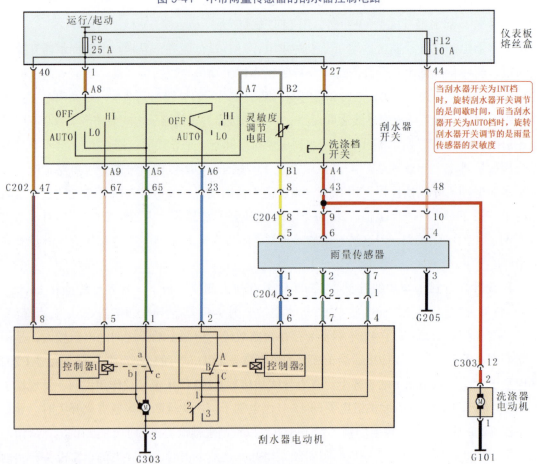

图 9-42　带雨量传感器的刮水器控制电路

第九章　汽车常规电器系统电路识读

图 9-43　导线插接器 C202 的实际安装位置

图 9-44　导线插接器 C202 进水腐蚀

故障排除　烘干导线插接器 C202，并清理端子上的氧化物后装复试车，刮水器不再自动工作，故障排除。

四、故障诊断：东风雪铁龙 C5 刮水器不工作

故障现象　一辆东风雪铁龙 C5 轿车，行驶里程 15000km，在维修网点做完例行保养后，突然出现无论接通刮水器开关的哪个档位，左、右刮水器都不工作的故障。

故障诊断　首先检查左、右刮水器电动机 ECU 插接器是否松脱，以及发动机舱控制盒 PSF1 和仪表台左下方的智能控制盒 BSI 内有无熔丝烧断，均未发现问题。接着根据 C5 轿车风窗玻璃刮水器系统电路图及原理图（图 9-45、图 9-46）分析，左、右刮水器都不工作的原因主要有两个：一是刮水器开关损坏，不能将信号发送给 CV00；二是左、右刮水器电动机 ECU 电路有故障。

根据以上思路，首先操作诊断仪进入智能控制盒 BSI 中，进行刮水器系统的相关参数测量，在拨动刮水器开关时，诊断仪能检测到"刮水器低速请求：启用""刮水器高速请求：启用"，检测结果说明刮水器开关可以将低速和高速刮扫的请求信号发送到 CV00。接着操作诊断仪在 BSI 内进行刮水器系统的执行机构测试时，发现诊断仪与左刮水器电动机 ECU 不能通信。

故障排除　拔下左刮水器电动机 ECU 插接器（该插接器为 5 通道黄色）进行检查时发现，插接器 1 脚上的导线插脚虚接，将该虚接导线修复后，故障现象消除。

故障总结　左刮水器电动机 ECU 插接器 1 脚导线是发动机舱控制盒 PSF1 为左刮水器电动机 ECU 的供电线 500，当此供电线断路后，左刮水器电动机 ECU 因无供电而不工作，左刮水器电动机 ECU 既不控制左刮水器电动机工作，也不能将 BSI 对刮水器的控制指令通过 LIN 网线 5010 传递给右刮水器电动机 ECU，造成右刮水器电动机也不工作。

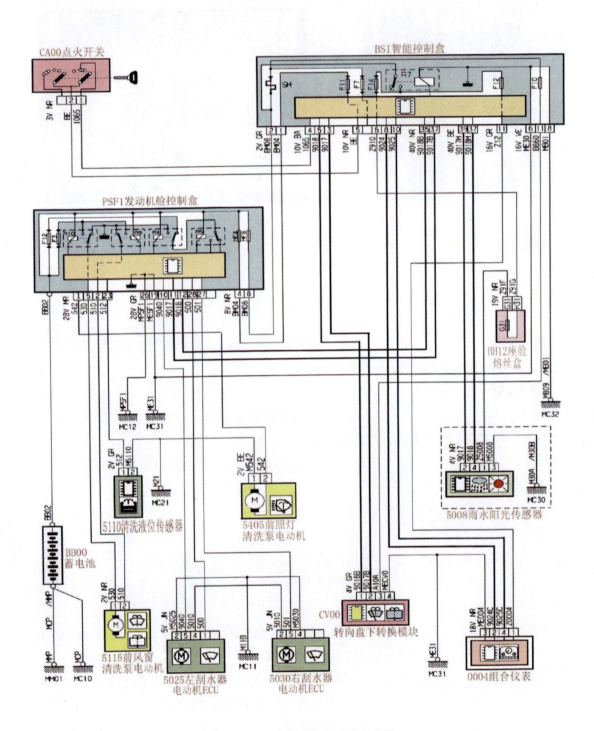

图 9-45 C5 轿车刮水器系统电路图

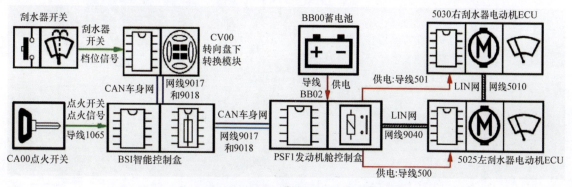

图 9-46　C5 轿车刮水器系统的运行原理图

第十章 新能源汽车电路识读

第一节 魏派P8新能源电路识读

一、BSG电机控制器电路识读

1. BSG电机

长城魏派P8 BSG电机是辅助车辆行驶的主要动力源和电源之一,BSG电机能够在电动机和发电机两种状态之间进行切换,以满足车辆在不同状态下的需求。

(1) 涡轮迟滞补偿

由于增压发动机涡轮迟滞现象,发动机需要一定时间才能达到车辆需求转矩,HCU会计算需要助力的转矩,并由BSG电机或驱动电机来提供动力补偿。此时BSG电机作为电动机对车辆进行动力输出。

(2) 替代助力

为使发动机工作在最优工作区间,由BSG电机或驱动电机辅助发动机对车辆进行动力输出，在满足驾驶人驾驶意图的情况下，提高发动机的燃油经济性。此时 BSG 电机作为电动机对车辆进行动力输出。

（3）增加助力

当驾驶人需求的转矩大于发动机可提供的最大转矩时，BSG 电机和驱动电机辅助发动机来满足驾驶人的需求，提高了动力系统的驾驶性能和动态性能。此时 BSG 电机作为电动机对车辆进行动力输出。

（4）充电

1）静止充电。车辆静止状态下，发动机带动 BSG 电机进行发电，并给高压电池包充电。

2）行车充电。防止动力电池包过度放电或为了使动力系统处于最优效率状态下，发动机带动 BSG 电机进行发电，给高压负载和低压负载供电。在充电模式下 BSG 电机作为发电机为车辆负载供电。

（5）发动机起停

当满足 BSG 电机起动条件时，HCU 根据 TCU 计算的起动目标转速或 ECM 怠速目标值控制 BSG 电机输出转矩拖动发动机运行，同时发送 BSG 电机起动类型、起动请求给 ECM，当达到一定发动机转速 HCU 请求 ECM 进行喷油点火。此时 BSG 电机作为电动机对车辆进行动力输出。

（6）AWD 驱动

在 AWD 模式下，为保证驱动电机能满足 AWD 功能需求，发动机在驱动前轴时会有一部分功率由 BSG 电机转换为电能并传递给驱动电机。此时 BSG 电机作为发电机为驱动电机供电。

（7）电机工作原理

BSG 电机工作原理如图 10-1 所示。

1）发电机原理。利用导线切割磁力线感应出电势的原理，将发动机的机械能变为电能输出。

2）电动机原理。BSG 电机控制器将动力电池包输出的直流电转化成 BSG 电机需要的三相交流电，给 BSG 电机总成线圈通三相交流电后，线圈产生一个旋转的磁场。转子内部的永磁体在旋转磁场的作用下，产生一个与旋转磁场同步的旋转转矩带动转轴转动。产生的转矩大小与电流值近似成正比，转动的速度与三相电流的频率有关。

长城魏派 P8 BSG 电机控制器电路如图 10-2 所示，包含 BSG 电机控制器和到电动压缩机的直流输出口。BSG 电机控制器把动力电池包的高压直流电转化成 BSG 电机需要的三相交流电，并能够把 BSG 电机输出的三相交流电转换成动力电池包需要的高压直流电。

2. BSG 电机控制器

BSG 电机控制器将动力电池包的高压直流电转换为三相交流电来驱动 BSG 电机，BSG

电机控制器根据整车控制器等相关信号改变三相交流电的参数，从而改变 BSG 电机的工作状态，实现对发动机的起动、辅助动力输出等功能。BSG 电机控制器响应整车控制器发出指令，控制 BSG 电机在发电机和电动机两种状态下进行切换。

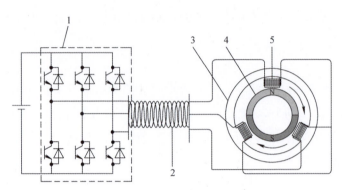

图 10-1　BSG 电机工作原理示意

1—BSG 电机控制器　2—三相交流电　3—BSG 电机定子　4—BSG 电机转子　5—BSG 电机线圈

1）高压直流电转化为三相交流电。在起动发动机或辅助动力输出时，BSG 电机控制器输入 BSG 电机定子绕组的三相电流形成的旋转磁场超前于转子的磁场，此时 BSG 电机输出驱动转矩，电能转变为机械能驱动车辆或发动机。

2）三相交流电转化为高压直流电。在一定工况下时，BSG 电机控制器将 BSG 电机输出的高压交流电转换成高压直流电，提供给动力电池包，提高车辆的能量使用效率。

3. 驱动电动压缩机

动力电池包的高压直流电通过 BSG 电机控制内部的熔丝直接到达电动压缩机，不会经过转化。

二、驱动电机控制器电路识读

驱动电机控制器电路如图 10-3 所示。驱动电机控制器总成，包含驱动电机控制器和单向 HV-LV DC/DC 变换器（简称 DC/DC 变换器），其内部结构如图 10-4 所示。驱动电机控制器把动力电池包的高压直流电转化成驱动电机需要的三相交流电；DC/DC 把动力电池包或车载充电机等零部件的高压直流电转换成蓄电池和车载用电器需要的低压直流电。

1. 驱动电机控制器

驱动电机控制器将动力电池包的高压直流电转换为三相交流电来驱动电机，驱动电机控制器根据整车控制器相关信号改变三相交流电的参数，从而改变驱动电机的工作状态，实现车辆加速、前进、倒车等功能。驱动电机控制器响应整车控制器发出的转矩指令和转速指令，控制驱动电机在滑行或制动时，进行能量回收。

(1) 驱动电机驱动

在驱动车辆时,驱动电机控制器输入驱动电机定子绕组的三相电流形成的旋转磁场超前于转子的磁场,此时驱动电机输出驱动转矩,电能转变为机械能驱动车辆。

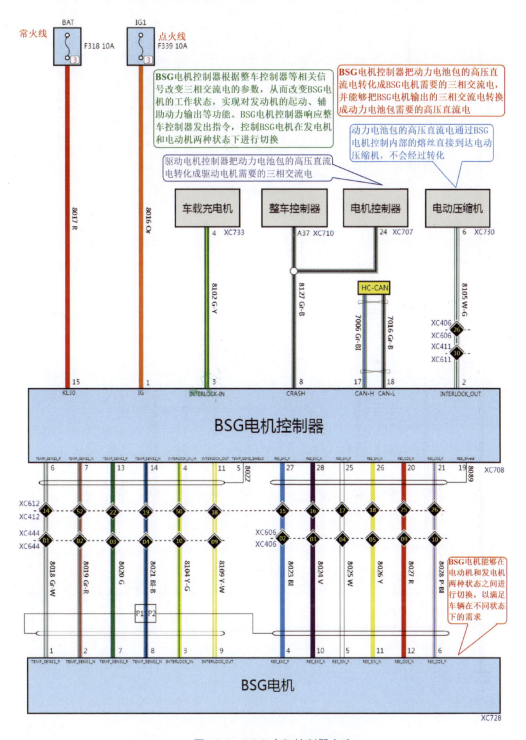

图 10-2 BSG 电机控制器电路

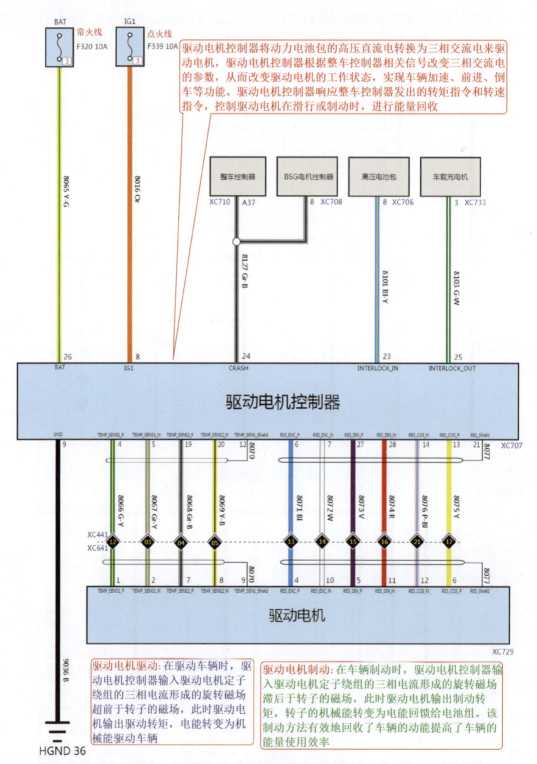

图 10-3　驱动电机控制器电路

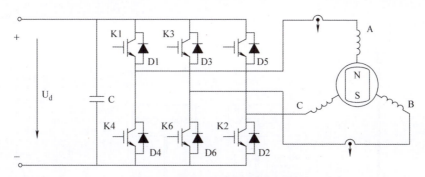

图 10-4　DC/DC 变换器内部结构

（2）驱动电机制动

在车辆制动时，驱动电机控制器输入驱动电机定子绕组的三相电流形成的旋转磁场滞后于转子的磁场，此时驱动电机输出制动转矩，转子的机械能转变为电能回馈给电池组。该制动方法有效地回收了车辆的动能提高了车辆的能量使用效率。

2. DC/DC 变换器

DC/DC 变换器根据整车控制器的指令将动力电池包或车载充电机等零部件的高压直流电转换成低压直流电，为低压电路提供电源，满足整车低压用电设备的需求；必要时为铅酸蓄电池充电，从而实现整车低压电路充、放电的动态平衡。

三、充电系统电路识读

充电系统主要由车载充电机、充电线缆、交流充电插座总成组成，其主要功能是给动力电池包充电，同时充电系统还具有充电过流保护、过/欠压保护、漏电保护等功能。车载充电机控制电路如图 10-5 所示。

1. 车载充电机

车载充电机是固定在电动汽车上，将公共电网的电能转换为动力电池包要求的直流电，并给动力电池包充电的设备。车载充电机在工作过程中，根据动力电池包的需求输出适当的电流和电压，防止对动力电池包进行过度充电或使充电时间过长。

（1）充电功能

充电机通过 CAN 接收到充电使能命令后，充电机应能够进入充电模式。充电机进入充电模式，充电枪将交流电输出到充电机后，充电机通过 CAN 获得需要输出的电压值和电流值后，充电机将已经导入充电机内部的交流电转换为整车所需要的高压直流电。

（2）电子锁功能

在待机模式、充电模式、故障模式下，并且充电插头、插座处于耦合状态，充电机才能够驱动车辆插座上的电子锁。并且电子锁状态与主驾车门锁状态保持一致。

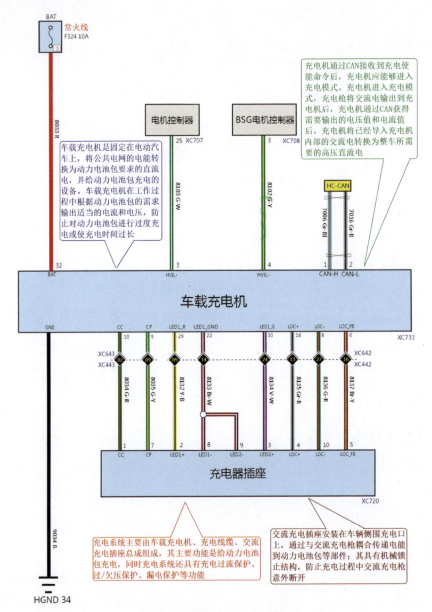

图 10-5 车载充电机控制电路

（3）LED 指示灯功能

在待机模式、充电模式、故障模式下，并且充电插头和插座处于耦合状态，充电机才能够驱动车辆插座上的 LED 指示灯，表示充电的状态、电子锁状态。车辆插座上共有两个 LED 指示灯：绿色 LED 表示充电相关的状态；红色 LED 表示充电故障、电子锁故障。

1）待机模式下，无论电子锁是否故障，绿色 LED 指示灯立即点亮且常亮，直到退出待机模式，绿色 LED 指示灯的状态才进行变化。

2）充电模式下，无论电子锁是否故障，绿色 LED 指示灯以 0.5Hz 频率闪烁。电子锁故障，红色 LED 指示灯以 0.5Hz 频率闪烁，1min 后熄灭。

3）故障模式下，电子锁无故障，红色 LED 指示灯立即点亮且常亮，直到退出故障模式，红色 LED 指示灯的状态才进行变化。故障模式下，电子锁故障，红色 LED 指示灯以 0.5Hz 频率闪烁，持续 1min。1min 后充电机仍处于故障模式，则红色 LED 指示灯变为常亮，直到退出故障模式，红色 LED 指示灯的状态才进行变化。

2. 交流充电插座

交流充电插座安装在车辆侧围充电口上，通过与交流充电枪耦合传递电能到动力电池包等部件。它具有机械锁止结构，防止充电过程中交流充电枪意外断开。

四、整车控制系统电路识读

整车控制器（HCU）是整车的核心部件，通过 CAN 信号来协调整车其他控制单元相互配合完成整车的正常工作，实现整车的动力性、经济性、舒适性。魏派 P8 整车控制器电路如图 10-6 ~ 图 10-8 所示。

1. 上下电功能

该功能主要用来控制整车进入可行驶模式、充电模式及睡眠状态。

1）ACC 电源模式时，动力系统处于初始化状态，此时低压舒适性功能可用（如仪表显示功能等），高压有关的功能均不可用。

2）连接充电装置时，进入充电模式。

3）高压系统上电（Ready）后，动力系统高压被激活。

4）踩制动踏板同时按起动键，上电（Ready）后，动力系统高压被激活，可预约空调进行提前工作。

5）预约充电时间达到且充电枪连接时，动力系统高压被激活，进入充电模式。

2. 加速踏板计算

该功能用于计算加速踏板开度，加速踏板传感器 1 和 2 会采集加速踏板的电压信号，并将采集的电压信号输入给 HCU，HCU 计算出加速踏板开度并输入给相应的模块进行处理。

1）制动踏板未踩下。HCU 输出通过加速踏板传感器 1 和加速踏板传感器 2 的电压信号计算得出的开度信号的最小值。

2）制动踏板踩下。HCU 通过加速踏板传感器 1 和加速踏板传感器 2 的电压信号计算得出开度信号并对比得到两个开度信号的最小值，当制动踏板传感器 1 或 2 检测到制动踏板激活时，HCU 会通过前面得到的开度信号计算在有制动踏板激活时的开度值，并作为最终加速踏板的开度信号输出。

3）制动踏板抑制。HCU 输出加速踏板开度值始终为 0。

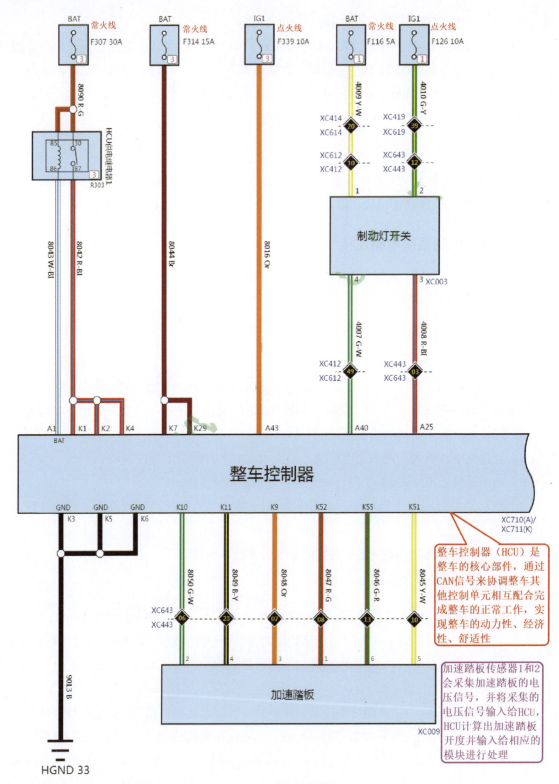

图 10-6 整车控制器电路 1

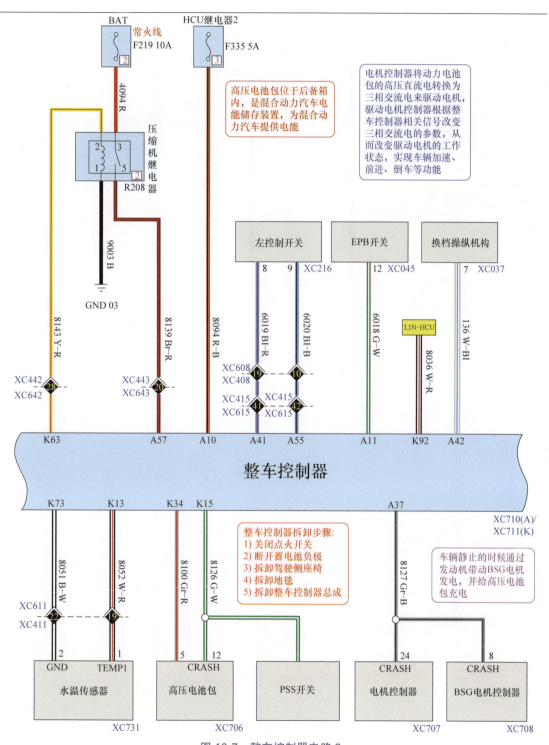

图 10-7 整车控制器电路 2

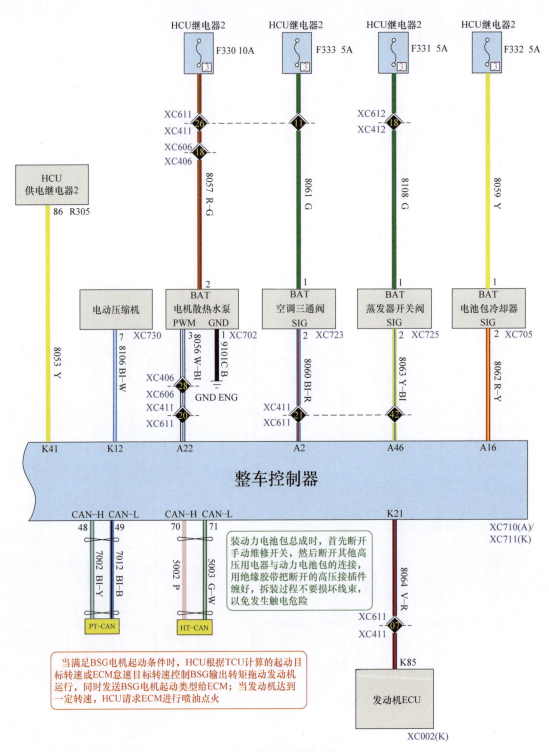

图 10-8　整车控制器电路 3

3. 驾驶模式选择

当车辆行驶或静止时，驾驶人可以进行不同驾驶模式的选择。无论选择哪种模式，控制系统会检查所选驾驶模式的驾驶性，驾驶体验，环境影响及燃油经济性的组合是否总是最优的。

1）EV 模式。EV 模式是后轴驱动电机单独驱动整车，当加速踏板开度大于 90% 时，起动发动机，但不会退出 EV 模式。

2）Sport 模式。Sport 模式驱动过程中发动机一直处于起动状态，该模式不会出现纯电驱动（P、N 位可以停机）。在发动机驱动的前提下，BSG 和后轴驱动电机会根据高压电池电量、功率、驾驶人需求情况等进行不同形式的助力，提高整车动力性。

注意

如果不能满足切入 Sport 模式的条件，仪表显示"动力系统故障，Sport 模式不可用"，且会自动切换到原驾驶模式。

如果当前为 Sport 模式，因为系统故障 Sport 模式不能维持，整车自动退出 Sport 模式，切换到 Auto 模式，仪表也会显示上述故障。

3）Save 模式。Save 模式能确保高压电池电量，维持高压电池电量可以纯电动行驶 20km。在 Save 模式下车辆会尽可能地节省电量，以供给稍后城市工况的纯电动行驶，因为城市工况车速低，经常走走停停，纯电动行驶有利于节能减排。如果计划较长的旅程，可以在高速工况时选择 Save 模式，在城市工况时选择 EV 模式。Save 模式下，电池电量高于 20km 纯电动里程时，电池将维持当前电量，发动机可能停机熄火，但 Save 模式不会自动退出。

注意

如果不能满足切入 Save 模式的条件，仪表显示"动力系统故障，Save 模式不可用"，且会自动切换到原驾驶模式。

如果当前模式为 Save 模式，因为系统故障 Save 模式不能维持，整车自动退出 Save 模式，切换到 Auto 模式，仪表也会显示上述故障。

4）AWD 模式。AWD 模式是四驱模式，驱动过程中发动机一直处于起动状态，该模式不会出现纯电驱动。

注意

如果不能满足切入 AWD 模式的条件，仪表显示"动力系统故障，AWD 模式不可用"，且会自动切换到原驾驶模式。

如果当前模式为 AWD 模式，因为系统故障 AWD 模式不能维持，整车自动退出 AWD 模式，切换到 Auto 模式，仪表也会显示上述故障。

5）Auto 模式。Auto 模式为车辆默认驾驶模式，上电后车辆自动进入 Auto 模式（如果上次下电前，驾驶模式为 EV 模式，则车辆进入 EV 模式）。在不能进入或维持驾驶人要求的驾驶模式时，车辆自动进入 Auto 模式。Auto 模式下，控制系统根据动力性能、高压电池荷电状态、油耗和舒适性，控制单独使用后桥电机驱动、单独使用前桥发动机驱动或者前后桥同时使用。荷电状态高时，同 EV 模式一样采用纯电动驱动；荷电状态低时，起动发动机，主要由前桥驱动。

注意

除 Auto/EV 模式外，只有在高压 Ready 的情况下，才允许驾驶模式切换。

6）手动模式。变速杆位置在 M 位，或在 D/R 位换档拨片激活时，驾驶模式自动切换到 Sport 模式。

4. 涡轮迟滞补偿

涡轮迟滞补偿即动态助力，用于补偿发动机转矩建立延时，提高了驾驶动态性能，也可以用来补偿 DCT 换档过程中的转矩中断。由于涡轮迟滞现象，发动机需要一定的时间达到请求转矩，HCU 会计算需要助力的转矩，并由 BSG 或后轴驱动电机来补偿转矩。补偿的转矩与发动机转速、当前档位、电池 SOC 都有关系。涡轮迟滞补偿通常出现在中低速车辆加速的工况下。

5. 替代助力

替代助力是指为了使发动机工作在最优工作区间，由 BSG 电机或后桥驱动电机支持发动机，满足驾驶人的转矩需求。当高压电池 SOC 大于一定值，或车辆处于强制放电模式，或者 HCU 判断出最优转矩分配效率的情况下会产生替代助力。替代助力期间换档、制动及 ESP 动作会导致替代助力退出。

注意

替代助力优先使用 BSG 电机，当 BSG 电机不满足助力要求时，由后桥驱动电机进行助力。

6. 增加助力

增加助力是指当驾驶人需求的转矩大于发动机可提供的最大转矩，BSG 电机和后桥驱动电机支持发动机满足驾驶人的需求，它提高了动力系统的驾驶性和动态性。HCU 会根据车速和最佳的转矩分配效率来决定哪个电机提供增加助力。

注意

制动、ESP 动作会导致增加助力退出。

7. 纯电蠕行

发动机未起动的行车工况，加速踏板、制动踏板均未踩下，纯电蠕行功能激活。纯电蠕行的目标车速与进入蠕行之前的车速有关。车辆起步进入蠕行，蠕行目标车速为 5km/h；车辆滑行（高于 10km/h）进入蠕行，蠕行目标车速为 5km/h。纯电蠕行车速受道路坡度限制，道路坡度增加，车速下降，最大爬坡度约为 10%；道路坡度降低，车速增加，车速超过 10km/h，纯电蠕行控制功能退出，后桥滑行制动功能激活。

8. 能量管理

能量管理主要包括静止充电和行车充电。车辆静止的时候通过发动机带动 BSG 电机发电，并给高压电池包充电；行车充电包括 Alternator 模式和 Generator 模式。

1) Alternator 模式。发动机带动 BSG 电机发电，并给低压网络和高压负载供电，其中高压附件主要包括 DC/DC 和空调压缩机。该模式在发动机正在运行并且高压电池 SOC 大于一定值时激活。

2) Generator 模式。Generator 模式分为最小充电和效率充电。最小充电是防止高压电池过度放电使电池维持在一个较低的 SOC 阀值，通过提高发动机工作点，让发动机带动 BSG 电机工作，BSG 电机发电给高压电池包充电；效率充电是基于最优系统效率使用 BSG 电机为高压电池包充电，通过变换发动机工作点来优化 BSG 电机、发动机、高压电池系统。

9. 制动能量回收

车辆行驶过程中，如果驾驶人踩下制动踏板并且车速高于 7km/h，ESP 的 ABS、EBD、TCS、VDC 功能没有激活，则进入制动能量回收功能，电机会输出负转矩对车辆起到制动作用。制动能量回收的大小与当前车速、高压电池包 SOC、驾驶模式有关，当车速过低或者高压电池 SOC 过高时不再进行制动能量回收。随着车速降低或高压电池 SOC 的升高，制动能量回收转矩会逐渐减小。HCU 会发送最大可回收转矩给 ESP，ESP 计算目标回收转矩给 HCU 并且发送一个稳定因子给 HCU。HCU 会参考 ESP 发送的稳定因子、电池电量状态、充电功率限值、后驱电机发电功率限值大小，决定最大可回收转矩。

10. 滑行能量回收

车辆行驶过程中，如果驾驶人松开加速踏板并且没有踩下制动踏板，车速低于 120km/h，ESP 的 ABS、EBD、TCS、VDC 功能没有激活，车辆进入滑行能量回收功能。滑行能量回收大小与当前车速、高压电池包 SOC、驾驶模式有关。当车速过低或者高压电池包 SOC 过高时，不再进行滑行能量回收，随着车速降低或高压电池包 SOC 的升高，滑行能量回收转矩会逐渐减少。滑行能量回收的电机转矩是 HCU 在考虑电机的最大发电转矩、电池的最大充电功率的前提下计算的。驾驶人可以通过人机界面中的滑行能量回收等级按钮选择不同的滑行强度。

11. 发动机起停

发动机起停包括传统 12V 起动机起动和 BSG 电机起动。

1）传统 12V 起动机起动。当满足 12V 起动条件后，HCU 发送传统 12V 起动机起动类型给 ECM 和 PEPS 控制器，首先 PEPS 控制器控制电源模式进入传统 12V 起动机起动，ECM 控制继电器使 12V 起动机拖动发动机；当发动机达到一定转速，发动机自动喷油点火，起动完成发动机进入怠速。

2）BSG 电机起动。BSG 电机起动分为舒适性起动和动态起动（快速起动）。当满足 BSG 电机起动条件时，HCU 根据 TCU 计算的起动目标转速或 ECM 怠速目标转速控制 BSG 输出转矩拖动发动机运行，同时发送 BSG 电机起动类型给 ECM；当发动机达到一定转速，HCU 请求 ECM 进行喷油点火。

12. 后桥换档

车辆后桥包括驱动电机、电机控制器、后桥变速器、换档控制器。后桥变速器包括一档、二档和空档，没有倒档，车辆倒退由后桥驱动电机完成。驱动电机由电机控制器驱动。HCU 对驱动电机的需求通过电机控制器输出给驱动电机。HCU 决定后桥变速器的目标档位并且发送换档命令给换档控制器，换档控制器执行换档过程。

13. AWD 驱动

AWD 模式是为了使驾驶人获得最优的四驱功能，允许驾驶人管理驾驶条件，例如低附路况选择（雪地、泥地、沙地），以及帮助驾驶人进行爬陡坡驾驶等。在 AWD 模式下，发动机将被起动并禁止停止直到退出该模式或关闭动力系统。为保证后轴驱动电机能满足 AWD 功能需求，发动机在驱动前轴时会有一部分功率由 BSG 电机转换为电能并传递给后轴驱动电机。

14. 外部充电

外部充电功能主要用来控制整车进入充电模式，给整车进行能量补充。当检测到充电枪已连接且高压系统有进行充电意图时，如果检测变速杆位置不在 P 位，则仪表上会提醒驾驶人将变速杆置于 P 位。充电过程由非驾驶人主动意图被终止时，动力系统等待一段时间，若超出等待时间后，系统没有恢复充电，则对驾驶人进行提醒；若超出等待时间过长则执行高压下电动作。如果充满电或者充到使用者设定的 SOC 限值，且此时没有其他零部件在工作的情况下，动力系统应进行下电动作。

在电源 OFF 位置，如果因充电装置被拔出且检测到电池未充满或者未达到设定的 SOC 限值而被停止充电的情况下，动力系统应进行下电动作。

15. 12V 供电

如图 10-9 所示，12V 供电系统是通过 DC/DC 和低压蓄电池共同为低压网络提供所需的电能，以保证整车低压网络正常运行。

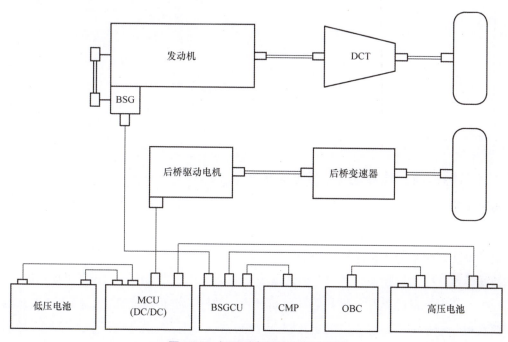

图 10-9　低压到高压的连接示意图

在能量回收、BSG 发电模式中，后桥驱动电机和 BSG 电机给低压负载供电。当后桥驱动电机和 BSG 电机发电量不足或不发电时，高压电池为低压负载供电。低压电池在 DC/DC 变换器的功率不足或不可用的情况下，为低压负载供电。

在上电过程中，由低压电池为低压网络供电，如果低压电池 SOC 过低，无法满足整车用电需求，则车辆无法起动。为保证低压电池满足上电过程中用电需求，当收到下电指令时，如果低压电池的 SOC 低于设定值，高压系统不能立即关闭，高压电池通过 DC/DC 给低压电池充电。

高压电池包出现故障，无法为 DC/DC 供电时，发动机应带动 BSG 发电为 DC/DC 提供电能。如果 DC/DC 故障，MCU 则上报 DC/DC 的故障状态及故障等级信号给 HCU，HCU 发送 12V 故障信息给仪表，点亮充电电路故障指示灯。

16. 高压互锁

HVIL 是 High Voltage Interlock Loop（高压互锁回路）的缩写。HVIL 通过使用低压电信号来检查整个高压模块、导线及插接器的电气连接安全性。当发生高压互锁故障后，应禁止整车高压上电或者整车高压系统紧急下电，且在故障排除前禁止高压系统上电，同时要触发相应的警示信号。高压互锁架构如图 10-10 所示。

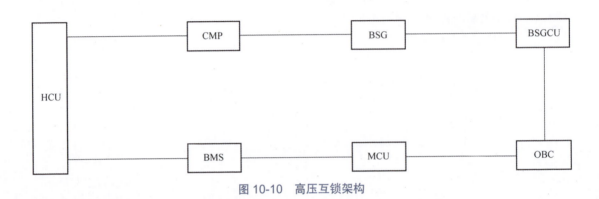

图 10-10 高压互锁架构

五、故障诊断：比亚迪 E6 车无法充电

故障现象 一辆 2012 年比亚迪 E6 纯电动汽车，行驶里程 5.2 万 km。驾驶人反映该车使用便携式 220V 交流充电器正常连接成功后，仪表的充电指示灯点亮，但充电一段时间后剩余电量没变化，无法充电，未见其他明显故障。

故障诊断 根据驾驶人的描述，确认预约充电功能处于关闭状态，分别对车辆进行快、慢充充电，以判断故障是在电控线路还是机械设备故障。进行慢充充电，确认交流充电枪与交流充电口连接完好，仪表的充电连接指示灯点亮，但仪表没有任何信息显示，且未听到车载充电器正常工作的响声（正常充电工作时伴有风扇旋转散热的响声），更换便携式 220V 交流充电器后，故障依旧，据此可判断慢充系统发生故障。

查阅比亚迪 E6 车的维修手册，慢充系统的结构如图 10-11 所示。比亚迪 E6 车慢充电流程为：正确连接充电枪→提供充电感应信号（CC）→车载提供 DC12V→BMS 和车载报文交互→BMS 吸合车载充电接触器→充电成功。根据以上的慢充充电流程，可以排除车载充电器存在故障的可能，认为故障点发生在交流充电口至动力电池组之间。

第十章 新能源汽车电路识读

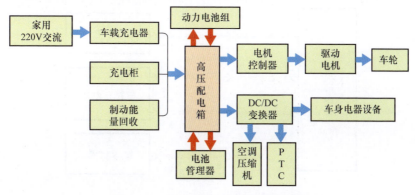

图 10-11 比亚迪 E6 车慢充系统结构

使用比亚迪汽车专用 ED400 故障检测仪读取故障码和车载充电器的数据流，无故障码存储，相关数据流也正常，由此可得出车载充电器未发生故障。检测配电箱内部的慢充继电器（电阻为 49.2Ω，正常值为 48.0～52.0Ω，符合技术要求）及相关熔丝，外加 12V 电压后能闭合导通，未见异常。据此可得出故障点是发生在电控线路系统中。查阅比亚迪 E6 车维修手册关于车载慢充系统的控制电路（图 10-12），在比亚迪 E6 车的车载交流充电系统中，电控部分主要由车载充电感应信号（CC）、充电控制确认信号（CP）及 CAN 网络构成。因充电感应信号（CC）是电池管理器（BMS）和车载充电器信息交互的控制线，而充电控制确认信号（CP）串联了车载充电器（相关控制线路如图 10-13 所示），故需对其进行分别检测。

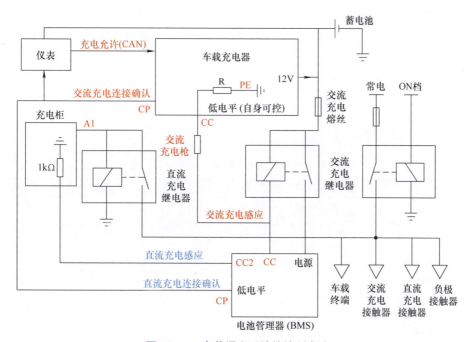

图 10-12 车载慢充系统的控制电路

285

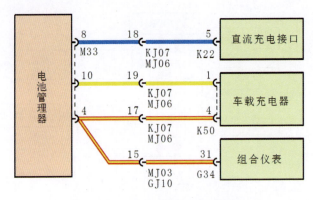

图 10-13　电池管理器控制线路图

首先在未充电的情况下，断开高压维修开关，等待 5min 后对交流充电口的充电控制确认信号（CP）进行检测，测量 CP-PE 间的电阻为 0.58MΩ（正常值为 0.5～0.6MΩ），与理论值较接近，符合技术要求，说明车载充电器内部连接 CP 信号端的二极管并未损坏，不存在故障；根据图 10-13 测量端子 K50-4 与车身搭铁间电压，为 11.66V，正常；测量端子 M33-4 与车身搭铁间电压，为 11.69V，正常；测量端子 K50-4 与端子 M33-4 之间的电阻，为 0.3Ω，正常；结合充电指示灯点亮，认为充电控制确认信号线（CP）无故障。

接通至 ON 档，对充电感应信号（CC）控制线进行检测。使用万用表的欧姆档测量端子 K50-1 与端子 M33-10 间的电阻，为 0.6Ω，正常；使用万用表的电压档测量端子 M33-10 与车身搭铁间的电压，为 0.2V，而正常值约为 12V；测量端子 K50-1 与车身搭铁间的电压，为 0.32V，正常。由此可判断端子 K50-1 与端子 M33-10 之间的线路存在故障。为了进一步确定故障点，缩小故障范围，对车载充电器进行充电测试。车载充电器与电池管理器之间的电压、电阻关系见表 10-1。在确认交流充电口连接成功且仪表充电指示灯点亮后（此时车载充电器还处于不工作状态），用万用表的电压档测量端子 M33-10 与车身搭铁间的电压，为 0.77V；测量端子 M33-10 与端子 KJ07-19 之间的电压，也为 0.77V。由此可判断充电感应信号（CC）控制线发生搭铁故障。

表 10-1　车载充电器与电池管理器之间的电压、电阻关系

连接端子	端子描述	线色	条件	正常值
端子 M33-10 与车身搭铁	充电感应信号	Y	充电	小于 1V
端子 M33-10 与车身搭铁	充电感应信号	Y	点火开关置于 ON 档	约 12V
端子 M33-4 与车身搭铁	充电控制确认信号	R/Y	充电	小于 1V
端子 M33-4 与车身搭铁	充电控制确认信号	R/Y	点火开关置于 ON 档	约 12V
端子 K50-1 与端子 M33-10	充电感应信号线	R、R/Y	始终	小于 1Ω
端子 K50-4 与端子 M33-4	充电控制确认信号线	R、R/Y	始终	小于 1Ω
端子 K50-4 与车身搭铁	充电控制确认信号	R	充电	小于 1V
端子 K50-4 与车身搭铁	充电控制确认信号	R	点火开关置于 ON 档	约 12V

拆开行李舱保护侧盖，检查连接车载充电器和电池管理器（BMS）的线束插接器 KJ07

(MJ06),发现离插接器 KJ07 不足 7cm 的线束被改装音响箱体挤压(已压扁),线束保护层已裂开。拆下音响箱体,检查线束,裸露的充电感应信号(CC)控制线已搭在车架上,造成搭铁现象。当进行慢充充电时,由电池管理器(BMS)发送的充电感应信号无法传递给车载充电器,从而造成车载充电器无法输出高压电,即无法充电。

故障排除 用绝缘胶布把充电感应信号控制线破损搭铁处包扎好,使其恢复传递信号功能,接着对该车进行慢充充电,仪表有相应的充电时间、电流和电量等信息显示,无法充电故障彻底排除。

维修总结 进行直流快充充电时,确认充电枪与直流充电口连接完好,仪表的充电连接指示灯亮,仪表有相应的充电时间、电流和电量等信息显示,表明快充系统完好,没有故障存在。

第二节 广汽传祺 GE3 新能源电路识读

一、驱动电机控制系统电路识读

驱动电机系统电路如图 10-14 所示,电机控制器包括控制电路、功率驱动单元、DC/DC 变换器、高低压接插件、内部线束和所有相关的软硬件等。电机控制器集成了电机控制器(DCU)、发电机控制器(GCU)、DC/DC 变换器,其工作电压范围为 220~460V,对人体非常危险,所以对控制器系统进行维护及检修时务必拆卸动力电池手动维护开关,并等待 10min 后再进行相关操作。

1. 整车控制器(VCU)

整车控制器(VCU)通过电机控制器(DCU)将信号发送至逆变器内的 IPM,并使用绝缘栅双极晶体管(IGBT)在驱动电机 U/V/W 三相间进行切换,从而控制驱动电机工作。如果整车控制器(VCU)接收到来自电机控制器(DCU)的过热、过电流、过电压等异常信号,则将切断逆变器,停止对驱动电机供电。DC/DC 变换器将动力电池的高压直流电转换为低压直流电给 12V 蓄电池进行充电,保证车载电源的供给。

2. 驱动电机

在新能源汽车中,一般情况下是电机取代发动机并在电机控制器的控制下,将电能转化为机械能来驱动汽车行驶。在纯电动汽车中,电机作为纯驱动装置,采用永磁同步电机,其具有以下特点:

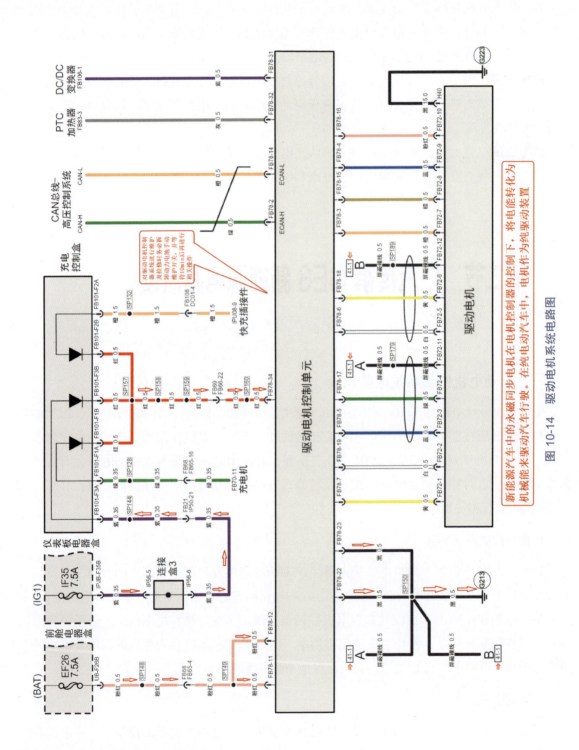

图 10-14 驱动电机系统电路图

第十章　新能源汽车电路识读

1）功率因素高，节约无功功率，降低了定子电流，减少了定子铜损。
2）采用封闭、液冷散热设计，电机适合于高温等恶劣的工作环境。
3）具有高效率、高功率密度和宽的调速范围。
4）采用内嵌式结构，可以控制磁阻转矩为正，在相同电流下可产生更大的转矩。
5）通过电机内置热敏电阻，能起到电机过温保护功能。

二、高压互锁回路（HVIL）电路识读

1. 高压互锁

高压互锁，也指危险电压互锁回路（Hazardous Voltage Interlock Loop，HVIL）。通过使用电气小信号，来检查整个高压产品、导线、插接器及护盖的电气完整性（连续性），识别回路异常断开时，及时断开高压电。当整车发生碰撞时，碰撞传感器发出碰撞信号，触发HVIL断电信号，整车高压电源会在毫秒级时间内自动断开，以保障用户的安全。高压互锁回路电路如图10-15所示。

2. 控制策略

高压互锁系统在识别到危险时，整个控制器应根据危险时的行车状态及故障危险程度运用合理的安全策略，这些策略包括以下几点：

1）故障报警。无论在何种状态，高压互锁系统在识别到危险时，车辆应该对危险情况做出报警提示，需要仪表或指示器以声或光报警的形式提醒驾驶人，让驾驶人注意车辆的异常情况，以便及时处理，避免发生安全事故。

2）切断高压电源。当车辆在停止状态时，高压互锁系统在识别严重危险情况时，除了进行故障报警，还应通知系统控制器断开自动断路器，使高压电源被彻底切断，避免可能发生的高压危险，确保财产和人身安全。

3）降功率运行。车辆在高速行车过程中，高压互锁系统在识别到危险情况时，不能马上切断高压电源，应首先通过报警提示驾驶人，然后让控制系统降低电机的运行功率，使车辆速度降下来，以使整车高压系统在负荷较小的情况下运行，尽量降低发生高压危险的可能性，同时也允许驾驶人能够将车辆停到安全的地方。

三、充电系统电路识读

1. 车载充电系统

（1）车载充电机的主要功能

如图10-16所示，车载充电机的主要功能是通过普通家庭单相交流电（220V）或者交流充电桩取电，将其能量转化为高压直流给动力高压电池进行充电；它支持高功率等级，

289

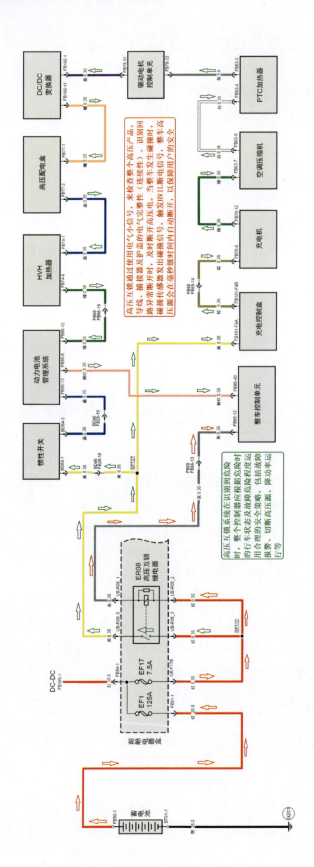

图 10-15 高压互锁回路电路

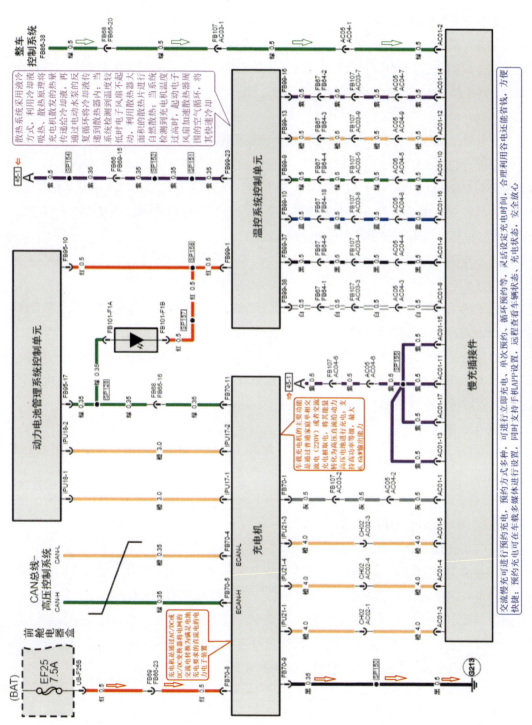

图 10-16 慢充电系统电路（车载充电机）

最大 6.6kW 输出能力，家用充满需 8h；采用快速充电，30min 即可充至 80%，60min 即可充满。它满足多种充电模式，家用插座及交流慢充桩均可进行充电，自动匹配相应功率，为充电提供便利的使用体验。

交流慢充可进行预约充电，预约方式多种，可进行立即充电、单次预约、循环预约等，灵活设定充电时间，合理利用谷电还能省钱，方便快捷；预约充电可在车载多媒体进行设置，同时支持手机 APP 设置，远程查看车辆状态、充电状态，安全放心。

（2）车载充电机结构

车载充电机结构包括主功率电路部分和弱电控制电路两部分。

主功率部分包括 EMI 滤波、软启动、功率因数校正变换器、DC/DC 变换器及负载。弱电控制部分包括弱电辅助电源、功率因数控制电路、DC/DC 变换器控制电路及通信模块。其中功率因数校正控制电路由电压电流检测、驱动及保护和控制器组成；DC/DC 变换器控制电路由电流电压检测电路和驱动保护电路组成。

电动汽车车载充电机是通过 AC/DC 或 DC/DC 变换器将电网的交流电转换为满足电池充电要求的直流电的电力电子装置。

充电机散热系统与电机控制器、驱动电机、DC/DC 变换器共用一个散热系统。散热系统采用液冷方式，利用冷却液吸热、散热原理将充电机散发的热量传递给冷却液，再通过电动水泵的反复循环将冷却液传递到散热器内；当系统检测到温度较低时电子风扇不起动，利用散热器大面积的散热片进行自然散热；当系统检测到充电机温度过高时，起动电子风扇加速散热器周围的空气循环，将其快速冷却。

（3）DC/DC 变换器

1）功能描述。将动力电池高压电转换为低压电，供整车用电器使用。其额定输出电压为 13.5V。

2）功能特性。DC/DC 在整车 ON/ready 状态下均可工作输出，为防止蓄电池亏电，它是唯一能够在 ON 档情况下使用高压电的零部件。

（4）车载充电机特性

它具有 IP67 防护等级，保证充电系统不受任何天气状况影响。车载充电机采用了市电与整车之间电气隔离的设计，为充电系统及操作人员提供可靠的安全保障。它采用了严格的电气间隙与爬电距离设计，让充电功能不受高原、低气压、潮湿等恶劣环境的影响。它还采用充电枪锁止设计，在充电过程中，未解锁时自动锁止充电枪，避免脱落与丢失。它还具有充电接口温度检测、充电过温时的安全保护功能。

（5）充电策略

充电策略如图 10-17 所示。

1）预充电。不是每次充电都经历，当电池电压较低（< 2.7V）时，如果直接进入恒流充电会损害电池寿命。采用恒流预充，电压升高至一定值，开始恒流充电。

2)恒流充电。以恒定电流充电至70%～80%电池电量时,电压达到最高电压限制电压,开始恒压充电。

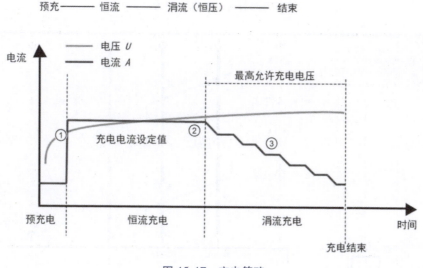

图 10-17　充电策略

3)涓流(恒压)充电。它是以 30% 的时间充 10% 的电量。如图 10-18 所示,车载充电机的功能是将电网中交流电转换为高压直流电,为动力电池充电。

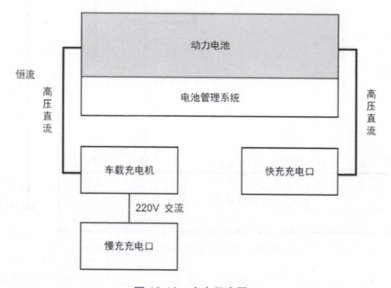

图 10-18　充电示意图

2. 外接电源充电系统

(1)外接电源充电的优劣

如图 10-19 所示,传祺 GE3 纯电动动力汽车可使用标准充电桩或者家庭 220V 电源进行充电,备用充电线束会自动根据允许电流值选择充电功率曲线进行充电,约 5～8h 可充满电量,电量更可直观地通过充电指示灯观察,十分人性化。

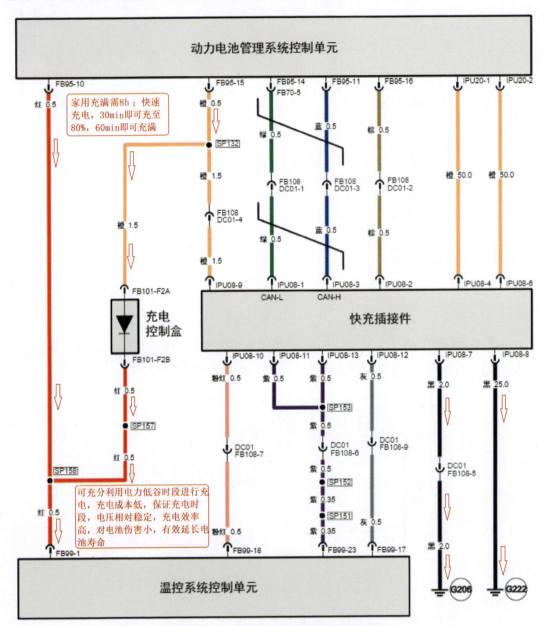

图 10-19　快充充电系统电路(外接电源)

1)优势。可充分利用电力低谷时段进行充电,充电成本低,保证充电时段,电压相对稳定,充电效率高,对电池伤害小,有效延长电池寿命。

2)劣势。充电时间过长,有紧急运行需求时难以满足适用范围,如小区停车场、单位停车场等。

(2)充电状态指示

充电指示灯在充电口处,指示灯分别以绿、黄、红三种颜色来说明充电状态。

1）绿色。常亮表示电池已经充满或者电池保温中；闪烁表示充电进行中或者电池加热中。

2）黄色。常亮表示充电等待中（以插上备用充电线束充电枪为充电起点）。

3）红色。常亮表示充电等待超时、充电系统故障；闪烁表示充电操作错误（非P位情况下，插备用充电线束充电枪）。

四、动力电池管理系统电路识读

1. 动力电池系统结构

动力电池管理系统电路图如图10-20所示。

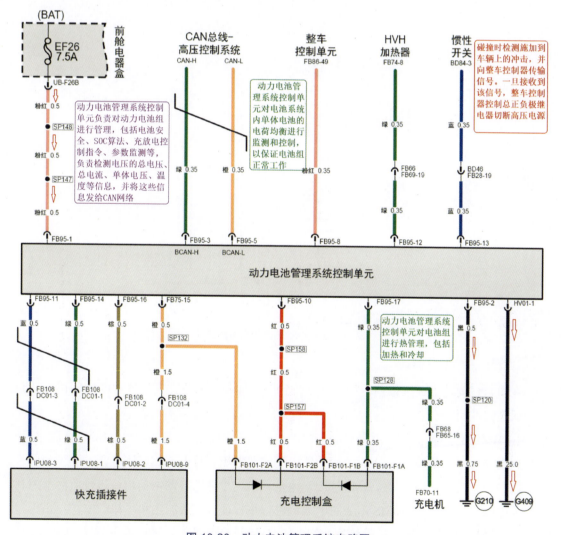

图10-20　动力电池管理系统电路图

1）动力电池。本车型配备两款动力电池总成，分别为：① 1 箱 3 并 88 串，标称电压为 322V，总能量为 45.1kW·h；② 1 箱 2 并 90 串，标称电压为 328V，总能量为 45.99kW·h。两款动力电池均采用液冷的散热方式。动力电池系统布置在后排座椅底盘处，由 8 个 M12 的固定螺栓固定，手动维护开关安装于后排座垫下，需要拆卸后排座垫才能够进行拆装操作。

2）惯性开关。碰撞时检测施加到车辆上的冲击，并向整车控制器传输信号。一旦接收到该信号，整车控制器控制总正负极继电器切断高压电源。

3）手动维护开关。手动维护开关安装于后排座垫下，内部安装有高压电路的主熔丝和互锁的舌簧开关，其电路结构如图 10-21 所示。拉起手动维护开关上的卡子锁止器可断开互锁，从而切断高压电源。但为确保安全，务必将起动开关置于"OFF"位置后再拆下手动维护开关。

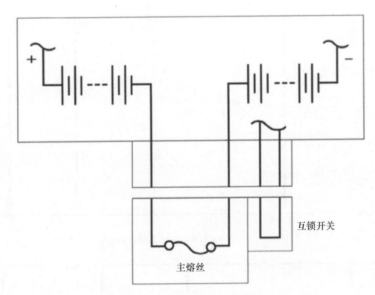

图 10-21 手动维护开关电路结构

在执行任何检查或维修前，拆下手动维护开关使高压电路在高压电池的中间位置切断，以确保维修期间的安全。

4）BMS 控制器。BMS 负责对动力电池组进行管理，包括电池安全、SOC 算法、充放电控制指令、参数监测等。BMS 负责检测电压的总电压、总电流、单体电压、温度等信息，并将这些信息发给 CAN 网络。BMS 还要对电池系统内单体电池的电荷均衡进行监测和控制，以保证电池组正常工作。BMS 需要对电池组进行热管理，包括加热和冷却。

5）总正负极继电器。通过使用来自整车控制器的信号，连接或断开动力电池电源电路，并通过检测手段来检查继电器触点是否粘连。

6）动力电池控制。BMS 控制器通过估算动力电池的充电和放电安培数计算其充电状态（SOC），以控制 SOC。整车控制器根据 SOC 值做出控制决定。车辆行驶过程中，动力电池重复进行充电/放电循环，加速过程中对驱动电机供电，减速过程中制动能量回收。车辆整车控制器根据 SOC 及控制策略，使 SOC 保持在目标范围内。动力电池传感器检测电压、电流、温度等信号，并将其传输至整车控制器。动力电池具备绝缘检测电流功能，以检测动力电池是否有过大电流泄漏。

2. 高压线束

高压线束是高电压、大电流的电缆，是指整车橙色部分的线束。它从整车底盘位置的动力电池开始，沿着地板加强件侧，延伸到前机舱内，用于连接动力电池、高压液体加热器、集成电机控制器、PTC 加热器、车载充电机总成、电动空调压缩机等大功率电器设备。

1）高压线束电流。高压线束电流从动力电池到高压液体加热器、电机控制器、PTC 加热器、车载充电机总成和电动空调压缩机为高压直流电。从电机控制器到驱动电机为高压交流电。驱动电机高压线束是高电压、大电流的电缆，属于高压交流电，位于前机舱内，用于连接电机控制器与驱动电机。充电插座线束是高电压、大电流的电缆，位于车身底部，用于车辆充电用的充电插座线束。

2）高压线束布置。高压线束有 6 条：电池高压线束、电机高压线束、电机控制器高压线束、空调系统高压线束、HVH 高压线束、充电高压线束。充电线束有 3 条：充电插座线束（慢充）、充电插座线束（快充）、备用充电线束（模式 2）。

3）高压线束功能。高压线束在新能源汽车中属于高安全件，主要用来将动力电池与各高压用电器连接，实现高压用电器取电及给动力电池充电功能。

4）高压线束重要特性具体如下：

① 工作电压高（300V 以上），过大电流，线径粗（50mm²、35mm²、4mm²、3mm²、2.5mm²）。

② 高压线束耐压与耐温等级的性能远高于低压线束等级，所有高压插件都需达到 IP67。

③ 因高压已超出人体安全电压，车身不可作为搭铁点，直流高压回路必须严格执行双轨制。

④ 考虑到电磁干扰的因素，整个高压系统均由屏蔽层全部包覆。

3. 惯性开关

惯性开关安装在行李舱左侧，用来在车辆发生碰撞时切断高压系统的供电。惯性开关由钢球、磁座、开关组成，正常情况下钢球被吸附在磁座上。当发生严重的碰撞时，钢球克服磁座的磁力，滚到一锥形的滑道上并撞中目标盘，这样就打开了开关的电气插头。整车控制器检测到惯性开关电压变化后，将切断高压系统的供电。要使车辆恢复高压系统功能，必须手动将惯性开关复原。

五、电池温控系统电路识读

1. 三种工作模式

电池温控系统电路如图 10-22 ~ 图 10-25 所示，电池温控系统采用冷却液作为传热介质，它有三种工作模式：慢冷模式、快冷模式和加热模式。这三种工作模式可以根据环境温度和电池芯体温度的不同需求进行自动切换。

1）慢冷模式。电池工作产生的热量通过冷却液带到前格栅处电池散热器，然后通过风吹散热器把热量散到空气中。当电芯温度检测大于等于 25℃且小于等于 38℃时，温控系统运行的是慢冷模式。

2）快冷模式。电池工作产生的热量通过冷却液带到电池冷却器，电池冷却器一侧走冷却液，另一侧走空调制冷剂，空调制冷剂冷却冷却液，冷却液再冷却电池。当电芯温度检测大于 38℃时，温控系统运行的是快冷模式。

3）加热模式。通过高压液体加热器加热冷却液，冷却液再加热电池。当电芯温度检测小于 5℃时，温控系统运行的是加热模式。

2. 高压液体加热器（HVH）工作原理

高压液体加热器（HVH）利用动力电池或充电机的高压电源，使内部电阻发热元件发热，再通过热交换器的热传递加热冷却液，从而加热电池。

六、故障诊断：风行景逸 S50EV 纯电动汽车高压互锁故障

故障现象 一辆东风柳汽风行景逸 S50EV 车，车辆近期偶尔无法上高压电，且有时会在行驶中突然下高压电。

故障诊断 询问驾驶人最近车辆的使用情况，驾驶人反映，车辆一直是正常使用，没有加装过电器或遇到什么特殊情况。

在接车救援时，该车也发生了偶尔下高压电的现象，最后是通过断开辅助蓄电池后重新连接才开回维修站的。回到维修站的当天反复试车，故障一直未再现，用故障检测仪检测，未发现任何历史故障码（之前故障出现时产生的故障码在断开辅助蓄电池时被清除），数据流也都正常。第二天试车时故障出现，用故障检测仪检测，整车控制器（VCM）中存储故障码 P1E0300——高压互锁断路。维修人员用万用表测量高压互锁系统的工作电压，结果正常，且也未发现高压互锁系统相关导线插接器有松动或接触不良的现象，只好断开辅助蓄电池后重新上高压电，结果车辆又正常了，当日故障未再出现，诊断陷入困境。

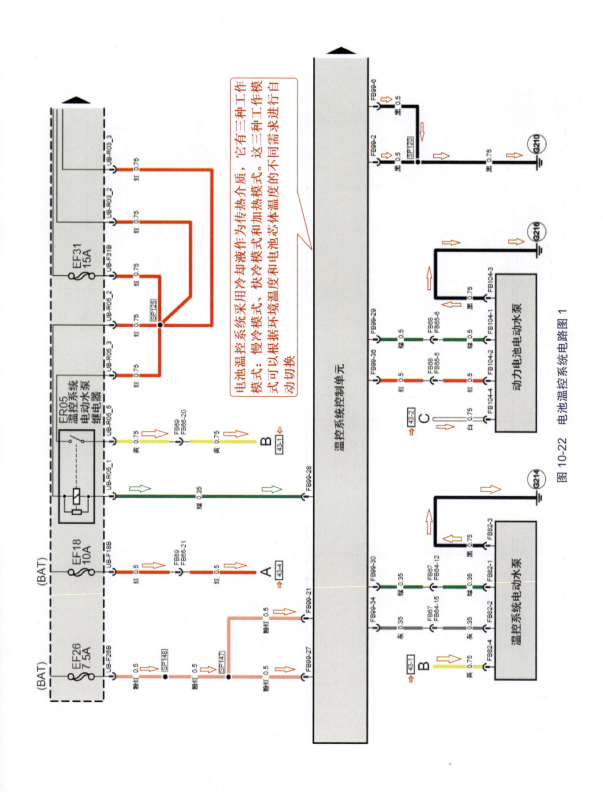

图 10-22 电池温控系统电路图 1

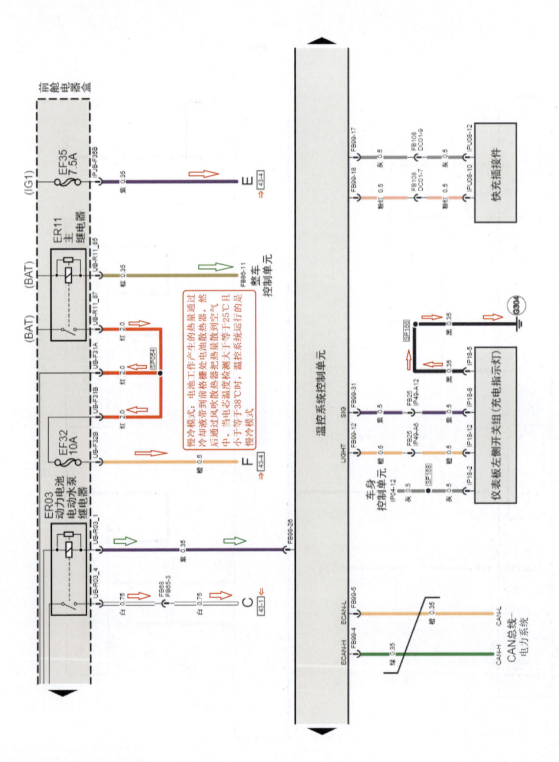

图 10-23 电池温控系统电路图 2

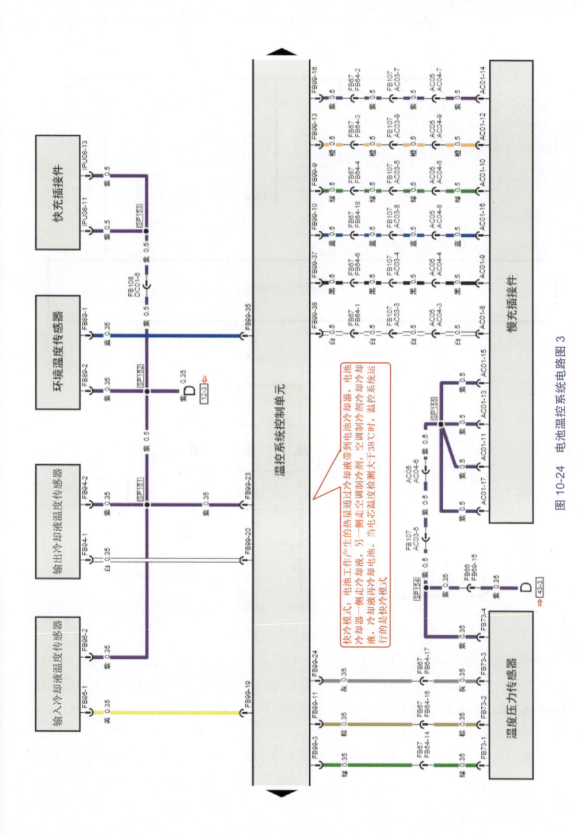

图 10-24 电池温控系统电路图 3

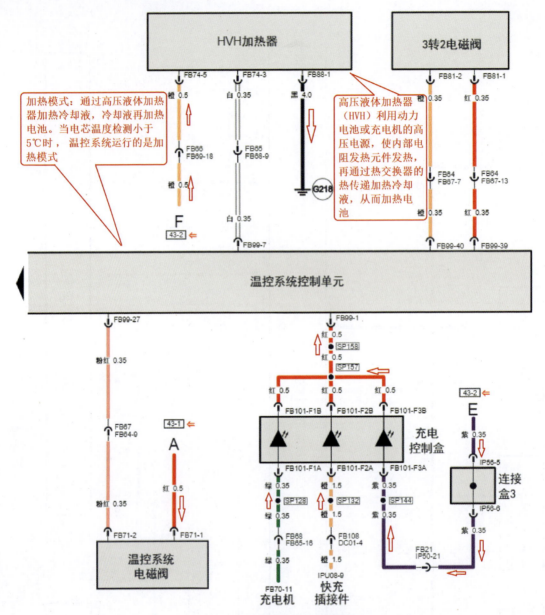

图 10-25 电池温控系统电路图 4

高压互锁系统用于检测高压元器件的高压导线插接器是否连接到位,通过高压元器件的低压接口向外输出信号,同时所有的高压元器件的高压互锁开关串联起来进入检测判断的核心控制模块。可以理解为,高压互锁是安装在高压元器件内部的低压开关,只有将高压导线插接器连接到位,低压开关才能导通。

目前市场上常见的纯电动汽车一般设置 2~3 套高压互锁系统,东风柳汽风行景逸 S50EV 车现阶段设置了 2 套高压互锁系统,分别为动力高压互锁系统(图 10-26)和充电高压互锁系统(图 10-27)。在动力高压互锁系统中,VCM 通过互锁输出线输出固定占空比信号,再通过互锁输入线反馈回的信号判断互锁回路是否正常。在充电高压互锁系统中,由电池管理系统控制模块(BMS)通过互锁输出线输出低电位信号,再通过互锁输入线反馈回的信号判断互锁回路是否正常,同时通过 CAN 线向 VCM 传递互锁信息。

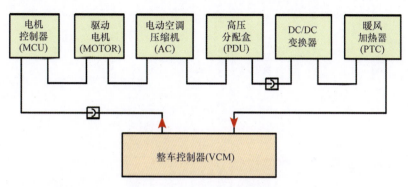

图 10-26　动力高压互锁系统

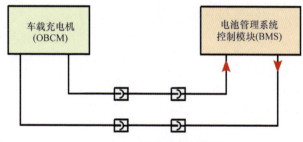

图 10-27　充电高压互锁系统

由于高压互锁系统故障涉及的导线插接器及元件较多,应先确认优先排查的高压互锁系统,再应用"两步法"判定故障发生的部位,然后再依次查找故障部件。首先确认优先排查的高压互锁系统。通过故障检测仪读取故障码,当故障码提示动力高压互锁系统和充电高压互锁系统均有故障时,应优先排查充电高压互锁系统的故障。

以下详细介绍"两步法"诊断过程。以诊断动力高压互锁系统故障为例,首先选择高压互锁系统中较中部且便于测量的低压线束中的互锁线作为切入点,如对于东风柳汽风行景逸 S50EV 车,可选择高压分配盒(PDU)低压线束中的互锁输出线作为切入点。

第一步:接通点火开关,用示波器在线测量 PDU 低压线束中的互锁输出线上的占空比信号。若信号波形正常(如图 10-28 所示,占空比为 75% 的波形,高压互锁系统正常时,测量任意一点均可获得此波形),则可判定测量点至 VCM 互锁输出端的互锁线路正常。若信号波形不正常,如存在干扰、零点漂移,如图 10-29 所示,此故障主要是由测量点上游高压元件的高压导线插接器未连接到位或断路引起的。虽然测量点上游高压元件的高压导线插接器未连接到位或断路,但高压元件的低压线路正常,因此仍有占空比为 75% 的波形,若高压导线插接器连接正常,可判定高压元件的低压模块存在故障。如果占空比信号(图 10-30),此故障是由测量点至上游高压元件之间的线路出现断路造成的,可依次向测量点上游排查故障点。

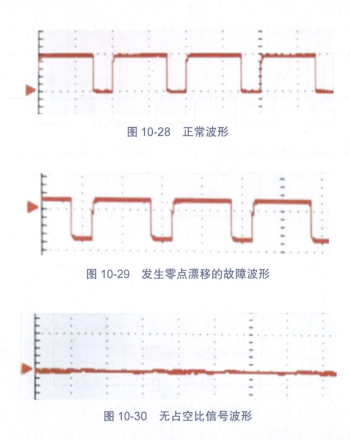

图 10-28　正常波形

图 10-29　发生零点漂移的故障波形

图 10-30　无占空比信号波形

第二步：脱开 PDU 低压线束，测量 PDU 低压线束中的互锁输出线上的波形。若信号波形正常（正常为 11～12V 直线波形），说明测量点至 VCM 互锁输入端的互锁线路正常；若信号电压较低，说明测量点到 VCM 互锁输入端的互锁线路存在故障，可依次向测量点下游排查故障点。

由于该车只有 VCM 中存储了故障码，因此选择检测动力高压互锁系统。用示波器在线测量 PDU 低压线束中的互锁输出线上的占空比信号，由图 10-31 可知，信号波形的占空比为 75%，正常，但波形存在异常波动，推断互锁线路存在干扰；脱开 PDU 低压线束，测量 PDU 低压线束中的互锁输出线上的波形，为约 11V 的直线波形，说明测量点至 VCM 互锁输入端的互锁线路正常。连接 PDU 低压线束，向上游检测电动空调压缩机（AC）的互锁线路，发现 AC 低压线束中的互锁输入线上的占空比信号波形正常；脱开电动空调压缩机低压线束，检查发现电动空调压缩机端子有进水痕迹，且端子已轻微腐蚀。电动空调压缩机位于车辆前舱前部且位置较其他部件低，怀疑电动空调压缩机端子进水是由洗车时冲洗不当或行驶中涉水较深引起的。

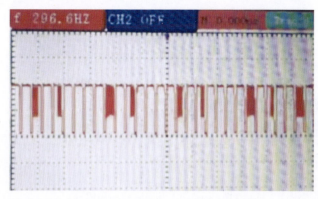

图 10-31　故障车占空比信号波形

故障排除　处理腐蚀的电动空调压缩机端子和导线插接器后试车，故障未再出现，故障排除。

维修总结　对于检测信号为占空比信号的高压互锁系统，并不能使用万用表测量电压信号或通断就可以判定高压互锁系统是否正常。目前手执示波器多为双通道，可同时测量所选高压元件的互锁输入线和互锁输出线上的波形，以快速判断所测高压元件的互锁线路是否正常。另外，对于集成度较高的高压元件，为防止脱开、连接导线插接器时产生的感应电压击坏控制模块，在接通点火开关的状态下，不允许直接脱开或连接高压元件的导线插接器。

参考文献

[1] 刘春晖,曹金静.汽车电路图识读与故障检修[M].北京:机械工业出版社,2019.
[2] 谭本忠.轻松看懂丰田汽车电路图[M].北京:化学工业出版社,2013.
[3] 谭本忠.轻松看懂马自达汽车电路图[M].北京:化学工业出版社,2013.
[4] 于海东,胡波勇.轻松看懂汽车电路图[M].北京:化学工业出版社,2018.
[5] 李林.零基础学看汽车电路图[M].北京:机械工业出版社,2017.
[6] 李士军.汽车电路识读入门全图解[M].北京:化学工业出版社,2018.
[7] 姚科业.汽车电路图识读[M].北京:化学工业出版社,2017.
[8] 陶荣伟.怎样识读汽车电路图[M].北京:中国电力出版社,2016.
[9] 谭本忠.轻松看懂奥迪汽车电路图[M].北京:化学工业出版社,2013.
[10] 林传洪.图解汽车电路图识读快速入门[M].北京:机械工业出版社,2016.
[11] 姚科业.轻松看懂日产汽车电路图[M].北京:化学工业出版社,2013.
[12] 于海东.15天看懂汽车电路图[M].北京:化学工业出版社,2017.
[13] 孙运生.汽车电路识图从入门到精通[M].北京:化学工业出版社,2013.
[14] 谭本忠.汽车电路图识读入门[M].北京:化学工业出版社,2013.
[15] 蔡永红.轻松看懂奔驰汽车电路图[M].北京:化学工业出版社,2013.
[16] 宋波舰.汽车典型电路分析与检测[M].北京:人民交通出版社,2015.
[17] 蔡永红.汽车电路图识读入门到精通(实践篇)[M].北京:化学工业出版社,2016.
[18] 蔡永红.汽车电路图识读入门到精通(基础篇)[M].北京:化学工业出版社,2016.
[19] 季杰,吴敬静.轻松看懂汽车电路图[M].北京:化学工业出版社,2011.
[20] 宋波舰,张晶.东风雪铁龙C5轿车刮水器系统故障三例[J].汽车维修与保养,2012(11):50-52.
[21] 邢海波.科鲁兹轿车电动车窗电路分析[J].汽车与驾驶维修,2018(8):91-93.